万里故园心

黄花涝古镇民俗文化调查研究

陶维兵 ◎ 著

GMSKWK

光明社科文库　GUANG MING SHE KE WEN KU

光明日报出版社

图书在版编目（CIP）数据

万里故园心：黄花涝古镇民俗文化调查研究 ／ 陶维兵

著．--北京：光明日报出版社，2018.7

ISBN 978 - 7 - 5194 - 4504 - 1

Ⅰ.①万… Ⅱ.①陶… Ⅲ.①风俗习惯—研究—黄陂

区 Ⅳ.①K892.463.4

中国版本图书馆 CIP 数据核字（2018）第 185541 号

万里故园心——黄花涝古镇民俗文化调查研究

WANLI GUYUANXIN——HUANGHUALAO GUZHEN MINSU
WENHUA DIAOCHA YANJIU

著　　者：陶维兵

责任编辑：史　宁　　　　　　特约编辑：张　山

责任校对：赵鸣鸣　　　　　　封面设计：中联学林

责任印制：曹　诤

出版发行：光明日报出版社

地　　　址：北京市西城区永安路 106 号，100050

电　　话：010 - 67078251（咨询），63131930（邮购）

传　　真：010 - 67078227，67078255

网　　址：http：//book. gmw. cn

E - mail：shining@ gmw. cn

法律顾问：北京德恒律师事务所龚柳方律师

印　　刷：三河市华东印刷有限公司

装　　订：三河市华东印刷有限公司

本书如有破损、缺页、装订错误，请与本社联系调换

开　　本：170mm×240mm

字　　数：222 千字　　　　　　印　张：14.5

版　　次：2018 年 8 月第 1 版　　印　次：2018 年 8 月第 1 次印刷

书　　号：ISBN 978 - 7 - 5194 - 4504 - 1

定　　价：49.00 元

不负故园黄花约

一

"故园又负黄华约，但觉秋风发上生。"在"农耕社会、乡土中国"，承载着浓郁乡村民俗的故园之情与乡愁之念挥之不去。改革开放四十年来，中国广大乡村发生了"数千年未有之大变局"，乡村凋敝、文化失落与美丽乡愁相互交织，乡村文化复兴迫在眉睫。习近平总书记在党的十九大报告中明确提出实施乡村振兴战略，强调实现乡风文明和乡村文化兴盛，体现了党中央对农村文化建设的高度重视。在这个宏大背景下，我很欣喜地看到武汉市社科院一批年轻学者走出书斋，走进火热的生活，通过深入农村开展驻点调研，推出一系列乡村振兴方面的高质量研究成果，青年史学家陶维兵的新作《万里故园心：黄花涝古镇民俗文化调查研究》，即是其中的优秀代表。作者三年磨一剑，著作即将付梓，值得祝贺，特为之序。

近年来，武汉市围绕建设国家中心城市和世界亮点城市，实施文化强市战略，加快推进"三乡工程"和农村文化建设，成效显著。武汉市社科院紧贴市委市政府中心工作，组织开展文化强市相关研究，颇有事功。本书正是作者在长期持续关注武汉城市历史文化研究基础上，集中进行调查研究和理论思考的结晶。特别是作者扎根黄陂区黄花涝村三年多，通过问卷调查、入户访谈等方式，与农民交朋友，深入农户了解民俗文化的历史与变迁，几易寒暑，锲而不舍，克服了诸多困难，为本书研究收集和挖掘了大量第一手资料。在国家实施中华优秀传统文化传承发展工程和乡村振兴战略的背景下，相信本书的出版，对研究、思考和推进新时代乡村民俗文化传承与创新，具有重要理论和实践价值。

二

文化作为"自然的人化"，是人类在社会发展过程中所创造的物质财富和精神财富的总和。民俗文化又是文化中最为活跃的部分，是一个民族、一个国家、一个地域的主要特征和魅力所在。乡风民俗作为重要的地域文化，是人类生产生活的"活化石"，也是"美丽的乡愁"的重要内容，折射着时代的光影，反映出社会的变迁。中国自西周以来，一直有观风问俗的传统。《尚书》中便有"天子巡守""以观民风"的记载，汉代以来专设掌管风俗的官吏，调查了解各地民风民俗。

作为一门学科的民俗学最早产生于英国，到19世纪末，欧美各国已普遍接受民俗学（Folklore）这一学科概念。伴随着民俗学概念的普及，民俗的内涵也在不断变化，从最初仅以文明社会民众生活为对象，到纳入"文化较低的民族"或"野蛮的"民族的风俗，民俗学逐渐成为一门系统的学问。20世纪20年代，民俗学传入中国。其时，北京大学《歌谣》周刊第一次使用民俗学这个专业名词。30年代，民俗学这个名称得到国内学术界的广泛认同。在当时的乡村建设运动中，农村文化风俗等虽然受到一定重视，农村民俗调查成果却并不多见。直到上世纪80年代以后，中国民俗学才真正进入发展快车道。近几年，农村民俗文化研究虽然大热，但实证性研究则相对薄弱。本书以一个城市近郊农村民俗文化的实地调研为基础，推而广之，探讨新时代民俗文化的传承创新，是一项颇有意义的实证研究工作。

"一夕高楼月，万里故园心。"纵观世界历史，城市与乡村、现代与传统，始终是经济社会发展的双重变奏。特别是工业革命以来，在快速的城市化浪潮中，越来越多的农民洗脚进城，登梯上楼，却又不时在万家灯火之中惆怅于精神家园的消逝与心灵慰藉的失所。因此，乡村传统民俗文化的传承与创新，是一个具有普遍意义的课题。在工业化发达国家，虽然乡村文化发展与民俗传承相比其他国家和地区受到更多重视，在推进城乡古旧建筑、民俗文化活态化与产业化方面形成很多成功案例，但不可否认的是，这些成就和经验是在经济发展到一定水平基础上对乡村凋敝进行反思后所取得的。比如，英国从意识到乡村文化和自然景观面临的威胁，到实际推动乡村文化运动，经历了差不多一个世纪；德国的"美丽村庄"运动和法国的乡村文化复兴运动经过50多年的持续努力，才逐渐达到政策目标；日本合掌村的保护开发从二战前即已开始启动，直到现在其保护策略和政策工具仍在不断改进之中。

"回首故园千里隔，满天风雨过黄昏。"改革开放以来，我国创造了令世界瞩目的经济发展奇迹，也上演了世界史上罕见的大规模农民进城运动。在这一进程中，最为震撼我们心灵的是数以亿计的春运大军、摩托车返乡大潮，这场周期性的巨量人口迁移，折射出亿万怀揣城市梦的农民心中割舍不下的故乡情。然而，人们魂牵梦绕的乡村传统文化正日渐式微。在物质形态上，越来越多的传统村落逐渐消失，大量的农村古建筑、古民居、古街道被遗失、废弃。据统计，近15年来中国传统村落锐减近92万个，并正以每天1.6个的速度持续递减。在非物质形态层面，不仅个体性的手工技艺处于失传境况，而且集体性的民俗活动也出现参与不足、后继乏人的窘境，乡村民俗文化面临代际传承危机。凡此种种，促使越来越多的人逐渐意识到乡村文化建设的重要性和保护中华优秀传统文化的紧迫性。在这一背景下，党的十九大提出实施乡村振兴战略。繁荣兴盛农村文化，焕发乡风文明新气象，正当其时。作者敏锐把握了当前乡村民俗文化保护、传承与创新的时代脉搏及趋势，值得肯定，也令人期待。

三

作者选择以武汉市黄陂区黄花涝村作为调研对象，是经过深思熟虑的。黄花涝地处汉口近郊，其所在的盘龙城地区具有 3500 年悠悠历史，文化底蕴深厚，民俗风情具有典型性。黄花涝早在春秋战国时期即商业繁盛，历经了从军事重镇、水路要津到商业重镇、城郊渔村的历史变迁，亦城亦乡，民俗文化受到多样文化的影响比较明显。特别是汉口开埠以后，黄花涝既处于黄陂乡村传统文化的浸淫，又受到汉口都市工商业文化的影响。改革开放以后接受城市现代文化的辐射则更加直接和广泛，因此本书以黄花涝古镇为调查研究样本，这对于观察研究近代以来中国近郊型乡村民俗文化变迁史，思考新时代农村习俗承继与文化开新的一系列论题，极具典型意义。作者在三年多驻点调研基础上形成的调研报告，全稿 20 余万字，不仅研究框架比较合理，研究主题把握比较准确，而且调研深入细致，可信度较高，信息容量很大，末章关于新时代我国农村民俗文化传承与创新路径的思考，令人耳目一新，颇具建设性，足见作者用力之勤。

本书首章以文献梳理引入研究主题，交代研究框架。次章介绍黄花涝民俗的文化地理空间，既给读者展现黄花涝物质形态的民俗文化，又分析黄花涝民俗文化赖以产生、变迁的地理环境和文化空间。其后三章分别从物质生活、社会生活、精神生活三个方面概述黄花涝民俗文化及其变迁，从衣食住行到生老病死，从生产活动到娱乐活动，不啻为近代百年来中国农村风俗史的生动剪影和微缩景观。尾章在调研基础上，提出关于新时代民俗文化传承创新的一系列思考。总体上，研究体系比较完整，逻辑较为严密，各研究环节衔接自然，较好体现了文以载道、经世致用的学术使命。

　　作者始终坚持理论与实践相结合的研究思路，坚持走村入户开展调查研究，坚持独立思考，在此基础上形成的研究报告，有不少创新观点。如关于民俗文化的三分法。学界一般以经济、社会、信仰和游艺四分法概括民俗，本书则从物质生活民俗、社会生活民俗和精神生活民俗三个方面界定农村民俗文化的范围，从而形成民俗文化的三分法，具有一定创新性。再如，作者把改革开放以来四十年间，我国乡村民俗文化的巨大变迁表述为民俗文化内容、民俗文化功能与民俗传承主体的变迁三个方面，并分别从物质、社会、精神生活，民俗凝聚认同功能、道德仪礼规范功能、民俗对外防御性功能，民俗代际传承发生断裂、子代作用增强、传承内生动力不足等方面加以阐释，颇具新意。再比如，作者在对国内外乡村民俗文化传承与创新案例进行剖析的基础上，提出在农村民俗文化保护、传承与创新中应特别重视政府推动，尊重村民的主体性、积极性和创造性，发动社会力量广泛参与，客观认识农村民俗文化保护的历史性和阶段性，注重静态展示与动态传承、活态保护的相互结合，坚持传统民俗文化保护策略和政策工具的差异性，培育传统民俗传承意识与内在文化自觉，保持传统民俗文化保护的足够定力和可持续性。这些观点，对推进新时代农村民俗文化传承与创新具有积极的借鉴意义。此外，作者还提出应在文化治理与治理文化的二元分析框架下，理解乡村民俗文化建构、解构与重构的历史过程，理解在新时代乡村文化秩序重建、价值重生和乡村治理体系及能力优化中，努力促进因俗而治与移风易俗紧密结合的必要性。

四

　　民俗文化是当前一个热门话题。尽管前期相关研究成果较多，但本书通过以点带面，在标本式研究的基础上提出了一些具有普遍性价值的观点，确实难能可贵。

　　当然，本书也还存在调研深入不够、研究不够全面、部分观点有待推敲等不足之处，特别是乡村民俗文化发生巨大变迁，近些年又深受城市文明影响，昨日之俗与今日之风往往难于准确把握，甲之所言与乙之所述时常相互抵牾，因此必然存在某些表述不够准确之处。凡此种种，尚需作者在今后的研究中继续加以补正与深化。

　　没有调查就没有发言权。武汉市社科院 2017 年入选国家核心智库榜单，是武汉市重点建设的高端新型智库，必须围绕中心、服务大局，立足市情民情，加强调查研究，提高研究质量，为地方经济社会高质量发展提供更多高瞻远瞩的战略设计和切实管用的对策建议。希望作者继续努力，进一步扎实开展"复兴大武汉、开启新征程"系列调查，进一步深化有关研究，也祝愿作者在科研上取得更大突破。

　　是为序。

李立华

2018 年 4 月于竹叶山

目 录
CONTENTS

第 1 章

引论：文献综述与研究框架

近代以来，"农耕社会、乡土中国"逐步被卷入工业化、城镇化、市场化、全球化的浪潮，不断发生着深刻的历史变迁。改革开放以后，这种变化的规模和范围进一步扩大，古老的中国正在加速向"工业社会、城市中国"转变。在这一历史进程中，包括民俗文化在内的乡村文化建设日益引起理论界和实际工作者的关注。中国共产党十九大报告明确提出实施乡村振兴战略，并把实现乡风文明作为总要求之一，体现了对农村文化建设的重视。随后召开的中央农村工作会议强调，实施乡村振兴战略，必须传承发展提升农耕文明，走乡村文化兴盛之路。乡村文化兴盛既是乡村振兴的重要动力，也是乡村振兴的重要标志。农村民俗文化是乡村文化的重要内容，在深入调查农村民俗文化内涵和形式，把握农村民俗文化特点和趋势的基础上，深刻思考农村民俗文化变迁、传承与创新路径，对于研究和推进乡村文化振兴具有重要的理论意义和实践价值。

1.1 农村民俗文化研究综述

农村民俗作为依附农民的生活、习惯、情感与信仰而产生的文化，是农村文化的重要内容，有利于培育农村社会的一致性和构建社区性共识。摒弃农村民俗中的陈规陋习和封建糟粕，推进移风易俗，深入挖掘农村优秀民俗文化所蕴含的思想观念、人文精神、道德规范，结合时代要求继承创新，加强农村民俗文化科学合理保护、开发和利用，是实施乡村振兴战略、促进乡风文明的重要思想基础，也是农村精准脱贫、实现文化小康和全面建成小康社会的重要推动力。

民俗作为一门学科，最早产生于英国，到 19 世纪末，欧美各国已普遍接受了民俗学（Folklore）的名称。20 世纪初，民俗学也成为日本学界的通用名称。伴随着民俗学概念的普及，民俗的内涵也在不断变化，从最初的仅以文明社会民众生活为对象，到纳入"文化较低的民族"或"野蛮的"民族的风俗，民俗学逐渐成为一门真正的科学。

民俗文化的研究在中国引起关注是在 20 世纪 20 年代。其时，北京大学《歌谣》周刊第一次使用"民俗学"这个学科专业名词。30 年代，"民俗学"这个名称得到国内学术界的承认和广泛使用。在当时的乡村建设运动中，农村文化风俗等虽然受到一定重视，农村民俗调查成果却并不多见。日本满铁公司为服务侵华战略，于 1940－1944 年间对中国华北农村社会的家族、村落等相关习俗惯例事项进行了详尽的调查，其调查记录《中国农村惯行调查》于 1952－1958 年由岩波书店出版刊行①。1949 年后，农村民俗调查、研究受到重视，在民族文化研究与民间文学调查方面取得重大进展。20 世纪 80 年代以后，民俗学发展非常迅猛。进入 21 世纪，随着社会主义新农村建设的加快推进，农村民俗文化研究迅速成为热点。概括起来，农村民俗文化研究在内容上包括以下四个方面。

一是农村民俗文化的研究范围。民俗之范围，早期较为偏狭，主要局限于信仰的、仪礼的及口头文学的范围。进入 20 世纪 80 年代，学界关于民俗的范围逐渐扩大并形成共识。如，乌丙安认为，民俗学研究范围包括经济的民俗、社会的民俗、信仰的民俗和游艺的民俗四个方面，经济生产、交易、消费生活习俗、家族传承关系和习俗惯制、社会往来、生活仪礼、传统的迷信与俗信、民间传统文化娱乐活动等行为、口头、心理的习俗均在其列②。艾莲从乡村优秀传统文化视角，分别从物态文化、行为文化、制度文化和精

---

① 赵彦民：《日本满铁调查文献中的中国民俗资料》，《文化遗产》2017 年第 3 期。
② 乌丙安：《中国民俗学》，辽宁大学出版社 1985 年 8 月，第 32 页。

神文化四个层面概括农村民俗文化，在具体内容上则涵盖乡村山水风貌、乡村聚落、乡村建筑、民间民俗工艺品、生活习惯、传统文艺表演、传统节日、农村生产生活组织方式、社会规范、乡约村规、孝文化、宗族家族文化、宗教文化等①。这些界定表述虽然不尽相同，但其内容却是基本一致的。

二是农村民俗文化的特点与功能。费孝通在研究乡土中国时创造性提出"差序格局"② 的概念，以这一概念来分析旧时中国乡村秩序的维持，理解相对封闭地缘范围内人们遵循共同的习俗、观念和礼仪的必然性，就顺理成章了。吴存浩认为，与城市相比较，农村民俗文化以血缘为基础和出发点，更重视血缘文化和长幼尊卑次序；受到地理环境的制约和影响，表现为多样性③。关于农村民俗文化的功能，美国社会学家萨姆纳预言，民俗将以"一种如何正确生活的哲学以及谋求幸福的生活策略"获得"地位和权威"，并"成为下一代的规范，具有一种社会力量。……当民俗强大的时候，他们极大地支配着个体与社会活动，生产和孕育着人们的世界观和生活策略"④。美国学者保罗·康纳顿则强调民俗仪式"为村庄建构起一段绵延的社区历史，把价值和意义赋予那些操演者的全部生活"⑤，因而对于维系乡村社会具有重要意义。艾莲认为，乡村优秀传统文化具有凝聚认同价值，保持文化多样性、原生态特点，可作为文化事业发展载体和文化产业发展依托，塑造新农民等积极价值，同时她也对城市文化对乡村文化的同化和文化的同质化表示忧虑⑥。

三是农村民俗文化的变迁及其成因。一些学者认识到，在新的时代条件

---

① 艾莲：《乡土文化：内涵与价值——传统文化在乡村论略》，《中华文化论坛》2010年第 3 期。

② 费孝通：《乡土中国生育制度》，北京大学出版社，1998 年。

③ 吴存浩：《城市民俗文化与农村民俗文化差异论》，《民俗研究》2004 年第 4 期。

④ Sumner, William Graham, Folkways: a study of the Sociological Importance of Usages, Manners, Customs, Mores, and Morals. The Athenaum Press, Ginn and Company, 1907. P. 34、IV、35 – 36.

⑤ ［美］保罗·康纳顿：《社会如何记忆》，纳日碧力戈译，上海人民出版社 2000 年版，第 14 页。

⑥ 艾莲：《乡土文化：内涵与价值——传统文化在乡村论略》，《中华文化论坛》2010年第 3 期。

下，农村民俗文化不断变迁，呈现现代化、趋同化、文明化等特点。如，唐金培从衣食住行、交往方式、婚丧消费、岁时节庆、民间艺术五个方面，描述了中原民俗文化的变迁①。吉国秀等提出，农村民俗可以根据民众需要被重新解释、重新发明，因而具有守恒意义和追加意义这两重意义结构，这种创新性使得民俗能够跨越时间而传承；农村民俗变迁中出现的传统和现代的并置与叠加，是农村社会应对社会变迁的一种生存策略。关于农村民俗变迁的原因，贺雪峰在费孝通"熟人社会"述论基础上，将进入 21 世纪后的中国乡村称为"半熟人社会"②，认为正是因为农民不断拉远与村庄的空间距离，对乡村文化的认同感与归属感逐渐衰减，所以农村民俗文化不可避免地面临传承上的困境。吉国秀等认为，与社会转型伴生的技术、意识形态、经济发展以及结构性张力等因素，诱发和推动了农村民俗变迁③。李磊等认为，改革开放以来我国人口高度流动所导致的农村家庭生产与生活方式的空前变革，促使流动中的农村新生代劳动力以一种"子代主导"的家庭策略，直接推动或间接迫使乡村民俗文化出现适应性变迁④。

四是农村民俗文化的传承与创新。代表性的观点有：农村的少子化和空心化，民俗传承后继乏人的窘困现状，对民俗文化传承产生冲击⑤，也使农村民俗的形式和内容发生着诸多变化；传统村落的公共空间是村民生活习惯

---

① 唐金培：《中原民俗文化的当代变迁与新农村和谐文化建设》，《党史文苑（学术版）》2007 年第 11 期。

② 贺雪峰：《转型期中国农村社会的性质散论》，《云南师范大学学报（哲学社会科学版）》2013 年第 3 期。

③ 吉国秀、李丽媛：《作为生存策略的农村民俗：变迁、回应与中国社会转型》，《民俗研究》2011 年第 2 期。

④ 李磊、俞宁：《人口流动、代际生态与乡村民俗文化变迁——农村新生代影响乡村民俗文化变迁的逻辑路径》，《山东社会科学》2015 年第 11 期。

⑤ 日本学者樱井龙彦基于爱知县人口稀疏山区村庄的案例研究，提出了民俗文化中需要一定人数共同合作才能完成的"民俗艺能"（民间表演艺术）何以为继的问题，这一问题在今日中国也已成为非常普遍的现象，并引起理论界的关注。参见：［日］樱井龙彦：《人口稀疏化乡村的民俗文化传承危机及其对策》，甘靖超译，《民俗研究》2012 年第 5 期；李磊、俞宁：《人口流动、代际生态与乡村民俗文化变迁——农村新生代影响乡村民俗文化变迁的逻辑路径》，《山东社会科学》2015 年第 11 期；赵秀忠：《弘扬民俗文化促进新农村建设》，《湖南社科院学报》2009 年第 1 期。

的空间体现和农村传统文化的载体，对于村民具有特殊意义，在农村社区重构过程中应对传统村落空间予以政策保护，以延续传统村落风貌和传承民俗文化①；农业文化遗产保护须建立政策激励、产业促进、多方参与等三个关键机制，实施相应补偿，平衡"原汁原味"与发展需求，以助于留下传统"基因"，实现保护目的②；城镇化浪潮下保护农村民俗文化，应高度重视专业保护场所、民俗文化活动场所和组织及民俗文化传播力建设③；借鉴韩国民俗村建设经验，应以传统历史建筑的保护与传承、民俗资料的综合展示、世界文化遗产的积极申报以及慢城理念的灵活运用，作为传统民俗文化的保护途径④。

总体而言，现有农村民俗文化的研究，在范围上已涵盖内涵、特点、功能、变迁及传承、创新诸方面，在内容上既有基础性、实证性研究，亦有一般性、专门性研究，在方法上既有文献梳理、田野调查，亦有比较研究、案例分析。但目前农村民俗和农村民俗调查相关研究呈现明显的下降趋势，近十年农村民俗研究文献中调查类成果占比一直徘徊在一成多一点，比例偏低。这表明农村民俗文化的实证性研究仍然是一个薄弱领域，尤其是随着农村人口的稀释化和市民化，一些传统民俗特别是集体性的民间娱乐和技术性的民间技艺处于后继乏人、濒临失传的危险境况，亟待进行抢救性的普查和保护。

基于当前农村传统民俗文化的境况，本书关于黄陂区黄花涝村民俗文化的调查具有积极作用。目前，黄花涝作为千年古镇受到相比当地一般村落更多的关注，其民俗文化记载散见于黄陂政府网、黄陂文化网、黄陂区志网、黄陂热线等网络载体或一些纸质载体中，一些与黄花涝存在直接或间接联系

---

① 薛颖等：《农村社区重构过程中公共空间保护与文化传承研究——以关中地区为例》，《城市发展研究》2014 年第 5 期。
② 闵庆文：《农业文化遗产保护的关键机制》，《光明日报》2016 年 8 月 19 日，第 10 版。
③ 叶庆亮：《城镇化浪潮下海南农村民俗文化该如何重建》，《中国民族报》2017 年 1 月 13 日，第 8 版。
④ 端木娴、唐晓岚：《韩国民俗村发展研究及思考》，《国际城市规划》2016 年第 3 期。

的热心民俗文化人士的个人博客，也有不少黄花涝民俗文化的可信描述。但是，这些记载和描述不仅失之散乱，而且有的相互冲突。当前，黄花涝正在快速地接近城市，民俗文化的地理空间遭到一定程度的破坏，物质，社会和精神形态的民俗发生很大变化，诸多传统民俗亟待整理和保护，进行全面的调查尤显迫切和重要。

1.2　调查区域

本书研究对象武汉市黄陂区盘龙城经济开发区黄花涝村，对于观察研究近代以来中国近郊型乡村民俗文化变迁史极具典型意义。其一，黄花涝地处民俗文化富集带，其所在的黄陂区文化特色非常显著，是著名的文化娱乐之乡，被文化部命名为"中国民间文化艺术之乡"，历史上曾长期隶属黄州府，与鄂东文化有着千丝万缕的联系，黄花涝历史悠久，民俗文化氛围比较浓郁；其二，黄花涝位于黄陂南乡，距武汉城区只有20余公里，地近汉口，连接城乡，历史上从县城、镇到渔村，亦城亦乡，近代以来受汉口都市文化、工商业文化的影响较大；其三，黄花涝襟江带湖，交通便利，其民俗受到多样文化的影响比较明显。以上特点，为研究中国近代以来农村民俗文化发展变迁及未来农村民俗文化的传承与创新提供了便利。

黄花涝在汉口北郊，位于黄陂区盘龙城以西府河湿地地带，西邻东西湖区，北邻孝感，历史上是水上交通要道，曾经是长江、汉江的交汇处，其东、南与武湖、长江相通，西北与童家湖相连，区位优势非常明显。半个世纪前，每逢涨水，10吨以上木船可从黄花涝经童家湖驶进祁家湾，南则可抵汉口姑嫂树。

黄花涝历史悠久，2300年前的战国时期名为黄城镇，是石阳县城所在地，三国时期属荆州刘表所辖江夏郡。《元和郡县图志》等史籍记载："石阳亦名石梵。王伯厚曰：石阳故城在黄陂县西二十三里。吴征江夏，围石阳，不克而还，即此。"刘表为防东吴，派江夏太守黄祖以黄花涝为中心筑城守卫。刘表死后，曹操与刘备、孙权联盟在长江中游展开激烈争夺。东汉建安十三年（208年）赤壁之战后，曹操派大将文聘为太守，治所石阳城（黄花涝）。226年，孙权亲率5万之众攻打石阳达20余日，因粮草耗尽为文聘所败。吴嘉禾五年（236年），东吴将军周峻偷袭石阳城，未克而还。曹魏嘉平年间（249—253），黄花涝为魏江夏郡治所。南宋末年，战乱频仍，石阳城毁于战火。明洪武二年（1369年），江西饶州府筷子街苦竹村的移民来到此地定居，因见春季河滩湖地上遍布黄花，夏季涨水后河湖相连，一片汪洋，由此取名"黄花涝"，此后黄花涝人丁繁衍，并因地处水上交通要道而逐渐繁盛起来。时人以"日有千人拱手（纤夫），夜有万盏明灯（帆船）"形容黄花涝富庶、繁华的景象。直到近代，黄花涝仍是武汉近郊不可多得的水上重镇，远近闻名，被称誉为"小汉口""黄花涝市"。当时，黄花涝商贾云集，曾有粮行、鱼行、杂货铺和饭店近百家，每日的粮食吞吐量千余担，鲜鱼鲜虾亦以百担计。抗日战争前夕，黄花涝为黄陂县第七区（滠口区）辖地。抗日战争时期，由于黄花涝战略地位重要，中国军队与日本侵略者在这里展开了激烈斗争，留下了很多故事。抗战胜利后属忠义乡，并一度成为乡政府驻地。

千年古镇黄花涝

黄花涝村远眺

　　1949 年后，黄花涝的行政辖属关系几经变迁。初属十八区（滠口）管辖，1951 年划归武汉市黄花涝乡，翌年 7 月复归黄陂滠口区。1958 年至 1960 改属横店区。由于东西湖围垦，沿河筑堤，府河改道，加之公路、铁路等交通运输方式逐渐领先水路运输，历史上长期因水而兴的黄花涝慢慢安静下来。原来商业非常繁华的黄花涝镇，逐渐成为普通的渔业生产区。1965 年 4 月，黄花涝乡改为渔业公社，下辖黄花涝民建大队、自力大队、居委会、童家坡灯光大队等。翌年 6 月，撤销公社，改设渔业管理区，黄花涝并到刘集公社，成立了黄花涝大队，并设立自力等四个生产队。1969 年划归滠口人民公社，仍沿用黄花涝大队名称，原辖四个生产队又合并为三个队。1984 年滠口撤镇建区，其后又经过区改镇、镇改街，但黄花涝一直为滠口区（镇、街）所管辖，并曾先后批复为黄花涝村、黄花涝镇、黄花涝街、黄花涝居委会。期间的 1988 年，黄花涝改为居委会，启用"黄陂县滠口镇黄花涝街居民委员会"印章。进入 20 世纪 90 年代，随着盘龙城经济开发区的建设和黄花涝村被划入开发区托管①，一度沉寂的千年古镇黄花涝再次引起关注，成

---

①　武汉盘龙城经济开发区原名武汉市黄陂滠口经济发展区，成立于 1992 年 12 月，原辖区为滠口镇，国土范围 157.5 平方公里。2000 年 4 月，黄陂县改区后，划出 42 平方公里（含刘店、下集、叶店、许庙、刘古塘五个村）交发展区管委会封闭托管。2003 年 5 月，更名为武汉盘龙城经济开发区，履行职能不变。同年 9 月，区人民政府将黄花涝等岱黄高速公路以西 7 个村划入开发区托管。2005 年，国家发改委和省政府重新审核批准为省级开发区，核定规划建设面积 20 平方公里。

为人们旅游踏青、探幽访古的好去处。

现在的黄花涝村，是盘龙城开发区新农村建设模范村和武汉市农村环境卫生示范村。全村2017年年底陆地面积1000余亩，养殖水面10500亩（其中涝家湖4000亩、任凯湖面积3500亩、蓦家湖面积3000亩），精养池面积2000亩，府河滩涂面积2万公顷。全村分为车站路街、山鹤楼街、亚元居街、金燕子街、銮驾巷街、老后山街、志芳公街等七个小组，2017年年底户数750户，人口1698人，劳动力750人，人均收入10500元，另有外出务工人员350人，全民加入合作医疗，全村通有线电视、自来水、水泥硬化路面。村内现有小学一所，村卫生室一所。

第 2 章

黄花涝民俗的文化地理空间

　　黄花涝古镇历史文化遗迹与景观众多，因而屡屡成为古往今来诸多诗赋辞章的吟咏对象，其作者有从黄花涝走出去的杰出人士，也有来黄花涝赏景的游客，还有黄花涝本地的文化爱好者。在他们的笔触下，黄花涝有厚重历史，有自然美景，有人文胜迹，有传奇故事，还有民俗百态。古曾有诗以"春赏黄花遍地香，夏观龙舟水中扬，谁说秋凉无石景，雄狮傲雪立学堂"概括镇中的四大景观，亦有诗以"铮铮铁佛寺，朗朗亚园门，巍巍石头坡，悠悠古树情"概述黄花涝之悠久历史与灿烂文化。黄花涝古镇以特定的文化地理空间，为黄花涝民俗文化的产生、发展、变迁与传承提供了肥沃的土壤和养分。在这个面积不大的区域中，有着宏大而绵延不绝的历史文化故事和民俗文化传承，它们通过古石坡、古渡口、古民居等历史文化遗存展示民俗文化的物质载体与成果，通过沧浪亭、地名文化、书画院等历史文化景观彰显民俗文化的以文化境与薪火相传，通过古铁佛寺等宗教文化景观体现民俗文化的圆融包容与和谐共生，围绕这些文化空间建构起来的民俗活动千百年来薪火相继，由此成为民俗文化流变的研究基础。

2.1　历史文化遗存

　　黄花涝历史文化遗存主要有战国古石坡、古渡口、明代古石街、三国古墓、郭王庙、清代亚元居及十来处古民居。其中，既有已被毁掉只剩地名的崇道堂和尚有遗址的王氏宗祠、亚元居，也有毁后恢复重建的古铁佛寺，还有至今尚在发挥生产生活功能的古石坡、古石街和古渡口。

2.1.1 战国古石坡

在黄花涝府河岸边古渡口，有一处由巨石垒成、层层叠叠、笔直陡峭的沿河石坡，人称"古石坡"。至今保持完好的石坡尚有数百米，修建有供人们上岸的台阶。据湖北省博物馆学者李桃元考证，黄花涝古石坡的历史可追溯到2300年前的战国时期。亦有说法称古石坡为商代所建，其时石阳为盘龙城卫星城。古石坡台上最北端有一块巨大的白色飞来石，相传是大禹治水时用来拴龙鼻子的，以抵御洪水冲击，保护古镇平安。据村中老人回忆，其先祖曾经讲过，黄花涝族谱中有"恩承洪武，碑记石阳"之句，原来在古渡口石坡前曾立有一石碑，上有"南朝帝巡河，百官护驾多，千舟齐呐喊，万民立石坡"的碑文，后毁坏不知去向。2003年，黄花涝村对沿河古石坡进行了修复。如今，沿河古石坡已成为黄花涝的标志性景点，稍熟悉古镇历史的游人，必会在这里流连留影。

古石坡

古石坡的火石和台阶

2.1.2   古渡口

古渡口位于黄花涝南首府河岸边，这片水域人们习惯称为府环河。旧时黄花涝交通出行、货运主要依靠水路，黄陂孝感一带乡民、生意人进出汉口，也必须走黄孝河，其间多在黄花涝停靠打尖。因此，这个渡口承担着枢纽功能，具有举足轻重的作用，也因此造就了黄花涝的商业繁盛。当时的古渡口两侧，称为河街，曾经是一整排的吊脚楼，船舶停靠沿岸静水处，即可直接登梯上楼买东西、看戏、吃饭、休息。人来人往，使黄花涝既受到来自黄孝一代乡土文化的影响（如黄孝花鼓戏的流行），也受到来自汉口都市工商文化的浸润（如工商业的兴盛），从而大大改变了黄花涝民俗文化的样貌。1954年，长江流域发生特大洪水，古渡口沿河街一整排房屋、木楼，除三家外悉数被洪水冲毁。如今，曾经与"小汉口""黄花涝市"密切相连的古渡口，虽然少却了熙来攘往的商贾，但也不乏慕名而来的游客，尤其每到春天，分外热闹，来这里踏青郊游的武汉市民，多从渡口坐摆渡船到河滩上的大草原烧烤、露营，古渡口已成为黄花涝古镇的标志性景点。

古渡口

摆渡船

2.1.3 富家堡三国古墓

在黄花涝镇北 500 米处富家堡外的丁店村蔡塘角（土地原属黄花涝管辖），有一座三国时期的古墓，于 20 世纪 90 年代末在由湖北省、武汉市和黄陂区三方联合进行的考古中被发现，墓主为孙壹。孙壹墓占地面积近一亩，设前宫后寝，护道守门。发掘出铜器、陶瓷、玉器等文物 80 余件，现藏于湖北省博物馆。作为东吴皇族的孙壹，其墓却出现在黄花涝，背后有一段故事。史载，东吴太平元年（256 年），孙坚侄孙孙壹为吴镇军将军、江夏郡太守，时孙壹妹夫、东吴重臣滕胤因反对孙琳专权被杀，孙壹畏惧受到牵连而率部曲千余口奔魏。曹魏以壹为车骑将军、仪同三司，封吴侯，并赐邢氏为妻。吴永安元年（258 年），孙壹及邢氏被下人所害。孙壹死后，被子侄部曲葬于曾任职的江夏（夏口）附近的石阳即黄花涝。由于石阳毁于战火，河流改道，孙壹墓遂湮没无闻。今天的孙壹墓属黄花涝相邻的丁店村管辖，已是一座荒冢，但其背后隐藏的历史故事，仍引人遐思。

2.1.4　郭王庙遗址

黄花涝人所盛传的郭子仪黄土坡立庙故事，虽然史无记载，但却有迹可循。据陈耀林老人回忆，大集体时为建设抽水机站，他曾带人去挖郭王庙遗址，并将挖出的石碑和基石用于做抽水机站的设施。1985 年建设湖北省大同湖砖厂时，在郭王庙遗址挖出了郭子仪剑，虽然锈迹斑斑，但名字清晰可见，成为郭王庙确实存在的有力证据，该剑现藏于湖北省博物馆。今天的郭王庙遗址荒草萋萋，黄土遍地，与武汉天河机场高速路收费站、黄花涝农庄相邻。不了解黄花涝的人，谁会想到这里竟然就是大名鼎鼎、遗韵千年的郭王庙遗址呢。

2.1.5　明代古石街

古镇上有一条由坚硬耐用的红砂石铺就的街道，据村中耆老介绍，这条路原是石阳城时期所建，明末清初时曾进行过整修，至今还基本保持着千余年前的样子。旧时，这条石板路非常热闹，路两旁一溜儿全是各类商铺和饮食店，还建有唱楚戏的大舞台，路的尽头就是古镇渡口。当时，每到鱼汛期，人们把从渡口送上来的成千上万斤的鲜鱼鲜虾，由脚力装筐，沿着石板路，高喊着号子，运进鱼行，再由鱼贩销往周边乡镇农村。如今，古石街仍然是古镇人通行的一条主要道路，两边还有不少民国时期充满着古意的老房子，不时有三三两两的游人驻足流连和拍照留念。

红砂石铺就的古街道　　　　　　古石街直通古渡口

2.1.6 清代亚元居旧址古墙壁

在黄花涝沿河街中心的地段上，有一处清代亚元居（亦是王氏宗祠）旧址古墙壁。据村里的老书记王三清撰写的《康熙爷亚元居赐匾》一文记述，亚元居建于清代，传说是为迎接康熙皇帝赐匾而建。当时的亚元居一栋三重两殿，气势宏伟，坐东朝西，大门外有两座石狮和三级台阶，在大门的庭廊顶端，曾经高悬一块未署名的"亚元"横匾。殿堂面积千余平方米，极为宽阔，上首正中并列着三厢祖龛，中厢供奉着迁居黄花涝的王氏始祖志芳公的牌位，左右两厢依次供奉着历代列祖列宗的牌位，殿中并详细记述了黄花涝王氏家族历史。祖龛顶端有三块鎏金横匾，分别写着"德裕后昆""绳其祖武"和"燕翼贻谋"。中梁上亦有一匾，匾的上下刻花，左右雕龙，蓝底金字，写着"钦点御前侍卫王登壹"。殿堂的南北两面，两两对称高悬着四块"进士"横匾。旧时宗祠还设有志芳小学，招收族中子弟入学。1966 年破"四旧"时，亚元居匾额被拆除烧掉。1974 年，亚元居大殿被滠口公社整体拆除，成为粮店。如今，亚元居原址上只剩一面古墙壁，似乎在诉说着昔日的辉煌。

亚元居拆毁后仅剩的外墙

2.1.7　古民居

在 2300 多年的发展历史中，黄花涝的很多建筑时建时废，除了古石坡、古渡口等公共功能性质的历史文化遗存外，目前还留下了一些保存较为完好的私人住宅性质的古民居。这些古民居主要位于古镇中部，分布错落有致，较为集中，其中既有梅园居等明末清初的建筑，也有民国时期的老宅。此外，也有一些古旧老宅虽然已经被拆除，如振兴屋、文家院（分别于 1972 年、1973 年被拆除，原址建起拖拉机站和幼儿园），但关于它们的故事传说仍在黄花涝人中口耳相传，并成为古镇历史的重要组成部分，成为黄花涝的独有精神文化遗产。

文家院　在古镇文家巷的一座房子外墙上，钉着一块蓝底白字的铭牌，上书"文家书院原址"，并有一首落款"王三清撰"的小诗，对曾经辉煌的文家书院进行了写实性的描述："彩泥雕塑满四壁，文房书画八方齐，古今名著两边摆，中外诗歌多琴棋。"诗中的"文家书院"即是有名的文家院。据诗作者回忆，文家院是一座非常大的古房子，外墙用彩泥雕刻有世界名著和中国四大名著，非常壮观，常有文人雅士慕名前来参观。在这面文化墙的熏陶下，古镇的文化气息逐渐渗透到每一个人的血液里。今天的黄花涝，大街小巷的房子外墙和院落围墙上，可以看到很多关于古镇历史、故事和传说的宣传板，这是新时代的文化墙。可惜的是，1973年，文家院被当时的滠口公社下令拆除，其后在其房基上建起了幼儿园。

古镇文化墙

梅园　黄花涝村有一座名为梅园的老宅，建于明末清初。古宅墙上有王三清所撰小诗："梅家几代爱唱戏，招来翠兰住古屋，百华有缘喜相会，楚汉双杰留故事。"这所老建筑确实很有一些故事，一是梅园房主人是当时远近闻名的戏曲家，因而居所得名梅园；二是曾唱红楚剧半边天的姜翠兰和汉剧大师陈伯华等戏曲大家曾在这里住过，使梅园平添几分文化魅力。如今的梅园居老宅，尚有人家常住。老宅虽略显破败，仍有流风余韵，门口雕栏缀有红绿图案，因年代久远无法分辨，亦隐约可见当年雕工之精美。屋内墙则嵌有各式盆景，盆内花草栩栩如生，似乎在无声地诉说着昔日的繁华热闹。

梅园居古宅　　　　　　　　　　　　金泰园古宅

金泰园古宅　在黄花涝村金泰巷口，曾有一座民国时期的老宅——金泰园，原是明代古石街上的一家粮食行，距离熙来攘往的古渡口很近，如今在其宅基地上已另建有屋。金泰园的主人是黄花涝一位生意人，其裁缝店、丝线铺开到了汉口。当时，在金泰的学徒中有后来成为楚剧大师的关啸斌，学徒时即酷爱戏剧艺术，人送外号"小戏迷"，后离开金泰到汉口新市场（今民众乐园）楚剧戏班学艺，主攻旦角，终成一代大师。

古镇小说原址　长篇小说《黄花涝》故事发生地。该小说于2007年以《古镇黄花涝》为题在《长江日报》上连载，后由长江文艺出版社出版。小说时跨清代、民国，以黄花涝籍士子王祖第高中亚元、康熙帝御赐亚元居金匾为缘起，以王祖第家族王财记商号和王继才同兴和商号故事为主线，重点叙述了辛亥革命以后直到1949年这段历史时期黄花涝乡民爱国爱乡的故事，并穿插黄花涝的历史人文故事和民间传说。古镇小说原址青砖黛瓦，山墙为马头形制，颇为壮观，目前已无人居住，墙面斑驳，一堵山墙由数根立木支撑加固，保护状况不容乐观。

古镇小说原址

老陈宅

　　老陈宅　老陈宅建于民国时期，位于黄花涝古镇西南角，东靠金泰园，西依府环河，南接船港湾，北临拦驾巷，坐南朝北。宅子木屋布瓦，天井小院，门楼牌坊错落有致，至今保存完好。在抗日战争和解放战争时期，老陈宅曾是地下革命联络站，接待过新四军伤员养伤，为新四军购买过印报机，并曾作为中共武汉工作委员会的临时驻地，为革命胜利做出过特殊贡献。

　　除以上老旧民居外，黄花涝还有王稼林老宅、海安公老宅、王规民老宅、王士毅古宅、三合楼联络站、老陶宅党部旧址、王春乾原址等，其中有些古民居如王稼林老宅因为长期无人居住，已经非常破败，急需采取措施加以抢救性保护。有些古民居如三合楼联络站、老陶宅党部旧址、王春乾原址的原有古建筑已经拆毁重建，原址上已经是完全现代的建筑。也有一些旧民居如海安公老宅、王规民老宅等还在继续使用，仍然透出些许的古韵。这里的每一座古民居，都有动人的故事，在它们斑驳的砖墙和黑色的布瓦之间，隐藏着黄花涝的历史地理信息，流淌着古镇的民俗文化。像董必武曾经在老陶宅党部为黄花涝的革命青年讲党课，李先念曾经在三合楼开展革命活动；王稼林老宅的主人曾经是黄花涝籍的武林高手，以金燕子的名号行走江湖，破获过皇宫九龙杯失窃案；王春乾原址的主人曾经主动联系意大利神父，把天主教堂引进到黄花涝，从而为黄花涝四邻的乡民躲避日寇提供了避难所。

亟待保护的王稼林（金燕子）老宅

古石街旁的老民居　　　　　　　　　　海安公老宅

三合楼联络站原址　　　　　　　　　王春乾旧居原址

2.1.8 崇道堂

崇道堂又称戒烟堂，原址位于黄花涝东端。抗日战争前夕，由曾受鸦片毒害之苦的黄花涝人童博清、王晓锡等人集资修建，旨在帮助染上鸦片烟瘾的乡民入堂强制戒烟。据村里耆老回忆，当时戒烟堂正中悬挂一个篆体"空"字，两旁对联写着："以道传道道传道，即人度人人度人。"不同于其他戒除烟瘾的方法，崇道堂主要通过闭目静坐、禅定敛心的方式，要求戒烟者每日早、中、晚跪于蒲团上磕头膜拜，借助崇佛尊道，唤醒戒烟者的自我意识和戒毒决心，从而达到彻底戒除毒瘾的目的，因而实质上是一种精神疗法。后来由于年久失修，崇道堂于1957年被拆除。今天，崇道堂原址已建起居民的房屋。

2.2 历史文化景观

黄花涝人重视文教，数百年来人文荟萃，从这里走出了一大批杰出人士，也蕴育出一批诗人、书法家和学人，形成了数量可观的历史文化景观和赓续不绝的文脉。从沧浪亭、状元亭到老水塔、文博馆，从銮驾巷到美满巷，从民国时期的文家院到今天的黄花斋（1999）、四新书法社（2000）、燕秋书画社（2005）、三清书画院（2012）、黄花草堂（2013），无不给黄花涝增添浓浓的人文色彩，也是黄花涝民俗文化的重要载体。

2.2.1　沧浪亭

黄花涝村西沿拦驾巷而行，在古镇渡口旁边，有一座沧浪亭。相传，该亭原名"思亲亭"（俗称武亭、南亭），是为纪念清康熙年间本镇一位武侠义士"金燕子"，由黄花涝乡民集资建设。初建时，"思亲亭"为一座三层九米高的木亭。雍正初年，亭子为金燕子同门师兄"金猫子"门徒烧毁。乾隆十年，黄花涝绅士再度集资重建了一座二层七米高的木亭。抗战时期，为打击日寇以"思亲亭"为据点对汉孝陂抗日根据地进行封锁的企图，抗日义士王金强烧毁了思亲亭。2007年，在黄花涝新农村建设中，在原址重建起一座一层五米高水泥亭廊，改名"沧浪亭"，并有一联云："金燕归来，春满思亲亭；银鹊飞渡，人涌古码头。"沧浪亭旁有原村支部书记王三清撰写的《沧浪亭记》，对亭子的历史渊源和传说掌故作了生动的说明。现在，沧浪亭已成为黄花涝一处重要的人文景观，是黄花涝旅游的必访之地。

沧浪亭

2.2.2　状元亭

在黄花涝古镇中部，有一座名为"状元亭"的长廊。长廊的成色尚新，虽有古韵，却非古物。调查中笔者了解到，这座长廊于2008年在村委会的主持下重建，亭中并有黄花涝籍诗人王士毅所撰写之《状元亭记》。之所以是重建，是因为传说历史上村里确曾有一座状元亭，并且是为着纪念黄花涝历史上的几位状元。虽然关于是否出过状元，至今尚无确凿证据，但是"前人考状元，后人驾粪船"的民谚、亚元居康熙赐匾等民间传说言之凿凿，流布甚广，却也让人难以完全否定状元之说。况且，黄花涝历史上在科举考试方面确有诸多建树，举人、进士未尝间断。进入近现代以后，又走出过不少大学教授、科学家、博士，可谓人才辈出。重教崇学之风已成为黄花涝的文化传统，成为新时代的新民俗。

2.2.3　地名文化

黄花涝作为千年古镇，历史积淀深厚，其地名中蕴含着很多历史掌故、人文故事、民间传说、自然地理信息，是黄花涝民俗文化的一个重要表现形式。从命名依据看，这些地名大体分为四类：一是因自然地理而命名的地名，如丰荷山、涝口湖、蕎家湖、府河大道；二是附会民间传说、民间故事而形成的地名，如红房子、雁翅膀、金燕子街、仙女巷；三是因生产生活活动而形成的地名，如古渡口、渡船咀；四是根据真实历史而命名的地名，如亚元居街、铁佛寺路、天主堂路、梅园巷、美满巷。从命名方式看，主要有三种：一是历史上形成并长期流传下来的，如红房子、銮驾巷；二是官方认定的，如府河、任凯湖；三是村内集中命名的，如古镇大道、南港路、志芳公街、美满巷。

21世纪初，村委会为加强新农村建设、发展古镇文化旅游，对黄花涝进出道路和村内的大街小巷进行了统一命名，地名体系分为大道、路、街、巷四级，分别是：三条大道（古镇大道，东起汽车站、西止古渡口；府河大道，北起迎佛亭、西止老水产；凯湖大道，东起仙女湾、西止老水塔）；五条公路（天主堂路、铁佛寺路、兴教路、春乾路、南港路）；七条街（车站路街、山鹤楼街、亚元居街、金燕子街、銮驾巷街、老后山街、志芳公街）；十八条巷（金泰巷、船名巷、十姓巷、美满巷、仙女巷、复兴巷、梅园巷、稼林巷、状元巷、御前巷、文家巷、迎佛巷、锦发巷、怀余巷、三军巷、宽裕巷、思林巷、拜佛巷）。

以下是部分黄花涝较具历史地理文化特色的地名。

涝口湖 俗称马家湖，位于韩家湾以南，虾子沟以北，魏家楼之西，童家湾之东，水域面积 5000 余亩。1949 年前，涝口湖有船直通汉口姑嫂树及天河韩湾，后因东西湖围垦及天河机场和公路建设而取消。据黄花涝村老书记王三清讲，围绕涝口湖还流传着一个神童王士毅的故事。某一年冬季，涝口湖干湖捕鱼准备收场时，外地村民以为已经收场，遂蜂拥下湖捡鱼，以至发生械斗，打伤数人。对方告到衙门，要求赔偿，黄花涝方面以"对方抢到湖口"答辩，县官原拟准原告所请，当时年仅九岁的王士毅（后为中国科技大学教授）在状纸上加了一竖，改"抢到湖口"为"抢到湖中"，使黄花涝反败为胜。

蓦家湖 黄花涝三大湖之一，位于丰山脚下，东邻丰荷山，西连老河套，北靠任凯湖，南接包楼湾，面积 3000 余亩。1949 年前，黄花涝王姓三个房份对蓦家湖的所有权互不相让，并各取湖名，分别称为墨水湖、默家湖、麦子湖。后经时任湖北省参议的王宗祁（卫立煌亲家）调解，统称为蓦家湖并共同使用，当时还以"蓦"字拆分赋诗一首："草山唯涝有，日照黄花涂，大水随处捕，马鞭巡湖走"。蓦家湖争议由此得以解决，三个房份此后和睦共处，一时传为佳话。

任凯湖和甲湾 任凯湖是黄花涝三大湖之一，位于黄花涝东，东抵刘新集，南靠蓦家湖，中接青龙寺，北临丁家店，面积 5000 余亩。甲湾为任凯湖临近黄花涝湖湾名。相传唐朝名将郭子仪作战凯旋后，取道府河在黄花涝后面湖泊靠岸休整，将士衣甲晒于湖岸，因此该湖泊就被命名"任凯湖"，晒甲之湖湾遂称"甲湾"，并有诗述其事，诗曰："任重杀敌寇，凯旋归古楼，湖波映盔甲，美酒芳香留。"民间亦流传董永和七仙女回孝感时曾途经黄花涝，并在任凯湖上岸。1949 年后，任凯湖设有每天往返姑嫂树的航线，直至东西湖大堤围垦后停航。

黄昏闹 黄花涝的俗称。过去，黄花涝地处进出汉口的水路要冲，街镇繁华富庶，热闹非凡。当时在邻近黄花涝的丰荷山有打劫者，每在劫掠分赃后，便趁着黄昏来到黄花涝，寻求刺激和享受，黄花涝因此有"黄昏闹"之俗称。

志芳公街 该街命名是为纪念黄花涝王氏先祖志芳公，他于明初从江西移民到黄陂县黄花涝，从此在这里繁衍生息。

金燕子街 根据金燕子传说而命名。黄花涝人王亲绰号"金燕子"，武艺高强，被朝廷以连坐全村胁迫，要求限期侦破皇宫九龙玉杯被盗一案。后来金燕子侦知盗案乃师兄"金猫子"所为，并配合朝廷逮捕了"金猫子"，但又自感有负同门之义，乃与妻子双双绝食而亡。黄花涝乡民感念金燕子夫妻再造之恩，在村南建"思亲亭"纪念。

志芳公街　　　　　　　　　　　金燕子街

状元巷 因相传黄花涝历史上曾出过数位状元而命名。所传四位状元分别是王作朋、王肯构、王念苏和王念浙。据清同治《黄陂县志》记载，王作朋、王肯构确有其人，但并非状元，而实为举人和进士。《黄陂县志》之原文是："王作朋，乾隆戊午举人，任谷城教谕，保举升河南泥水考城知县，治民多惠政，清勤著声，内擢銮仪卫经历。""王肯构，字步堂，负才颖敏，一日能为数十艺……康熙已丑进士，授于潜令，多善政，卒于官。"另外两位被传也是状元的王念苏、王念浙，却无史籍可查。据说，王念苏、王念浙本是状元，却因主考官徇私舞弊而落选，并引发了一个康熙帝亚元居赐匾的故事。村里老人也讲，原来亚元居里确实悬挂有四块"进士"横匾。当然，无论是否中过状元，小小的黄花涝在清代科举历史上曾经有过高光时刻，当是无可否定的事实。因此，这状元巷的命名也便有了历史的渊源。

仙女巷 根据七仙女的传说而命名。相传，东汉末，孝子董永与七仙女结为夫妻后，在黄花涝停泊换船回孝感，并在这里发生了踩莲船的故事，留下了至今还在传唱的踩莲船曲调和舞蹈。当年，夫妻俩租的也是黄花涝王老汉的船，还得到了黄花涝乡亲的慷慨相助。七仙女上岸之地从此称仙女湾，上岸之后经过的街巷后来在乡村文化建设中被命名为"仙女巷"。

銮驾巷（拦驾巷）　关于銮驾巷的来历，有多种说法。一种说法是，1521年，时年14岁的嘉靖皇帝为了进京继承皇位，坐船经过黄花涝，并在此进食和休息，由此得名。另一种说法是，南朝后主陈叔宝欲往云梦、孝感寻找梦中仙女，被狂风暴雨阻于现金银潭地区，先欲问罪于黄花涝地方官员，后得知黄花涝为接驾护驾准备周详，出力颇多，遂以一副御前銮驾作为嘉奖，由此得名銮驾巷。又因陈后主终未能如愿前往孝感云梦找寻仙女，銮驾巷又被称为拦驾巷。

銮驾巷街　　　　　　　　　　　　船名巷

稼林巷　为纪念清代黄花涝籍著名武林侠士王稼林，由村委会命名。王稼林绰号"金燕子"，与其师兄"金猫子"并称"北猫南燕"双杰，为全忠义绝食而死，村中有王稼林墓。思亲亭（今名沧浪亭）亦为纪念他而建。

美满巷

美满巷 为纪念抗洪英雄王美满而命名。1998年7月，黄花涝遭遇特大洪水袭击，村庄大部被淹，交通中断。8月1日，黄花涝人王美满（曾任丁店村党支部书记、民兵连长）在任凯湖、西湖大堤抗洪抢险斗争中英勇献身，后被湖北省人民政府追认为烈士。

2.2.3 老水塔

过去黄花涝人祖祖辈辈饮用河水。后来，随着河水污染日益严重，于1987年修建水塔，建立了自来水厂，老百姓结束了数百年肩挑手提河水饮用的历史，改用更为安全的自来水。1996年，黄花涝水厂因遭受特大洪水袭击被毁，洪水过后，村内水井一度恢复使用。2009年，黄花涝全面启动武汉自来水入涝工程，将武汉城区干净清洁的自来水引进村里。从此，黄花涝村民在饮用水上实现了与城区的同城化，村里的自来水厂停止生产。不过，老水塔虽然已废弃不用，仍是村里的一个比较醒目的地标，同时也是黄花涝人饮水历史的一个重要见证。

水塔

2.2.4　黄花涝文博馆

黄花涝文博馆由村里引进台商投资修建，于2010年9月18日正式破土动工，2012年建成开放。大门有一长联，上联是：古镇何奇明太祖铁佛寺题字康熙爷亚元居赐匾郭子仪黄土坡立庙，东吴侯富家堡藏秘，帝耶王耶将耶相耶弹丸之地经典故事里面找；下联是：请君试看状元郎好兄弟揭榜金燕子玉龙杯破案董必武老陶宅授课李先念三合楼结义文者武者师者仁者神州苍穹传闻佳话外界知！该联为该村原党支部书记王三清所撰，把黄花涝的重要历史故事囊括其中。馆内有明清家具、砚台、金缕玉衣、字画、紫砂壶、羊皮茶叶、佛像、佛塔、木雕、根雕、玉雕、南漳龙化石、民俗用品等诸多藏品，数量众多，品种丰富，吸引了许多书画家前来写生创作。黄花涝文博馆作为民间博物馆，实行不定期开放，预约参观。

黄花涝文博馆大门

2.2.5　三清书画院

三清书画院地处黄花涝村仙女巷、南港路和学校的交叉路口，于2013年11月17日揭牌，18日正式开放，是黄花涝村原党支部书记王三清个人创办。书院主人长期关注和推动黄花涝历史挖掘与文化建设，2012年荣获武汉市黄陂区十佳"书香门第"荣誉称号。书院占地面积600平方米，书院文化墙上展示了创办者撰写的多篇有关黄花涝的历史故事和诗词歌赋，目前室内收藏有国内外 276 位书画家和将军们的近千幅字画墨宝和楹联寄语作品。书画院已成为黄花涝一个著名文化景观，多次被国内外媒体宣传报道，建立以来先后接待万人次参观，中华樱花诗词摄影家协会、吉林市雅风诗社、河北清晖书院等也相继在此建立了创作基地和分院，成为文化交流的场所。

三清书院大门

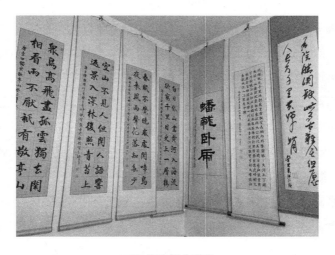

三清书院部分藏品

2.3　宗教文化景观

黄花涝人虽无真正宗教意义上的信仰，但佛教、道教等一些宗教的原则、教义和信条，在人们的日常生活中有所反映。比如，佛教中善恶、因果报应的观念，在一定程度上影响着人们的行为举止。伴随着这种影响，黄花涝先后出现了在周边地区具有一定影响的铁佛寺、天主教堂、迎佛亭等宗教设施，成为独特的宗教文化景观。这些宗教设施有的毁后重建，现在仍然发挥着功能；有的主体建筑仍在，却已近于荒废；有的在重建后已发生功能变化，如历史上传说的"迎佛亭"，是为迎接随洪水飘来之铁佛而建，2008 年在黄花涝古镇北首重建后已成为居民游憩休闲的长廊。

2.3.1　古铁佛寺

古铁佛寺历史悠久，是黄陂的八大佛教古寺之一，最早建于明初。其位于黄花涝村北，三面环水，西望府河，东望日出，为黄花涝四大景观之一。关于古铁佛寺还有一段传说，其大意是：洪武三年（1370 年），洪水泛滥，自府河上游漂来一尊铁铸大佛，浮而抵岸，轰动全涝，村民认为这是天降祥瑞，于是集资修建庙宇以供奉神灵。据专家考证，古铁佛寺坐东朝西，有上下两殿，两殿之间有长约 5 米、宽约 3 米的天井。南面为僧舍，北面为百子堂，佛龛正中一座高九尺的观音佛，其脚下百个幼儿泥制塑像，或立或卧，或笑或啼，或袒胸露腹或衣冠整齐，或手不释卷或相携喧游，千姿百态，栩栩如生①。据王三清回忆，古铁佛寺青砖璃瓦，殿内有十八罗汉，寺庙大门两旁有四米高的立门青石，西南角有"龙腾三江，佛照五湖，寺依七彩，庙叩九呼"的碑文。历史上，古铁佛寺曾经僧人众多，香火旺盛，非常辉煌。可惜的是，"文化大革命"期间的 1969 年，在第十任方丈仁正大师任上，古

---

① 参见邓先海：《黄花涝，一个渐行渐远的千年古镇》，《武汉春秋》第 94 期，2012 年。

铁佛寺及百子堂被当作"四旧"全部拆除，寺前一株树龄达500年的古槐亦同时被毁。寺中有一块巨石，名为"仙鹤石"（亦称"镇寺石"和"镇涝石"），相传于明洪武三年由一仙鹤衔来，并遇水而退。

2012年7月27日，在黄花涝村、佛教人士及相关社会力量的努力下，经市区宗教部门同意，古铁佛寺得以在村北原址复建，同时在寺旁新建万佛塔（本地人称为"佛塔"）。万佛塔共13层，高45米，楼阁式密檐，八角塔，总建筑面积600平方米。首屋八角内径约9米，台基四周有高1.2米的汉白玉栏杆，地面以青石铺装。塔身构架每层采用花岗岩浮雕工艺，各层高自下而上逐步收敛，首层最高达4.5米，其余各层以比例收分，各层有出檐。

重建后的铁佛寺及万佛塔

2.3.2　天主教堂

黄花涝村南有一座天主教堂。该天主堂于民国二十七年（1938年）由汉口天主教总堂意大利神甫罗锦章（Mauritius Rosa）和当地绅士王春乾合建。据已故诗人王士毅回忆，在选址过程中，还经历了一段波折。最初，罗神父准备在富家堡建天主堂，后地方上担心影响风水，并未立即同意，罗神父遂决定转到柏泉。黄花涝乡绅王春乾亲自去邀请，最终才选在现址建设天主堂。建教堂的同时还附设有文都小学和一间诊所，计有房屋10余间，面积700余平方米。1938年日军入侵武汉时，黄花涝和附近10余村的村民为躲避战祸纷纷入教，一时之间教徒达 1300 多人。抗战胜利后，很少有人参加教堂的活动。1952 年 9 月，罗锦章因破坏中国政府的政策法令而被驱逐出境，神甫德玛丁返回意大利，黄花涝教堂停止活动。1959 年，教堂改办中学，在中学迁到横店（即现在的横店一中）后，教堂遂闲置下来，现存两间破败的教堂主体和一个大院子，室内地面的红色勾花水磨石砖还保存完好。

黄花涝天主堂

第3章

物质生活民俗

马克思主义强调，物质生活的生产方式决定着社会生活、政治生活及精神生活的一般过程。因此，黄花涝民俗文化首先是以物质生产与生活消费为主要内容的物质生活民俗，它涵盖了物质生产民俗、消费生活民俗和工商贸易民俗。在内涵上，物质民俗既包括"渔夫所遵守的禁忌""农夫把锄头插入泥土时所举行的仪式"等仪式性的民俗事象和衣食住行的习俗惯制，也包含渔舟、渔具、锄头等农具、生产技术、方法，服饰、饮食、房屋、交通工具的式样和设计、建造技术、方法，以及具体形式与民俗仪式之间的关系。随着经济生产与物质生活的不断更新和时代的进步，人们在长期生产生活中逐渐形成的关于农渔生产、家庭养殖、民间手工业、工商贸易行业以及服饰、饮食、居住、出行、联络的习俗和惯例，也在不断发展变迁。

3.1　物质生产民俗及其变迁

作为渔村的黄花涝，经济民俗以捕捞水产为基本内容，以水上捕捞、水产加工、渔具修造等为主要产业形式，同时杂以小规模农业种植、家庭养殖，从而形成以渔业文化为主的乡村物质生产民俗。这一民俗的形式和内容，又伴随生产力水平的提高而不断发展变化和丰富。

3.1.1 农渔业生产民俗

黄花涝依河傍水，历史上一直是水上交通要道，因而以水而兴、以渔而作，是典型的渔村，渔业渡口文化是黄花涝生产民俗的主要基础。据村中耆老回忆，在已遗失的《黄花涝志》中，曾有"石也、寺也、花也经久不衰，渔业、船业、商业百家兴盛"的记载。黄花涝龙舟赛中的三条龙也被寄寓了与渔业有关的美好祝愿，其中白龙祈求渔业丰收，金龙（红龙）祈求渔家安康，黄龙祈求渔乡昌盛。过去，黄花涝居民主要以从事渔业为生，故有"无渔不吃饭"的俗谚。村民的捕捞方式很多，有最原始的手捉，筐篮、鱼钩、叉子等简单的工具捕捉等，主要还是通过驾船在府河用大网打鱼养家糊口，一般的渔民起早摸黑，将打得的鱼虾就近卖给周边村落，量大的卖给渔行，渔行再经水路转卖到汉口。贫穷渔民租赁大户的渔船、渔网捕鱼，向大户交纳渔获。

1949 年前，由于黄花涝三面环水，汛期风高浪急，水上捕捞作业非常艰苦，风险也较大，因此渔业生产中有很多习俗禁忌，主要目的是祝吉驱凶，如忌妇女上船、过网，忌渔民站立船头或在船头大小便，在船上忌说"翻""倒""沉""扔""死"等字音，在船上，锅碗瓢盆等容器忌扣着放，忌剩鱼头，忌用筷子压鱼尾和翻个儿，忌把筷子横在碗上。为避免说忌讳之词，往往用意近之字代替，如把帆船称作"篷船"，把"翻过来"说成"划过来"，把"死了"说成"漂了"。过去渔业大户为讨吉利，还会在开渔前做会敬神唱大戏。

1949 年后，黄花涝渔业生产方式逐渐从个体生产转向集体化生产，先后改为渔业公社、渔业管理区，成立了黄花涝渔场和造船厂，渔业产量和生产效率大幅提高。这时候，渔业生产工具主要有 24 人大网（围网）、梁网、下钩、滚钩、鱼叉，生产人员一般穿皮制满裆裤，裤腰大，保暖，劳动方便，脚穿黄牛皮制作的油靴，鞋底有铁钉，便于抓地、防滑。渔业生产时实行共餐制，大家搭伙吃饭，作业时实行"无计量餐"，吃饱为止，渔忙时一般吃四五餐，晚上还要吃夜宵，为防寒，下水前人人喝酒，首次作业时则必醉。这时候，虽然禁忌没有过去那么严苛，如"文革"以后妇女可以上船，但是人们仍然会遵守一些必要的渔业禁忌和生产习俗，如渔业生产中讲究"三敬"，即敬神敬天敬地，具体说就是敬祖敬佛敬河神。

改革开放以后，自东西湖围垦以来形成的地理环境改变，兼之市场经济的快速发展，进一步促使黄花涝渔业生产方式发生较大变化。一方面，渔业集体生产改为个体承包经营，个体渔民的生产积极性得到显著提高，河捕、湖捕逐渐退居其次，养殖专业户承包固定河段、水面进行人工放养和管护，长成后捕捞大批量供应市场，逐渐成为主要的渔业生产方式。目前，全村10500亩养殖水面和2000亩精养池均采取这种方式。另一方面，随着渔业生产工具的改进、技术替代和生产方式改变以及渔业生产收益下降，出现大量剩余劳动力，并逐步向农村二、三产业和城市转移。不过，虽然渔业生产方式发生了较大变化，但是目前渔业仍是黄花涝经济的支柱产业。

精养鱼池　　　　　　　　小木船已被改作养小虾

除了水上捕捞，黄花涝还有与渔业生产派生的水产加工、渔具修造等产业形态，它们在黄花涝经济中也占有一定位置。渔业生产中捕获的鱼虾等不易贮存的特性，决定了渔民必须及时处理。在不断积累经验的基础上遂相沿成习，成为渔业生产的派生惯制和新的产业形态。黄花涝人主要制作风干鱼、虾鲊等，其制作工艺和口味各家不同。其中，"虾鲊"入选黄陂区非物质文化遗产保护名录和"黄陂区十大名菜"，在武汉市久负盛名。

渔具修造之所以成为黄花涝的重要经济内容，也与渔业生产需要密切相关。作为运载工具的渔船和作为捕捞工具的渔网，需要经常进行建造、修补，由此形成了织网、修船的技艺，并世代传承。20世纪60年代，黄花涝成立了造船厂，建造木船和铁壳船。改革开放以后，出现个体经营的修造船厂，造船技术不断改进，造船速度更快。他们接受造船订

黄花涝电线杆上的野生风干鲶鱼广告

单，提供建造和修补渔船的服务。伴随渔具修造的，是渔村特有的文化风貌和习俗惯制。如，村里的家庭菜圃以旧渔网做成篱笆；村里沿河到处可见正在晾晒、等待上蜡、上漆的木船、铁船；请人造船时，主人必须请客，向大家告知造船之事，在船上蜡时还要举行庄严仪式进行庆祝。

府河边晾晒的木船

作为传统渔业区，黄花涝耕地极少，主要是村民自留地，用来种植自己食用的蔬菜，品种包括白菜、萝卜、土豆、茄子、黄瓜、番茄、冬瓜、辣椒、豇豆、红菜薹、莴苣等，间或也小面积种植红薯、花生、绿豆、黄豆等经济作物。生产工具较为简单，主要有锄头、镰刀、铁锹、镢头等。过去地

里主要施用河泥发酵肥料、人畜粪肥、饼肥等有机肥，现在则主要施化肥。除自留地种植蔬菜外，近些年黄花涝也开始依托养殖水面发展特色作物种植，如建立了任凯湖莲藕基地，大规模种植莲藕，发展鱼藕间作，从而增加了村民收入。

村民的自留地

随着市场经济的发展，黄花涝大量剩余人口进城务工经商，或在本村经商，黄花涝的经济社会形态发生巨大变化，"半工半农"成为农村家庭生产的主要方式。劳动力外流所导致的农村人口稀疏化，使黄花涝在农渔业生产中越来越普遍地使用现代技术替代传统人力。和中国大多数村庄一样，很多村民农闲时在村子周边打零工，或到城市务工，农忙的时候返家帮农帮渔，曾经是黄花涝村一种常态现象。近些年，长期在外打工则已上升为主流，一是因为黄花涝主要依靠水产养殖和渔业生产，并无明显的农忙农闲之别，需要长期投入时间进行管理。二是因为渔业生产的技术替代比较普遍，劳动用工数量和劳动强度都大大降低，壮劳力被解放出来。三是因为水产养殖的利润率逐步降低，使得大量人口流向城市。由此，过去以渔业为主的黄花涝，逐渐出现越来越多对农渔业生产及其习俗不甚了了的人，很多农渔业习俗也慢慢淡出人们的视线，成为老辈人的记忆。同时，过去牢固的"男渔女织"经济体变为现在普遍的"半工半耕"经济体，黄花涝人的家庭分工发生显著变化，深刻影响了代际关系形态，子代在家庭决策中逐渐发挥主导地位。

3.1.2　家庭养殖生产民俗

勤劳的黄花涝人在农渔产业之外，积极发展家庭养殖业，主要以散养猪、鸡、鸭、鹅为主，规模也较小。其中，家庭养猪为主要副业，一般为圈养，经济条件较好者在家前屋后单独砌猪圈，大多养 1—2 头，也有养 3 头的。有的人家早晚溜猪，同时捡拾猪粪。养猪饲料以红薯藤、花生禾晒干粉碎后配搭谷糠、麦麸为主，一般煮熟喂食，或以热水搅拌喂食。成猪一年出售 1—2 次，也有的人家留作年猪，成为农家的主要经济来源。猪粪可以作为农肥来源，出售成猪又可获取经济收益，因此过去几乎家家养猪。成猪出售时，主人要尽量喂饱喂好，并向着猪被拉走的方向呼唤，以示不舍。过年时，人们常在猪圈围栏或墙壁贴上"猪大如牛""六畜兴旺"等祝福语，寄托美好祝愿。改革开放以后，随着城市经济的快速发展，越来越多的农民进城务工，规模养殖的兴起，进一步降低了养猪的收益，加之农村卫生环保的意识提高，黄花涝个体养猪的农户已很少见，这一沿袭已久的家庭养殖习惯逐渐消失。

府河滩上的散养土鸡

为维持日常经济开支，黄花涝很多家庭还会养殖少量鸡、鸭、鹅，一方面满足肉食、蛋品需要，另一方面也可改善家庭收入结构，以蛋换取油盐酱醋等日常生活品。鸡、鸭、鹅饲料主要是家庭剩饭剩菜，或在草地、河滩、水面觅食。改革开放后，随着进城务工增多和规模养殖兴起，家庭收入大大改善，家庭养殖的经济补充功能大大降低，养殖的人工不足，导致很多人家不再养殖鸡、鸭、鹅，一些还有散养鸡的人家，数量也大大减少，从几只到十几只不等。

3.2 消费生活民俗及其变迁

消费生活民俗是经济生活民俗的重要方面，是人们日常生活中最为活跃的民俗事象，主要包括服饰、饮食、居住、出行及交往联络习俗。随着生产力发展和居民收入水平的提高，黄花涝人的消费观念在改革开放以后发生较大变化，消费生活民俗呈现丰富多样、趋近城市的特点。

3.2.1 居民服饰习俗

改革开放前后，黄花涝居民的衣帽鞋袜发生显著变化，总体看是从式样单一、色彩单调、朴素简单，逐渐变得形式多样、色彩丰富、追求舒适品位，既反映出农村居民生活水平的提高和消费观念的升级，也反映出近郊型乡村民俗文化向城市化、现代化的趋近。

过去，黄花涝居民自渔自食，一般都是纺纱织布，自制衣帽鞋袜，衣着简单朴素，色彩、式样均很单调，一些穷苦人家则经常衣不蔽体，家境好的人家也有穿着绸布或"洋布"衣衫的。一般人家的女孩自七八岁就开始习女红，学着纺纱，到十八岁上下就会织布裁衣。土布织成后，制成衣服、被套、卧单（床单）、枕套等，被套、卧单、枕套上往往以彩线绣制花鸟虫鱼等富有生活趣味的图案。清末民初，男人多穿长袍、长褂，农忙时节则着短褂，富户在长袍外面罩上马褂，后来一些进城读过书、经过商的富家子弟，又逐渐时兴穿西服、打领带，穿中山装。长短褂均为圆领、大衣襟式样，用同色布料制成的扣环、扣子加以固定，经久耐用。女人的衣服则非常宽大，上衣长及膝下，颜色较男装鲜艳，往往在袖口、领口、下摆、裤脚等处镶上两寸有余的不同色布条或花边。富户女子为追求时髦，也有穿旗袍的。一般女子穿长裙较为常见，刚结婚的新娘则必须穿长裙。贫穷人家的孩子很多都穿哥哥姐姐或父母的旧衣服，只有在生日或春节时才能做上新衣服，直到改革开放前后，这一情况仍然比较常见。一般人家一年到头难得做一套新衣服，故有"新三年，旧三年，缝缝补补又三年"的民谚。

1949 年后特别是改革开放以后，村民的服饰发生了显著的变化。中华人民共和国成立初期，黄花涝流行穿中山装，后来又逐渐流行解放服、军干服。改革开放以后，黄花涝居民服饰的形式越来越丰富，男子从中山装到西服、夹克衫等，花样翻新，变化很快，妇女则从土布衣裤逐渐到长裙、短裙、踩脚裤、牛仔裤，小孩的衣服也逐渐从自织自做发展到市场购买为主，式样与色彩逐渐趋近城市。服饰面料从土布到的确良、涤纶、涤卡，最后又回到了舒适透气的棉布，当然现在的棉布与过去自织的土布相比，不仅色彩更加多样，而且舒适度和透气性更好，反映了人们对生活品质的要求在逐步提高。现在随着网络的日益发达，人们采买衣服也从过去到裁缝铺定制、到商场购买，发展到直接在网上订货付款，快递送货到家。在黄花涝，如今除了一些年龄偏大的老人还习惯穿着旧式衣裤外，一般居民的服饰已基本与城市居民无异，他们开始讲究服装式样和色彩搭配，追求款式新颖和美观舒适。

旧时一般人家洗涤衣物费时费力，先以草木灰水或皂角水浸泡，继之以手搓洗，最后再拿到河边浣净。由于以前衣物多为土布制作，粗陋厚实，为更好去污，人们往往还要用木制棒杵反复捶打和在水中漂洗。富裕人家雇请有专门佣人洗衣物，一些穷苦人家则依靠为富户洗衣赚取生活费。为增加被套、卧单的挺括感，增加其舒适度，被套、卧单在洗过后往往要以米汤浆洗，再行晾晒。笔者调查得知，使用草木灰水洗涤衣物被单的现象，直到20世纪70年代仍然存在，一些老人对此记忆犹新。如今，人们普遍使用肥皂、洗衣粉、洗衣液，洗涤方式也从手洗变成了机洗，劳动效率大大提高。笔者访问一位80多岁的万婆婆时，她的家里即有一台子女送来的洗衣机，老人坦言，没有子女在身边，洗衣机大大方便了自己的生活。

黄花涝居民的帽子、头饰也具有一定特点。1949 年前后尤其是改革开放前后，黄花涝居民的帽饰、发型的变化比较明显，其基本特点是从注重功能到注重舒适、美观转变，从强调统一规范到彰显个性转变，这些变化从一定程度上反映出改革开放给农村发展进步带来的巨大影响。

黄花涝人戴帽子颇有讲究，并随着时代发展呈现一些积极变化。1949 年前后，一般村民热夏戴草帽和圣帽，冬季戴瓜皮帽和狗钻洞帽。草帽和圣帽分别用麦秸秆和高粱秆子皮编织而成，草帽为圆顶，圣帽则为尖顶，用来遮阳防暑效果很好。瓜皮帽由绸缎或布制成半边西瓜的形状，狗钻洞帽由绒布制作或棉线编织，帽子前面留有眼睛、鼻子、嘴巴几处洞口，既保暖，又不影响视线、呼吸和说话。富裕人家也有戴礼帽的。黄花涝还是繁华水路码头的时候，这里商贾云集，帽子的形式更是多种多样。黄花涝妇女劳动时戴草帽或圣帽，日常生活中则很少戴帽子，也有的老年妇女戴用黑金丝绒、建绒制作的平顶瓜帽，或用棉线、绒线编织的平顶软帽。小孩子戴童帽，多由其母亲、婶娘等手工缝制，做工精细，往往镶有银、铜、铝质制作的铃铛、菩萨、鸟兽、花草等寓意吉祥的图饰。

1949 年后，人们劳动时仍然戴草帽或圣帽，生活中则逐渐普及解放帽、军人帽、鸭舌帽。改革开放以后，随着人们对个人形象和生活舒适度的关注，太阳帽、棒球帽、毛线帽等开始走进村民生活，原来的瓜皮帽、狗钻洞帽则几乎绝迹，更多的人在冬天也不怎么戴帽子了。

与帽子的变化相似，黄花涝居民的发型和头饰自近代以来也经历了一个显著的变化过程，总体特点是前缓后疾，前单一后多元，反映了农村生活的丰富多彩。辛亥革命以后，男子剪长辫蓄短发或剃光头，妇女皆剪短发，蓄鸦鹊辫，娇贵的孩子则在头顶蓄一绺头发，称为"留胎毛""翘翘辫"，至 10 岁甚至结婚时方才剃掉。1949 年后，平头短发、一边倒、两边分、向后飞等发型逐渐增多，姑娘伢则流行留大辫子，结婚后妇女往往留齐耳短发。中老年妇女习惯梳"巴巴头"，这是一种把头发缠绕在后脑勺的类似馒头的圆形发型，发束在后脑部用发丝网缠好，再用椭圆形的发卡压盖住，这样头发就全贴在头皮上，看上去人显得很精神，也便于劳动。很多小伢剃青皮、光头，甚至小女孩有时也剃光头，为的是防止长头疮、生虱子。改革开放以后，中青年女子烫发的逐渐增多，现在女孩留短发，剪青年头、学生头的也较多，还有的模仿明星留发型，把头发染成黄色、红色等。开始时不被家里老人接受，但时间长了，也就慢慢习惯了。可见，青年人在一定程度上已成为乡村民俗传承与创新的重要影响力量，相对保守的老年人则逐渐以包容的心态看待和接受一些新的、看起来"离经叛道"的生活习俗。

过去富家女子佩戴金、银、玉质地的项链、手镯、戒指，贫家女子则饰品简陋。1949 年后，一些老年妇女习惯佩戴银质或铜质的耳环。小孩子多系银项圈、长命锁，有的佩戴银手箍、银脚箍。改革开放以后，人们越来越关注个人形象，特别是农村妇女格外重视打扮，戒指、耳环、项链以及各种化妆品受到她们的青睐，一些青年女子涂指甲油，化妆向城里看齐。现在，佩戴长命锁等一些习俗已较少见。

衣服之外，黄花涝乡民多自制鞋袜。过去，人们多穿着自制的圆口布鞋、蚌壳式棉靴和布袜，更穷苦的人家甚至布鞋也没有，而只能穿用稻草和麻绳编织的草鞋。布袜用自纺白土布制成，有单袜、夹袜、棉袜等样式，在不同季节使用。布袜筒用单层白土布制作，布袜底则用数层白布叠起来，以"瞒"边工艺与袜筒缝制成一个整体。布袜是否美观、耐穿，取决于袜筒与袜底的连接处缝制手艺，针线活功底好的女子所制布袜连接处不仅看不出针脚痕迹，而且非常牢固耐用，女工底子不好者所制布袜，则要么不中看要么不经穿。旧时妇女在布袜中还有一条五六尺长的包脚布（俗称"裹脚布"）。1949 年后，手工布袜逐渐被机制线袜所代替，裹脚布也被扫进历史垃圾堆，妇女成为能顶半边天的主劳动力。20 世纪 80 年代，又开始流行丝光袜。现在，村民的环保意识和对舒适度的要求逐渐提高，棉袜受到广泛欢迎。一些追求时髦的年轻人，则穿上了老人不甚理解的露出脚脖子的船型袜。

手工布鞋多为青布制成，圆口两侧剪一小口，以橡筋布缝合，增加圆口的弹性，便于穿脱。相比布袜，布鞋的制作耗时费力，需要相当的技术。布鞋由鞋帮和鞋底两部分组成。人们将不穿的旧衣服和破损无用的床单、被套用面糊或米汤糊在平整的门板上，连续糊两到三层布，晒干后揭下（称为"鞋壳子"）。鞋壳子一物两用，第一个用途是按照鞋样剪成鞋帮，外套一层新青布后"绲边"，增加结实度；另一个用途是做鞋底，具体做法是将四至六层鞋壳子叠在一起，按照脚的大小剪出鞋底样，上铺一层白布，以麻线纳满鞋底，针脚越密实，鞋底越扎实耐穿，是为"纳底"。纳底是一件辛苦活，既要力气也要技巧，还要有耐心诚心。因为鞋底很厚，针线穿透需要用力，这时就要用上顶针、镊子，有的也用牙齿咬，但时间长了，牙齿难免吃不消。女工做得好的，纳成一双鞋底一般需要两三天，鞋底洁白，针脚均匀细密，手巧的还能把针脚纳成花纹图案。这样的姑娘好找婆家，乡民称之为"灵醒"。布鞋的最后一道工序就是把鞋帮和鞋底缝合到一起，俗称"绱鞋"。棉鞋的制作流程与布鞋大体一致，唯一区别就是要在新青布与鞋帮布之间填充一些棉絮，以满足保暖要求。新布鞋一般比较板硬，有点硌脚，穿一段时间后鞋子变软和了，就会越穿越舒服。

直到20世纪80年代，纳底做鞋在黄花涝仍比较常见。那时候村里的姑娘伢好不好找婆家，布鞋、鞋垫做得怎么样是一个重要因素。定亲后，女方就开始按照男方的尺寸准备布鞋和鞋垫，结婚时带到婆家，做得好不好关系到脸面，因而格外受到重视。其中，鞋垫是把数层鞋壳子用白土布包起，以各色彩线绣上密实、美观的图案，有几何图形、花卉植物等，手巧的花样图案很多，往往成为大家学习的对象。经济水平提高后，黄花涝逐渐出现球鞋、皮鞋、塑料鞋、胶鞋。一度还流行一种用购自市场的塑料鞋底缝上自制鞋帮的鞋，其优势是美观时尚、成鞋快，可谓是自然经济与商品经济的结合。进入90年代以后，鞋的花样不断翻新，旅游鞋、运动鞋逐渐走进黄花涝人的生活。现在，一度落寞的球鞋再次成为年轻人的时尚。

过去，大人们一般给婴幼儿穿上自制的猫猫鞋、狮子鞋、虎头鞋，认为这样可以辟邪恶保平安，护佑孩子健康成人。直到1949年后，这种风俗仍然存在。改革开放以后，猫猫鞋、狮子鞋、虎头鞋虽仍可见到，但已不是主流，现在乡村婴幼儿的鞋子几乎都购自市场，款式与城市无异，自制布鞋几乎难觅踪影。这一方面既跟商品经济的繁荣和市场的发达有关，也与年轻一代父母的育儿观念相关，当然也受到自制布鞋这种手工技艺在农村逐渐式微这一因素的影响。

3.2.2 居民饮食习俗

黄花涝居民饮食结构中的主食以大米为主，以小麦、大麦制作的面食为辅。主要蔬菜有茄子、豇豆、辣椒、黄瓜、南瓜、西红柿、苋菜、扁豆、莴苣、土豆、青菜、大白菜、菜薹、韭菜、莲藕等。随着大棚技术的推广和商品流通的提速，蔬菜的季节性也在减弱，人们在菜市场买到的蔬菜品种更加丰富。食油以菜油为主，亦有少量花生油、豆油、棉油。过去很多人家到榨房买油吃，以菜油、花生油居多，现在则多到超市购买，种类包括色拉油、玉米油、葵花籽油等，较过去种类大大丰富。很多人家有自制干、咸菜之习惯，如虾子鲊、酸豇豆、辣萝卜、臭腐乳、霉干菜等咸菜，暑天晒豆酱、麦酱等，作为佐餐小菜。旧时，很多人家农闲只吃两餐，农忙三餐，或在主食之中杂以红薯、豆类、南瓜、青菜。改革开放以后，人们捕鱼、养殖、务工、经商，发展多种经营，收入大大增长，生活水平提高了。现在黄花涝居民三餐都可以吃干饭，经常有肉菜，原来不多见的牛肉、羊肉、海鲜也能隔三岔五地吃到，逢节假日还在家里或酒店聚餐。在生活习惯上，老年人更习惯早上吃干饭、炒菜，一些年轻人则像城市居民一样，早餐不再自己在家做，而是到附近的集镇解决，吃面食或快餐，生活节奏大大加快了，饮食习惯也更加接近城市居民。

过去村里小孩的零食主要为家庭自制，原料均为自产，其主要品种有：冻米泡、小麻花（方言称"汽果儿"）、葵瓜子、南瓜子、干饭泡、红薯片、花生、炒蚕豆、炒豌豆等。这些零食一般还只能在过节特别是春节的时候才能吃到，平时则难得一见。冻米又称"阴米"，由糯米饭晒干打散，用油煎炸或铁锅炒制后放入干燥密封容器内保存，食用时开水冲泡，加糖或盐即成。家庭状况较好的人家，也能在走村串乡的货郎那里，买到诸如炸米泡、麦芽糖、冰棍之类的新奇零食。现在随着收入水平提高，这些富有乡土气息的零食逐步被商品化、更加多样化的零食所代替。

在黄花涝居民日常饮食中，常常能见到一种名为虾子鲊的佐餐小菜。虾子鲊（简称"虾鲊"）是黄花涝的特产，也是"黄陂区十大名菜"之一。由于黄花涝居民依水而居、依水而生，绝大部分村民主要靠捕鱼捞虾谋生。或许是为了更好保存吃不完的鱼虾，又或是为了调剂单调的物质生活，黄花涝人发明了虾鲊制作技艺。关于虾鲊的制作技艺有多种说法。其中一个传说与明代草根皇帝朱元璋有关。相传朱元璋还未统军当皇帝前，在落荒途中路经黄花涝，当时人困马乏，但吃到了当地百姓以鱼虾混合而制成的虾鲊，留下了"打破罐头城，跑了汤元帅，活捉豆将军"的传说。另有一个说法是，虾鲊制作技艺系从江西筷子街传至黄花涝。虾鲊有两种制作方法：一是腌制，二是蒸制，均操作简便，容易学习。经过淘虾沥干、食盐腌制、专桶堆积、优质稻米炒熟磨粉、湖虾米粉拌和、佐料混合、晾干水分等若干道工序后腌制或蒸制而成，味道香、咸、辣、鲜俱全，淡淡臭味中蕴藏着一股浓郁的香气，虽非山珍海味，却耐人寻味，往往成为从黄花涝走出去的人们心目中的家乡味道。今天的黄花涝，几乎家家都会做虾鲊，附近的餐馆也会常备这道"下饭菜"。数百年来，虾鲊制作技艺不断创新，虾鲊不但成为人们餐桌上经济实惠、营养丰富的下饭菜，而且逐渐承载了较高的文化含量，成为黄花涝饮食文化的一个典型代表。2008年，"虾鲊"被列入黄陂区第二批非物质文化遗产保护名录。

黄花涝居民每逢节假日或红白喜事，必吃鱼丸子、肉丸子、肉糕（合称"黄陂三鲜"）这三种黄陂本地特色菜。其中，鱼丸以精细鱼肉为料，精工剁炼，辅以佐料，加力搅拌，入锅煮制而成；肉丸、肉糕皆以精细鲜鱼猪肉为料，肉丸用热油煎炸而成，肉糕以高温笼蒸制作。制作好的三鲜，让人食欲大增：鱼丸子晶莹剔透，状如玉珠，有弹性，入口松脆；肉丸子色泽黄亮，泡脆清香；肉糕光滑亮脆，香气扑鼻，有韧性，含鱼丸肉丸双重风味，回味无穷。"黄陂三鲜"制作技艺已进入黄陂区级非物质文化遗产保护名录。过去节庆时，黄花涝居民习惯自己在家制作三鲜，遇有婚丧嫁娶办酒席时用量大，则请乡村厨师批量制作。现在，一些人家也直接到菜市场、生鲜超市采购三鲜。黄花涝的很多年轻人，由于长期在外求学、务工、经商，已经没有兴趣甚至不会制作三鲜了，这一民间手工技艺正面临失去传承的风险。

随着人们健康意识的提高，黄花涝人的物质生活习俗也在悄然发生着变化，过去重盐多油的饮食习惯逐渐变成了清淡少油的生活追求。问卷调查显示，64.37%的受访者在日常饮食上更"喜欢清淡饮食"，占比超过六成，只有不到两成的人"喜欢重盐多油的农家菜"（占比18.39%），表明农村居民的饮食习俗正日益向城市化、现代化、绿色化发展。

3.2.3　建房居住习俗

在黄花涝，选基建房是家庭大事，必须非常慎重和隆重，其中一些习俗直到今天还须遵守。房子建成后，房屋里面的陈设也有一定讲究。

旧时，建房尤重地基风水和建筑格局，富户往往专门请人看风水，贫者亦有一些基本的选基规矩。一般来说，房基多选沿河湖畔之地，坐北朝南，大门禁忌正对山尖、大路或大树。选好地基后，选择黄道吉日破土动工。动工前，准备香烛、鞭炮，祭拜土地菩萨，之后才能放线挖脚。房子竣工前，还要举行隆重的上梁仪式。梁木由屋主精心挑选上好的杉树、白木或楠木，刨浮皮、上桐油后放置于人畜不能跨过的地方或吊起来。上梁仪式十分隆重，其环节包括请梁、祭梁、包梁、敬梁、起梁、安梁、贺梁、撒福，往往全村人都来参加，十分热闹。上梁之日，在焚香点烛、鞭炮齐鸣中，屋主恭敬地祭拜梁神，并请出披红挂彩的屋梁。在安梁后，由德高望重的木匠师傅宣读上梁文告，然后边抛撒包子、喜饼、喜糖、谷米、茶叶等食品，边有专人喊彩。彩词多为吉祥祝贺之语。上梁仪式完成后，屋主以酒菜招待师傅，俗称"喝庆梁酒"。新屋落成后，搬家要选择黄道吉日，俗称"乔迁之喜"，这时亲朋好友都来贺喜，并带来贺礼，过去多为家具、对联等实物，现在均为礼金，屋主则宴请宾客，并鸣放鞭炮，喊彩贺喜，俗称"朗锅豆（音）"。

过去，黄花涝的贫穷人家建房多用土砖、乱石以干打垒方式砌墙，屋顶盖少量黑瓦，或以茅草、稻草覆盖。富有人家则以青砖、线条石砌墙，顶覆黑瓦。房屋格局一般为中间堂屋、两侧卧室的三间，俗称"连三干"。厨房多位于堂屋后面（俗称"倒灶"），也有搭建在房子主体结构侧边的（称为"边涮"）。富裕人家也有设计成一正两厢房的，即堂屋正面一个天井，天井两侧是厢房和厨房，四面屋檐的雨水均落入天井内，取"四水落丹池"之意。起屋时，房子的各个部分颇有讲究。如，屋脊高度讲究"要得发，不离八"之原则，即屋高一般为一丈三尺八至一丈五尺八不等，但都不落一个八字；后起屋的邻居，其屋脊不能超过前家屋脊；新屋大门不能正对堂屋，而要稍稍斜一点，并在屋檐下向后退尺许立门，取"退一步海阔天空"之意；大门口正上方需嵌一块镜子，俗称"照妖镜"，以消灾避邪；有的还在大门外正上方墙面书写福、禄、寿字，或镌刻忠厚传家、耕读传家四字；新屋大门要避开大树、山尖、大路等，如无法避开，则要在离大门正前方丈许的地方修建一堵高宽各丈余的墙，称为"照面墙"，以避邪气。

建于 20 世纪 50 年代房子外观与内部式样

屋内陈设也有章程。堂屋上首必摆神龛（俗称"春台"），用于年节摆放香烛、供品，祭祀祖先。春台前摆有大方桌或八仙桌，平时吃饭，有客人时可宴客。堂屋中一般有大、中、小靠背椅若干，大靠背椅匹配大方桌，中、小靠背椅供平时大人、小孩休息，经久耐用。在大家庭中，长辈住上沿房或东房，晚辈住下沿房或西房、厢房，公爹一般不进儿媳房，儿媳一般也不进入公爹房，以避嫌疑。家中床具原来多为木板床，上铺稻草棉絮。新人婚床则为四柱滴水木板床，其形制为：床四角各有一根木柱，上面架设一层薄木板（用于挂帐防尘），床正面上沿有超越床沿的 1－2 层绘有花纹的挡面板（俗称"滴水板"），床前地下有一块长约四尺、宽尺许的"踏脚板"（用来搁置鞋子和夜壶），床侧面则有一块尺许宽的木板（连接支帐木柱与踏脚板旁木柱，方便睡前搭衣服），床面和滴水板均以大红油漆粉刷绘花，有时踏板两侧分置两个床头柜，床前悬挂门帘，整个床结实美观。①

---

① 黄花涝滴水床今已不见，根据黄花涝老人回忆，暂无图片。

已经毁坏的老宅

已经不住人的旧宅

过去黄花涝人建房，一般都是请同村或邻村的泥瓦匠、木匠，零打慢敲，主人招待一日三餐，派发香烟一包，上午11点钟左右、中午饭前歇息时有简餐，名为"过中"，下午四点多钟左右、晚饭前时亦有简餐，名为"过晏"，晚上有酒，有时师傅路远，还会留宿在主人家里。

随着村民收入提高，20世纪80年代以后，大部人家都翻建新房，式样以两层、三层楼房为主，建筑材料由青砖改为红砖。20世纪90年代后期开始流行在外墙面贴瓷砖。乔迁新居后，一些老宅则逐渐荒废。建屋的建设方式也在悄悄发生着变化，原来雇请工匠建屋要备饭派烟喝酒，主家还要请四邻或亲友帮做小工，现在逐渐变成包活，即不发烟不吃饭，不出小工，甚至有的人家为图省事，直接以一定价格把建屋任务完全承包给师傅。

建于 20 世纪 80—90 年代（左）和 21 世纪初（右）的两层小楼

屋内家具、陈设也发生一定变化。神龛换成了电视柜，但香烛祭祀的一应仪礼仍在堂屋进行，不过具体环节稍稍简约。屋内的靠背椅已不常见，沙发、马椅成为标配。老式硬板床基本被淘汰，床具主要是更为松软舒适的棕床和席梦思，原来雇请木匠、油漆匠打制的可移动式穿衣柜，要么变成了不可移动的壁柜，要么被购自商场的中式或西式柜子所替代，总体的变化趋势是追求时尚、简约。

老宅与共享单车的邂逅

　　改革开放以来，在居住环境明显改善的同时，黄花涝人的居住意愿也发生相应的变化。问卷调查显示，虽然仍有超过半数的受访者喜欢"住在农村楼房"（占比 55.17%），但也有接近三成的人更喜欢"住在城镇商品房"（占比 29.89%），这表明农村居民的住房选择意愿正呈现多样、分化的特点。

荒草掩映下的残砖断瓦

3.2.4　交通出行习俗

　　旧时，黄花涝乡民外出，陆路主要靠步行，水路则靠坐船。富裕人家也有骑马或坐骡马车，或用小轿接送的。黄花涝是水乡，主要还是行船出行。过去，木船主要有小划子、渡船、大帆船几种。在东西湖围垦之前，黄花涝三面环水，坐船向北可到祁家湾，南可直达汉口姑嫂树。那时候，黄孝一带所有到武汉赶集的人都要走水路经过黄花涝，因而黄花涝的交通优势非常突出，很多人家自己依靠水路进出，还有一些人依赖摆渡维系生活。当然，也有一些商家看到水运的商机，开通航线谋利。如 1919 年，汉口宝泰轮船局开通汉口至孝感水运航线，当时的"通和"轮即途经黄花涝。

木船、汽车与飞机的偶遇

静静的摆渡船

随着时代的发展，黄花涝村除了水路，又逐渐修通了公路，黄花涝人的交通出行方式发生了巨大变化。特别是 1954 年长江特大洪水后，政府在府河上下游兴建水利工程。从此，黄花涝人只能在汛期才能乘帆船到达滠口和黄陂县城，必要时尚可进入长江。后来，随着县河改道，行政机关东移以及公路运输的发展，黄花涝的水运最终停顿。改革开放以后，自行车逐渐普及，后来又逐渐出现三轮车、摩托车、电动车，很多家庭购买了小汽车作为代步工具，还有一些人买来面包车跑运输，人们的交通出行效率大大提高。古渡口的木船换成了铁壳船，摆渡的主要对象不再是村民，而是来自四面八方的游客。近些年，黄花涝的交通区位优势重新凸显出来，武汉地铁 2 号线航空总部站临近黄花涝村，共享单车也进入了黄花涝。过去，黄花涝交通不便，人们轻易不出门，故有"一生不出门，是个大福人"之说。现在，随着交通条件的改善，出外求学、务工、经商、旅游的人越来越多，能够出门开阔视野才能算得上"有福之人"。

连接黄花涝村与盘龙城的黄花涝路

3.2.5　交往联络习俗

黄花涝人的社会交往范围和交往联络方式，随着时代的发展进步，无论是在单纯技术层面还是在社会心理层面，都发生着显著变化。辛亥革命以后，工商业迅速发展，社会交往联系的需求逐渐超越单纯的家族、乡邻范畴，而向着更广泛的社会关系网络扩展。1914 年，黄花涝设立了邮电代办所，社会交往联系更加便捷。由此，人们的交往范围从过去主要局限于以血缘关系为基础的家族和以邻里关系为基础的乡邻，交往范围相对狭窄单一，逐渐发生较大变化。1949 年以后，封建的宗法制度和阶级压迫不复存在，黄花涝的社会交往呈现民主化、革命化、平等化的特点。改革开放以后，随着社会流动的加快，村里的中青年人纷纷进城学习务工经商，社会交往对象也相应地从血缘、地缘扩展到业缘、趣缘等范围，日常生活中与同学、同事、同行、朋友等的交往联系非常频繁。在联络方式上，过去村民之间往来就是串门聊天，亲朋好友异地联系则主要依靠彼此写信，或是请人带口信。遇有重大紧急事情，则需到汉口拍发电报。20世纪90年代后，固定电话和移动电话迅速普及，人们更多通过电话进行联系，写信几乎在生活中消失。近几年，电脑、互联网进入普通农户，智能手机几乎成为标配，QQ、微信、微博进一步拉近了人们的空间距离，交往方式再次实现飞跃。黄花涝人交往联络方式的这一变化，几乎与城市保持同步。

黄花涝村邮站

3.3　工商贸易民俗及其变迁

黄花涝自古即商业繁盛，其前身石阳城是三国时期夏口地区最早见诸史籍并已经具备了成熟形态的商市，《三国志·吴书·陆逊传》以"石阳市盛"记之。在水路和漕运高速发展时期，黄花涝是商业贸易兴盛的民俗文化重镇，形成了很多手工技艺、学徒拜师、新店开张、雇工用工、商业交易方面的习俗惯制。

3.3.1　手工业通行习俗

黄陂是传统工匠之乡，"九佬十八匠"扬名海内外。其具体种类包括打榨佬、打豆腐佬、酿酒佬、剃头佬、补锅佬、糕饼佬、勤行佬（红案、白案）、阉猪佬、杀猪佬，以及金匠、铜匠、铁匠、石匠、木匠、篾匠、画匠、染匠、印花匠、弹匠、瓦匠、伞匠、漆匠、皮匠、鞋匠、织布匠、缝纫匠、窑匠、秤匠、铣磨匠、磨剪铲刀匠等，且远远不止"九"与"十八"之数。过去，黄花涝虽是渔村，但商业繁盛，因此对各类工匠的需求非常旺盛，上述"九佬十八匠"基本可在黄花涝及其周边村落找到，其中尤以瓦匠、木匠、漆匠、铁匠、织布匠、榨油匠、酿造匠、漂染匠、剃头佬、补锅佬、勤行佬等最为常见。无产阶级革命家李先念就曾在黄花涝做木匠学徒。这些匠佬作为古镇的一种传统经济力量，在长期生产劳动中逐渐形成丰富多样的手工技艺和行业习俗，从而成为黄花涝物质生活民俗的一个重要部分。手工业通行习俗包括祖师崇拜、作业方式、技艺传授等，有些习俗世代传承，有的则在不同的时代条件下有所发展变化。

黄花涝各匠业均有祖师崇拜习俗，也普遍流传一些本行业的故事和传说。如金银匠崇拜邱处机，铜铁锡匠崇拜太上老君，渔网匠崇拜伏羲，裁缝崇拜轩辕，酿造匠崇拜杜康，打豆腐佬崇拜乐毅，木匠、瓦匠崇拜鲁班，剃头佬崇拜罗祖，竹篾匠崇拜秦山，杀猪匠崇拜樊哙，等等。工匠们在家里设玄坛、神龛供奉祖师爷，逢年过节、新年开作时在龛前燃点香烛磕头，并在各自行业祖师爷诞辰日进行祭奠，有的还要以酒宴款待同行和往来较密切的顾主。有新收徒弟时，也须在祖师牌位前焚香烛叩拜。工匠们世世代代传诵着关于自己匠业祖师技艺高超的故事、传说，很多故事明显夸大和神化。祖师崇拜习俗的形成，既是祈求保佑生意兴旺、财源茂盛的需要，也寄托了匠业希望通过敬拜祖师求得神授技艺、掌握致富本领的愿望，同时从根本上还与旧时工匠行业普遍地位较低，需要获得社会承认和加强行业内部团结认同有关。改革开放以后，祖师崇拜的习俗大大淡化，特别是由于木匠、瓦匠等匠业从业人员大量进城务工，不仅行业文化认同急剧淡化，而且文化空间供给严重不足，形式上的祖师牌位、神龛及上香做会等俱已不存。

　　工匠作为农村传统经济的重要势力，其产生发展的动因是农村日益增长的物质文化需求。在长期的发展过程中，匠业形成了关于作业服务方式的习俗惯例。一是坐等主顾上门。主家有活计，会根据技术、工价、服务质量、人缘等各种因素上门延聘。过去，泥瓦匠、木匠等需要多人配合完成工作的行业，往往以师承关系、血缘关系或地缘关系形成共同体，类似于现在的工程队，共同体一般有一个头家或召集人，有的相对固定，有的则较为松散，有活时才临时召集。有些个体性较强的匠业，则多单独接活。二是设点提供服务。有些行业，如榨油、打豆腐、酿酒、缝纫等，往往在人口稠密处开设小门店，更能开展业务。业务做大之后，又发展为规模更大的作坊，成为前店后厂的手工业与商业相结合的经济形态。过去，黄花涝古镇街道上，遍布这类手工业作坊。像榨油坊采取压榨法榨油，将大豆、花生、菜籽等原料炒熟后碾碎，用篾箍和稻秸包裹成片，堆叠竖立成行放进木槽压紧，以大锤击打压榨出植物油脂出售，渣饼破碎后亦出售用作牲畜饲料或农家肥料。三是四乡吆喝游动。过去，黄花涝街头巷尾经常有剃头佬、补锅佬、磨剪铲刀匠、锡匠、箍桶匠等吆喝招揽生意，这是民间游动工匠提供手工技艺服务的一种方式，其行业多为小而精、需要上门服务、收费不高、耗时不长的。游商走街串巷，人地生疏，因而谨小慎微，轻易不敢得罪当地人。一般各行均以有节奏地敲打"唤头"（自己的生产工具）或有特色的吆喝引人注意，如糖匠卖麦芽糖时，边挑担边在手中拨动切糖的铁制锤子和铲子发出"丁丁当、丁丁当"的响声；铜匠挑担上常常悬挂多片备修配用的铜片，走动时发出"咯郎、咯郎"的声音；磨剪铲刀匠则一路吆喝着"磨剪子嘞戗菜刀"，需要磨剪铲刀的人家远远地听到吆喝，早早就等在家门口。

　　手工业匠人的主要财富是"手艺"，因此工匠的技艺传授和师承就成为工匠通行习俗的重要内容。学徒拜师学艺都有一定的程式，有的甚至非常规范严苛。一般来说，拜师前先由家长（或请中人）和师父商谈，就学习内容、学习时间、学习费用、食宿费用、疾病伤害处理等有关事项达成共识，有的还要把相关共识写成"关书"，由家长、学徒和中人签字画押。然后择吉日举行拜师仪式，家长、中人、学徒均须上门，由学徒将备好的香烛在祖师牌位前燃点，家长和学徒向祖师牌位跪拜，学徒还要向师父和师母磕头。

拜师仪式完成后，学徒家长要设敬师酒款待师父和中人。学徒第一年只能做杂活，第二年做辅助工，前两年徒弟还要给师父带孩子和帮做家务，第三年才能逐步顶工，三年学艺完成才能满师（称为"出师"）。当然也有贪玩学艺不精，或者悟性不够推迟出师的。学徒一般不收学费，不发工资，收取伙食费。有的师父为最大限度剥削、利用学徒劳动，有意刁难，或者因循保守，不愿徒弟早日出师。黄花涝人对于手工技艺授业之师傅非常尊重，在口头称呼上人情味浓，在以书函交往时称谓则非常谦逊敬重。如敬称艺业师傅为"某府尊业师"，自称"愚门徒某某"，敬称艺业师傅妻子为"尊师娘某门某氏"，自称"愚门生某某"，尊称业师之子为"某府尊世兄（弟）足下"，自称"愚世弟（兄）某某"。师徒之间一般关系亲密，有的甚至亲如父子。学徒期间，学徒家长每年春节前要携带猪肉等礼物向师父致谢，称为"辞年"。出师后，学徒也要向师父辞年。拜师学徒的人家，一般家境不佳，家长希望子女跟从有技术的工匠习得一门手艺，日后好养家糊口。过去黄花涝是商业重镇，镇上手工作坊甚多，周边县市村镇来此学徒的人非常多，如孝感籍楚剧大师关啸彬，年少时就曾在黄花涝正街上的金泰园粮行学过徒，后来从这里到汉口学戏。

　　1949年后特别是改革开放以来，黄花涝手工业通行习俗发生了很大变化。首先是传统工匠的数量大大减少，很多匠业甚至消失。过去，在黄花涝及周边走街串巷的剃头佬、补锅佬、阉猪佬、杀猪佬、酿酒佬、补锅佬、弹匠、秤匠、磨剪铲刀匠等已难得一见，古镇小巷中那清脆、有节律的金属敲打声和吆喝声已湮灭在了历史之中。很多老人想请篾匠制作竹器具，想请木匠制作桌椅板凳，却因塑料制品、商业制品更加美观、廉价而难以如愿。在入户访谈中，笔者听到很多老人讲到过去的货郎、游商，他们的目光中充满了对古镇悠长历史的眷恋。当然，有些匠业虽然平时在乡间难见，但却并未消失，只是他们的作业地点转移到了活计更多的城镇。如泥瓦匠、木匠等，如今大量聚集在城市之中，他们从事的室内装饰装修业务，其收入远多于过去在乡村的等客上门。市场的无形之手不仅大大挤压了很多传统匠业的生存空间，而且明显改变了很多匠业的资源分布。如今，不仅泥瓦匠、木匠大多进城，而且篾匠、缝纫匠、糖匠等也走进城市，他们有的仍操旧业，有的则已弃旧从新，成为进城务工大军的一员。甚至一些具有地方特色的手工技艺已经失传，如"开脸"技艺。"开脸"是在新娘出嫁前一天，父母邀请人为待嫁姑娘"开眉"或"开脸"，即用纳鞋麻线绞去脸和额头的汗毛。平时也有爱美的农村妇女请人开脸，以求容光焕发。过去，既有技艺高超的开脸师傅，一般人家的妇女也会基本的开脸要领。现在，这门美容方面的技艺几乎难以见到，绝大部分年轻人甚至根本不知道这门技艺的存在。

祖师崇拜习俗既已淡化，师承惯制也逐渐发生很大变化。拜师收徒虽仍有一定仪式，但却不再如过去那样烦琐规范，请酒仍得以保留，但跪拜之礼则已趋近于无。特别是很多匠业的传统师承体系已与现代的经济社会条件形成冲突，一种表现为活路偏少、技术替代性强、经济收益较低的篾匠、漆匠、打榨佬等匠业，师父自身生存尚且困难，更难以收到学徒，遂逐渐处于后继乏人的窘境；另一种表现为技艺更新速度快、传统学艺效率较低的勤行佬、剃头佬等匠业，逐渐被厨师学校、美容美发学校等职业技术培训体系取代。目前，黄花涝仍然有造船、补网、铁艺防盗门制作、理发等个体经营业者，其作业和师承习俗已经与现代市场经济完全接轨。

3.3.2 商贸业通行习俗

物质生产的习俗惯制从来都不可能孤立发展，而必然伴随着生活消费与商品交换。黄花涝历史上三面环水，多鱼虾蟹等水产而缺乏粮食、布匹等生活必需品，因此必然要以水产换取其他生活所需，又因为地处水上交通要塞，周边汉口、孝感、黄陂三地商品在这里集散交易，而形成"商业百家兴盛"、繁盛一时的"黄花涝市"。其时，黄花涝古镇店铺林立，形成坐商和行栈为主，兼有行商和走街串户小贩的集市，商业贸易十分活跃。抗日战争前后，很多原在汉口的经商人士相继来黄花涝开店经商。一时之间，黄花涝集市商贾云集，帆樯如林，茶楼酒肆，粮鱼杂货，成为谷米、杂粮、油料、棉花、土布、鲜鱼、禽蛋和其他土特产品输出输入的集散地。新四军五师也利用黄花涝的便利，一度在这里设立税卡，征收商品税以资军用，并从汉口购买药品、印报机等转运到抗日根据地。1949 年前夕，黄花涝的商业店铺和手工业作坊发展到 140 余家。诗人王士毅所撰《前黄花涝赋》，对当时的商贸繁盛之景有过精彩描述：

三街九巷，百铺千家。店前凉棚连椽，雨天不用张伞；河岸活板架屋，水泛无愁塌墙。汛期有小火轮自三汊埠驶向姑嫂树，晴日乘客运车经岱家山直抵六渡桥。承平岁月，乃府河下游集散粮食之水上码头；沦陷时期，成武汉外围禁运物资之地下商城。交通便利，市肆繁荣，巧商云集，百业蔚兴。杂货广货，招牌旗布；中医西医，匾额星罗。鱼行、菜行、粮食行、木料行、山货行竞相发展；染坊、磨坊、木作坊、酿酒坊、运制坊各具规模。麻网店应渔业之用，绸布店供庶民之需。屠宰案占过道而批零，缝纫工倚明窗以裁剪。碾米厂辦黄壳而溅玉粒，轧棉机剥赭桩而泻银花。铁匠、篾匠、泥匠、箍桶匠工艺精湛；茶馆、酒馆、旅馆、大烟馆生意兴隆。理发、擦鞋、搬运站店多人众；镶牙、盏帽、刨水烟户独客稀。茶博士靠椅围坐，品茗聊天，闭口不谈国事；瘾君子卧榻横陈，吞云吐雾，戕身尽耗家财。是则生活用品，有美皆备；宴乐场所，无丽不臻。人和更沾地利，小镇不逊大都。

在长期发展演变中，黄花涝商业贸易形成了一些通行习俗，主要包括行商市声叫卖的原始习俗、坐商门店招牌习俗、敬财神习俗、营商理念、新店开张习俗、雇工用工习俗等。特别是清末民初时期，受汉口开埠和商品经济发展影响，黄花涝商风日隆。其中小行商、小摊贩走村过镇，往往以口头吆喝或器物敲打吸引顾客，招徕生意。坐商则多在店铺门前醒目处悬挂招牌（俗称"幌子"）作为商号，借以宣传造势。店招包括旗帘、木质牌匾、实物模型、商品实物等，辅以文字或特殊标志，民国以后逐步出现配以洋文字和霓虹灯的商店招牌，现代广告、商标等亦开始流行。晚清民国时期，黄花涝商铺字号多选用耀眼悦耳、象征吉祥、求财求吉的文字，以满足店主追求好运、顾客趋吉的心理需求，从而增加商店经济效益。即使店铺招牌翻新，其字号仍不轻易修改。字号用词一般从顺、裕、兴、隆、昌、泰、同、恒、康、春、合、福等范围内选择搭配，如金泰园、春记、三合楼、王财记、同兴和、恒升等。

商贸业以求财谋富为本，因此重诚信、敬财神。黄花涝商家以童叟无欺、货真价实为信条。清末，黄花涝成立商会，目的就是团结全镇商户，约束大家诚信经商、公平买卖，同时调解商家之间的纠纷，承担一定公益职能。商家不论大小，均在店铺或家中供奉财神，财神坛上书写"一本万利""恭喜发财"等吉利语。过年时，商店歇业四天，初五接财神开市，各店铺张灯结彩，摆供品、放鞭炮、迎财神。一些商户还在正月初五一大早到庙宇中祭拜财神，烧头香，祈求生意兴隆。过去，渔商大户每年正月初五必在铁佛寺附近筑台礼拜，并由当地商户出资，唱大戏三天。商户在雇请工人时，要约定工钱、休假、疾病受伤处理等事项。招收学徒时，也像匠业一样举行仪式，遵守相同的习俗。新店开张时要举行开业庆典，唱彩词，请族长、镇中耆老、同行及当地官员参加，并大宴宾客，有时还要做会唱戏，大肆庆祝。如黄花涝祝贺鱼行开业庆典时彩词唱道："采莲船，划得忙，特来庆贺老鱼行。鲤鱼将军挂帅印，官运亨通是你行。鲫鱼老针押粮草，鲢子在前探军情，财源茂盛达三江，生意兴隆不亏本。黑鱼头上有七星，照得行家盈万本。黄鱼走路扯篷跑，顺风顺水日日新……"彼时的黄花涝，渔船、商船在古渡口密密匝匝一字排开，大量鲜鱼、粮食、布匹等生活物资从这里销往周边乡镇和汉口城区。商业繁荣催生了与商贸习俗有关的民谣，其谣云："挑起担子上长街，长街许多好买卖，卖去山货田园果，买回金梭织钱财。"生动描述了乡民通过市场交易卖去所余，买回所需的农耕商贸惯制。商贸的习俗也随着商业兴盛渗透到人们的日常生活中，并塑造着古镇的文化风貌。至今，古渡口和红砂石街道仍存，街道两边的商铺如金泰园粮行仍然矗立，成为黄花涝古镇商贸民俗文化的重要见证。

1949 年以后，地理环境的改变和公路交通的发达，使黄花涝作为水上交通要道的作用被严重削弱，商贸逐渐萧条。特殊年代，商铺等商贸文化载体被拆毁、破坏。沿府河岸边的吊脚楼则毁于洪水。改革开放以后，大量农村人口涌入城市，中心村镇的商贸功能进一步削弱，黄花涝逐渐从旧时的水上商业重镇转变为新时代的文化旅游特色小镇。目前，黄花涝商贸业主要集中于餐饮、日杂、租赁、旅游、造船、铁艺等服务领域，规模有限，季节性比较强，主要集中在每年的春季府河湿地黄花开放之时以及端午节龙舟赛前后，特点是瞬时游客流量较大，服务接待能力不足。过去商贸业通行的习俗也有很大改变，如店招一律用现代材料制成，字号也与过去有很大区别，雇工较少，一般为家庭式用工，其中餐饮业特别明显。大部分餐饮业主以家庭住房为店铺，主营农家菜、鲜鱼宴，菜品中必有虾鲊。一些商业字号借用古镇、码头、三合楼等黄花涝历史文化资源，仍然体现出与传统商贸民俗的"藕断丝连"。

黄花涝正在向文旅小镇转型

电线杆上的餐饮广告

第4章

社会生活民俗

　　虽然国际上被称为"民间社会传承"的社会生活民俗，在欧美早期民俗学中很少探讨，但在中国却恰恰相反：中国古典民俗学的突出特点，便是对社会生活民俗的关注、整理和研究。自《周礼》《仪礼》《礼记》，到孔子《孝经》，再到《家训》《家范》，中国传统社会生活民俗事象蔚为大观。黄花涝从早期受到商代盘龙城文化辐射，到三国时期深受石阳军事、商贸文化影响，再历明、清、民国各时期移民、乡村、城市、工商等多元文化浸润，及至1949年之后的文化更新，其人生礼俗、家族礼俗、岁时节日民俗等社会生活民俗，经历了长时期的发展演变，直到今天，这种发展变迁仍在继续它的生活旅程。

4.1　家族、亲族礼俗及其变迁

　　家族、亲族礼俗是社会生活民俗的发源基地或传承单元，是研究社会生活民俗时首先关注的内容，其主要内容包括家世、家谱、家祭、家风、家教、人情往来等礼俗。黄花涝家族、亲族礼俗长期植根于黄陂乡土社会结构和生产方式，自晚清以后则受到剧烈变动的政治、经济、社会秩序的冲击而发生显著变迁。

4.1.1 家族民俗

家族是构成社会的基本单位。按照乌丙安《中国民俗学》的定义，家族是用夫妻关系与亲子女关系结成的最小的社会生活共同体，是由几个或更多的同姓家庭根据一定的血缘关系组合在一起的。家庭结构包括核心家庭、主干家庭、联合家庭、特殊家庭等基本类型，家庭具有对外和对内两个方面的职能，即对内维持家庭成员共同生计，维持家族延续和扩大，维持家族成员间的感情融洽；对外向社会提供劳动力，承担相应义务，维系对外社会关系。长期以来，黄花涝家庭、家族内形成了一些约定俗成的习俗，具体包括家世、家谱、家祭、家庆、家产、家风、家教、家法等事象。正是在这些事象礼俗的凝聚下，家族得以延续、发展并形成家族体系，成为不可分割的团体。

黄花涝的传统家族结构以血缘关系为重心，家族成员间保持着较强的血亲家族观念，强调对直系长辈的服从。因此，在旧时家族民俗中，修订家谱、建造祠堂、举行祭祀等是最为重要的礼仪，反映了黄花涝人对家族的重视，对先祖的敬仰以及对加强家族、家庭团结的愿景。如黄花涝王氏建谱字派为"世立定法，思善尽美，规良矩益，永清授之"，1947年续谱时又拟定十六字派："代有英俊，以宏先绪，同行圣哲，化成齐治。"在给小孩取名字时，遵循名讳忌习俗，即不能与村里上辈人同字或同音，下辈人说话时，也要避开上辈人名讳。在森严的族规和家庭准则约束下，家族和家庭内部长幼尊卑有序，客观上承担着乡村基层社会治理的部分功能。

据介绍，黄花涝百分之九十的村民都姓王，其先祖是明初来自江西饶州府的移民。已遗失的"黄花涝志"上曾有"恩思王佑公，荫福三槐堂，志芳传后世，黄花育奇男"的王氏家训，记载了黄花涝王氏的来源。除王姓外，村里还有童、陈、李、叶、熊、喻、梅、万、唐、邓、吴等姓。过去，村里有王氏祠堂、邓家祠堂等，是家族内议事、祭祖的场所，今已不存。过去，黄花涝规模最大的王氏祠堂气派威严，内设神坛，供奉王氏先祖，一般3年一小祭，5年一大祭，逢家族重大事务或年成好时亦进行祭祀。小祭、大祭均由族长主持，大祭更为隆重，往往还要请专门的礼宾担任司仪，其仪程也更为烦琐，包括祷祖、求神、祭殇等环节。1949年前，宗祠还是宗族中议决事务、调解纠纷、惩治违反族规者的场所，妇女一般不得进入宗祠。

在一个宗族内部，族规作为宗族规范族人的准则，具有强制约束力和权威性，并世代相传，有时还会根据情况加以增删修改，内容包括"忠孝节义""三纲五常"等封建道德和惩罚型条款。其中，"行礼仪""端品行""崇节俭""务实业""尚吉睦""严内教""周贫乏"等内容直到今天仍有其积极意义。族规中关于父子、夫妻、勤学、品行、执业、齐家、处事等家训规条，对维护家庭秩序也起到重要作用。1949年后，党领导的基层政权建设和群众自治组织不断完善，宗族势力的作用逐渐降低，宗祠的祭祀活动也逐渐停止。改革开放以后，传统文化意识逐渐苏醒，民间自发的修谱续谱联谱活动又开始活跃。

黄花涝传统家族结构中，姻缘关系虽是重要内容，但其侧重点在于维持家族的延续，因此是否生子直接决定姻缘关系的稳定性，家庭成员往往对生女、绝育的姻缘关系采取排斥鄙弃态度。《仪礼·丧服》说："七出者，无子，一也。"在深受儒家思想影响，重男轻女，讲究"不孝有三，无后为大"的旧时农村，人丁兴旺的大家庭的政治、社会地位更高，每个家庭对家族的代际传承异常重视。无论贫富人家均信奉多子多福观念，富户往往三妻四妾，以求子嗣绵延，一般人家则多多生养，家中若无男丁，要么从叔伯近支中过继，要么收养义子承嗣，还有的招赘女婿以顶"门户"。这种重男轻女、注重香火延续的习俗，在黄花涝也不例外。

家世、家教、家风，也是家族民俗中的重要事象。在过去的黄花涝大家庭中，重视家世、家教、家风，大多家庭崇尚淳朴厚道、勤俭持家之风，家庭内部则尊卑有别、长幼有序、家规严厉，特别注重子女教育。也有的家庭家长独断专横、婆媳不和、妯娌相争，家庭矛盾比较多，但在总体上各家庭成员仍然坚持"家丑不可外扬"之底线，对外以家族利益为重，表现出血缘关系在家族结构中的基础性作用。

祭祀是家族大事。旧时黄花涝极重祭祀，各宗族每年正月上旬举行一次"春祭"。王氏族人在这一天邀请族中礼宾和外地乐师按照旧式礼仪在王氏宗祠行礼，之后抬上祭品、列队奏乐至始祖志芳公墓前祭扫。祭礼完毕后，邀请族中年满 60 岁以上老人到宗祠会餐，名曰"敬老酒"，礼宾及乐师则分别安排到族中小康之家招待。除宗祠祭祀外，一年还有数次家祭，如清明祭祀、中元节祭祖、秋祭、冬祭、年祭等。其中，清明节、中元节这天，人们要带上香烛、鞭炮、纸钱等祭品，到祖坟上去祭奠祖先。春节之前的年祭，则是在家里进行。年祭非常隆重，祭品也很有讲究，一般是一小碗肥膘肉、五个鸡蛋、一条鱼、大半碗鲜豆腐、五个糯米丸子。敬祖时，在桌边摆上 3 张椅子、3 个饭碗、3 双筷子、3 个菜碗、3 个酒杯。再点上香烛，摆上供品，斟上酒，恭请祖先享受。烧化纸钱后（乡俗认为烧纸一定要 18 岁以上的男性才有效），燃放鞭炮，全家人在供桌前依序三跪九叩，表达缅怀感恩之情。

称谓习俗是黄花涝家族礼俗的重要组成部分，体现家族内的长幼尊卑关系，一些称谓颇有地域特色。称谓有长辈、平辈、晚辈之别，亦有口头、书面称谓之分，各有特点。如，长辈称谓重尊敬，平辈称谓重亲近，晚辈称谓重疼爱。口头称谓形式不一，较为随和和口语化，书面称谓则统一规范和书面化。

旧时，黄花涝对长辈的口头称谓五花八门。一般称父亲为"伯""父"或"叔"，"伯"为通行叫法，少数父子八字或属相相克的人家，为避开相冲之八字或属相，也以"父""叔"称呼。一般称母亲为"哞"（妈）、"嗯哞"（姆妈），称祖父为"爹爹"，称太祖父为"老爹爹"，称呼祖母为"大大"，称太祖母为"姥大"。其他如，岳父母与父母称呼相同，继父母与生父母称呼相同。现在，对父母亲的称呼则一律改为了"爸爸"和"妈妈"。在父系亲属中，一般称伯父、伯母为"伯伯""伯娘"，称叔父、叔母为"叔叔""婶娘"，如有多位伯父、叔父，则依年龄顺序区别称谓，如伯父分别称为"大伯""二伯""幺伯"，伯母分别称为"大妈""二妈""三妈"或"大娘""二娘""幺娘"。称呼姑母、姑夫为"姑妈""姑父"，有时也以"叔叔"称呼姑夫，如有多位姑母则按年龄顺序称呼。此外，一般称父亲的"家家"为"老家家"，称父亲的舅舅为舅爹。在母系亲属中，一般称外祖父为"家（音嘎）公爹爹"（亦称大家家），外祖母为"家家"（亦称小家家）。称舅舅、舅母为"舅爷""舅娘"，如有多位舅舅，同样依年齿加以区别。称母亲的姐姐为"姨伯"，妹妹为"小姨妈"或"姨姨"。

平辈中，称兄长为"哥"，兄长之妻为"嫂嫂"，个别人家也有因家中无姐妹而称兄长之妻为"姐姐"的。称姐姐为"姐"，姐夫为"哥"，称妹妹为"妹子"或"老妹"，妹夫称"弟弟"。这些称呼人情味浓，单单从称谓上很难分清是兄弟还是姐夫妹夫，因而很容易拉近彼此之间的感情。对妻方亲属，基于同样的原因，也一律以哥弟姐妹相称。其中，大姨姐、小姨妹分别称为"姐姐""妹妹"，襟兄、内兄均称"哥哥"，襟弟、内弟均称"弟弟"，内兄媳、内弟媳分别称"嫂嫂""妹妹"。即使内兄、妻姐年龄比自己小，也一律尊称"哥哥""姐姐"。对内兄、内弟，有时亦以更加口语化、亲昵化的"舅子""舅辫子"相称，特别是在第三人面前提到内兄、内弟时，这种称谓使用更加频繁。在堂叔伯兄弟姊妹之间，均依年龄大小分别称哥、弟、姐、妹。姐妹之间的子女称姨老表，兄妹之间子女称姑舅老表，具体均依年齿分别称表哥、表弟、表姐、表妹。夫妻之间，丈夫一般称妻子为屋里人、伢的妈，妻子称丈夫为外头人、伢的伯，现在则多以老婆、老公相称。儿女亲家之间，互称对方为"亲（音庆）家（音嘎）"。

晚辈称呼相对比较统一，子侄辈均以侄、甥称之，根据是男方还是女方亲属稍作区别，孙辈则均以孙称之，而依辈分不同加以区别。如，叔伯兄弟的子女称侄儿、侄姑娘，姐妹的子女称外甥，娘家兄弟的子女称舅侄，娘家姐妹的子女称姨侄，子之子女为孙，孙之子女为重孙，以下分别为曾孙、玄孙。

以上称谓在日常生活中以方言口语经常使用，因不同家庭实际情况而发生某些变化。而在信函、请柬、挽联、墓碑等正式书面表达中，这些口头称谓就为更加规范的书面称谓所代替。如，对祖父的亲兄弟应署以"奉命愚血"或"侄孙某某拜"自称，而称对方为"尊伯（叔）父大人"或"台甫某某尊前"；对母亲之父，敬称为"尊某府外祖父"，自称"愚外孙某某"；对母亲之母，敬称为"尊外祖母某门某氏老安人懿座"，自称"愚外孙某某"。父辈称谓如，敬称父亲兄弟为"尊伯（叔）父"，自称"愚血侄某某"；敬称父亲之姊妹夫为"某府尊姑父"，自称"愚内侄某某"；敬称母亲兄弟为"某府尊舅父"，自称"愚外甥某某"；敬称母亲之姊妹夫为"某府尊襟、姨父"，自称"愚襟、姨侄某某"。平辈称谓如，称同父母之兄弟为

"尊胞兄大人（贤胞弟先生）"，自称"愚胞弟（兄）某某"；称本族兄弟为"家贤弟先生（尊兄大人或堂兄大人）"，自称"族兄（堂兄、堂弟）"；称妻之兄弟为"某府尊内兄（弟）"或"某府尊舅兄（弟）"，自称"愚妹（姊）夫某某"。晚辈称谓如，称亲兄弟之子为"贤血侄某某"，自称"嫡伯（叔）某某"；称同房之侄为"家贤侄某某"，自称"房伯（叔）某某"；称姊妹之子为"某府贤表侄某某"，自称"愚伯（叔）某某"；称女婿为"某府贤婿（东床）"，自称"愚岳父某某"；称同姓孙儿"家贤侄孙"，自称"族祖某某"。

1949 年后特别是改革开放以后，家世、家谱、家祭、家庆、家产、家风、家教、家法等家族民俗事象发生很大变化。总体上说，改革开放以前的家族民俗变迁的动因主要来自政治层面，伴随着土地改革、集体化和对旧的封建礼法的清算，黄花涝的旧习俗、旧道德、封建迷信等物质形式的文化形态，被社会主义的新文化形态所代替。改革开放以后，黄花涝家族民俗变迁的动因则主要来自经济层面，伴随着改革开放的深入推进和市场经济的快速发展，农村经济成分、组织形式、就业方式、利益关系和分配方式日益多样化，城市民俗进入农村，新民俗不断产生，一些传统民俗逐渐复苏回潮，黄花涝民俗文化在不断被解构的同时又不断被重构，从而呈现更加复杂多样的面貌。在传统农村民俗的加速解构中，大家庭逐渐解体，小家庭越来越多，家族结构从以血缘关系为重心逐渐转变为以姻缘关系为重心，侧重维护家庭中本人的亲子关系，以夫妻间的感情融和为主，对老人的义务观念趋向淡、弱，婚姻关系的存续不再受家族内其他成员的制约和影响，而取决于夫妻之间。同时，续谱、联谱等传统家族民俗活动也开始恢复和活跃起来。如，黄花涝王氏家族在 1947 年续谱后，于 2017 年拟定联谱新字派："继祖联谱，志怀高远，芳名礼贤，厚仁施义，德耀华夏。"随着新世纪以来黄花涝新农村建设的推进，家风、家教等优秀传统文化的积极功能越来越受到人们的重视，并涌现出了一些具有良好家风的模范家庭。《武汉晨报》曾报道陈家老宅主人利用清明扫墓、家族齐聚的机会，谈陈家的"家风家训"，并以"勤奋、节俭、孝顺、友善"的八字家训教育晚辈的故事①。

在近代以来黄花涝家族民俗发展中，家族代际关系的变迁最为深刻，影响最为深远。过去，黄花涝是传统的渔耕社会，在家庭代际关系纵向链条中，父代居于整个家庭分工与资源分配的主导、中心地位，具有绝对的权威。在家庭规模上，两代、三代甚至四代同处一个大家庭的情况比较多见。改革开放以来，随着大量农村人口进城，黄花涝的社会形态发生显著变化，家庭收入的主要支柱从熟悉农业渔业生产的父辈，转移到进城务工经商、收入更高、见识更广的子女身上，这也使得子女在家庭生活中的话语权明显增强。过去，家庭中的重大事情都由父辈说了算，而现在决定权转移到子女手中，很多时候父辈要和子女商量来决定一些事情。同时，家庭规模小型化成为常见现象，不仅多子者要分家，而且独子者也往往分家单过。问卷调查中，高达 35.63% 的受访者明确表示结婚后更愿意单独住，表明子代的独立倾向增强。在入户调查中，有一位 80 多岁的奶奶单独住在建于 20 世纪 50 年代的老屋中，儿子住在同村新建的楼房中，老人自己做饭、洗衣服，生活上尚能自理，但孤独感比较强。

在黄花涝村一些父辈处于五六十岁年龄段的家庭中，父母虽然已将子女一一抚养成人并帮助他们结婚成家，但是家庭的使命还要继续。对于子女在城市定居的父母来说，他们大多还要按照子女的要求，进城帮忙带孙辈，很多人在城里住久了会很不习惯，但是又不能如愿回到农村。对于子女在外打工、留下孙子在家的父母来说，农村生活氛围虽然更为熟悉和亲切，但是又不得不面临一些繁重的任务，除了生产劳动，还要承担抚养照顾孙辈、操持家务、应承人情往来等诸方面责任。这样的家庭，在结构上是断层的，祖孙之间缺少了年轻的父母，在当下已造成了很多的农村留守人员，在未来亦可能造成教育、亲情等方面的问题。

实际上，当前黄花涝家庭代际关系的历史变迁，真实反映了中国农村民俗文化发展的困境，即曾经承担着乡村社会治理、文化教育功能的民俗文

---

① 严珏:《黄陂黄花涝有个大家族今年清明 48 人聚会谈家风》,《武汉晨报》, 2016 年 4 月 4 日。

化，正在被经济的快速发展、社会流动范围、频率与强度的加大卷入物质化的社会大潮，被各种正确或错误的新观念不断冲刷稀释，其经济意义不断被放大，社会、文化意义却日渐式微。在新时代乡村振兴战略的背景下，分析研究这一变化，对于思考和谋划黄花涝村文化发展的正确道路，是有重要现实意义。

4.1.2 人情往来风俗

黄花涝人信奉"礼多人不怪"，十分注重礼仪。在黄花涝社会生活中，人情往来之风非常浓郁。过去，宗族意义上的大家庭以及由家族扩展而成、包括基于血缘关系的血亲和基于姻缘关系的姻亲所构成的亲族，是黄花涝人情往来风俗的主要承载主体。随着人口流动和社会交往范围的扩大，乡邻、朋友、同事、同学等也逐渐成为人情往来风俗的重要承载主体，更加体现出黄花涝的淳厚民风和多彩社会生活礼仪。

黄花涝人情往来风俗繁多，主要包括问候礼、交往礼、做客礼、待客礼、宴客礼等，其礼仪习俗经过长期发展演变，多有约定俗成的规范，有的仪礼对细节要求很高，甚至某些场合还有一定禁忌。

黄花涝人热情大方，遇见熟人必打招呼，甚至无话找话。最常见的问候语是"吃了吗?""你郎嘎好，你郎嘎哪里去?"问事问路时，要微笑着先向对方说一声："请问你郎嘎。"问毕要说一声："劳务你郎嘎。"否则即为失礼。遇到正吃饭时有客来访，主人要立即放下碗筷，热情询问客人"吃饭行"。无论客人是否吃过饭，都要增加碗筷，请客人进餐。若是客人表示已吃过饭，也要请客人"再加点"。客人若执意不吃，主人就不便强请，但在请客人坐下喝茶、自己继续用餐时，要说一句"有偏"后才能端起碗筷继续吃饭，同时与客人交谈，并尽快吃完以招待客人。有些礼性大的碰到客人来访，则直接放下碗筷接待客人。有的客人见到主人正在吃饭，会知趣地起身告辞，表明改日再来。

日常交往中，黄花涝人讲究礼让尊者、礼尚往来，二人同行以左为尊，三人并行以中为尊，前后继行以前为尊。结伴同行时遵循"三人同路，小的吃亏"的原则，进门、上车、上船、上楼都让尊者先行，出门时先宾后主先长后幼。狭路相逢时遵循弱者优先原则，人让车，男让女，少让老，健康人让残疾人，空手让挑担，轻载让重载，货车让客车。亲朋好友聊天时，双方都要目视对方，专心致志地倾听，还要边听边点头示意，不能边说话边做事，也不能随意打岔或插话。大人谈话时，尤其不许小孩多嘴插话。如遇乡邻、朋友家有红白喜事，要尽量提供帮助，遇到生病要及时去看望，遭遇事故要尽早去安慰。

黄花涝人讲究"礼尚往来，来而不往非礼也"，再穷再苦也要"为赶人情揭锅卖"，往往是你敬我一尺，我还你一丈。当然，不断加码的人情往来礼金支出也产生一定消极影响，特别是随着社会流动性的增强，人们的社会交往范围逐渐扩大，除了家族、亲族间的人情往来，同事之间、朋友之间、同业之间、同学之间的人情往来也逐渐增多，人情往来支出在一定程度上成为居民生活的一种负担。根据问卷调查统计结果，28.74% 的受访者认为"人情往来太多负担重，应该少点"，16.09% 的受访者认为"没有人情往来也可以生活很好"，两项相加达到44.83%，说明接近半数的人已对人情往来带来的过重负担深有体会，也显示出人们对社会交往的认识趋于理性。近几年，黄花涝大力宣传移风易俗，人们在人情往来中的过重负担逐步减轻。现在，黄花涝婚丧嫁娶、起屋赶寿的礼金一般是 300 元起步，亲戚中舅舅、姑妈一般送 3000 到 5000 元，其他重要亲戚一般送 1000 到 2000 元。

黄花涝人多情多礼，到别人家做客时有一定仪礼规范。黄花涝有一句民谚，叫作"走路不花钱，到处讨人嫌"，就是说应邀做客时，一般要带点像样的礼品上门，以表示对主人的尊重，否则就失礼讨人嫌。到别人家做客时，忌带孝布、纸钱、香烛物品进入别人家中，遇有非带不可时，应将这些物品放在主人家大门外一定距离且不可轻易看到之处；忌将送给别人的礼物带入应邀做客的主人家中后又将礼物带走，遇有这种情况时应将礼品放置门外，以免发生误会。雨天赴约时，伞具要放在主人家大门外，双脚要跺掉湿水后进门。进门后，先寒暄，主人敬茶要喝，敬糖要尝，敬凳要坐，切不可自谦过度。在主人家中，不应随意翻动主人物品，非经主人邀请不应进其卧室。告辞回家时，应向主人家说一些"多谢了、吵闹了"之类的客气话，以示礼貌。

黄花涝人热情好客，招待客人时礼节繁多。客人进门，要立即起身相迎，如果是长辈客人或已知某客要来，则要先在门外恭候。如重要客人中有小孩子或新媳妇第一次上门（俗称"上门客"），则要放鞭炮迎接，并赠以"见面礼"。客人进门后，先请入座，双手奉茶、递烟，并相互寒暄。客人在家时，主人不应大声喧哗，不看钟表，不扫地，自家小孩调皮捣蛋时也不应当客人面打骂，以避"逐客"之嫌。应热情留客吃饭，吃饭时男主人陪客，请客人先入席，先动筷，好点的菜肴和新炒的菜要尽量先往客人面前放，主人要带头饮酒，并频繁劝客人夹菜。客人没有放下碗筷以前，主人不能先放碗筷。饭后让客人先离席，然后送热毛巾擦手，送热茶，递香烟。送客时要让客人走在前面，主人边走还要边说一些"简慢""有空再来""慢点走""好走"之类的客气话，直到望不见人了才能转身回屋。

黄花涝遇有红、白喜事宴请宾客时，也有一套宴客之礼，包括请帖、宴席、坐席等具体规范。首先要下请帖。红喜事要下请帖，白喜事要派专人口头通知亲戚（称为"把信"），宴席开席之前还要催客多次，以示心诚。其中，请柬是黄花涝人社会交往中的重要仪礼，凡请客必发，并使用敬称和统一格式。请柬自右向左竖写，封面一般写被接请者的称呼，如"某府尊岳父老大人""某府尊舅父老大人"；内页写接请者的日期、事由、地点及接请者的称呼和姓名，如接请舅父参加儿子婚宴，内页自右向左分别为"订于某月某日为""子完婚谨具喜酌恭迎""德驾""愚外甥某某拜"；内页最左边，一般还写上"合宅恭迎"或"次日杯茗奉迎"，表示连女眷也一并带接。其他如寿匾、挽联之类，亦有相应规式。现在，请柬的样式更加丰富多彩，很多年轻人结婚时专门到网上定制个性化请柬，内容上也不像过去那么规范文雅，一般将宴席的时间、地点、事由等交代清楚即可，客人对请柬的形式、内容也较过去宽容。

宴席菜肴的数量、菜式、菜品摆放、酒水等也有一整套规范，其基本要求是不能怠慢人。每席菜品数量在 10 – 12 个之间（俗称"十大碗"），礼重者还可增加，以铜质大品碗装盛，包括地方土特产、全鱼、全鸡、小炒、煨汤、粉蒸肉、糯米丸等。宴席菜品的数量、菜式还有一定之规，如"黄陂三鲜"、粉蒸肉、糯米丸（亦称蓑衣丸、珍珠丸）必上，称为"三丸席"；红白喜事菜品数量有区别，红喜事为双数，白喜事为单数；粉蒸肉的做法在红白喜事中不同，红喜事是糖蒸肉，白喜事是咸蒸肉或三角肉。粉蒸肉上席时，须等主家沿桌行礼、放鞭炮、敲锣后，客人才能揭开盖碗食用。菜品摆放也有讲究，通行的原则是好菜摆在上首，新菜上席尊者先吃，菜品摆放位置的先后次序则有口诀，"一中二条三点金，四盘向上摆成丁，五盘梅花六盘顺，七圆八二九三横，十个盘子拿上桌，中间一行摆四个。鸡鸭鱼肉各是各，先往客人面前掇。"如菜品较多桌面摆放不下，可撤下若干空菜盘，但应保证桌面上菜盘始终不少于十个。过去办席，饮用酒多为本地产白酒，现在则多为外地品牌白酒。

黄花涝宴客时还有一套座席之礼，过去主家常常请家族或亲族中德高望重、熟悉来客情况的长者担当牵席之任（俗称"牵座位"），以免失礼。过去，一般以挂中堂处为上首（俗称"上半围"），门口方向为下首（俗称"下半围"）。以进门方向看，一张方桌（即"八仙桌"）的里为尊，外为次，右为尊，左为次。如桌面有缝，在将桌缝朝向调整为上下方向后，即可按赴宴者辈分、身份、年龄以及亲疏关系等依序排定座次入席。一般上下首各坐三人，两侧各坐两人，老者、上辈坐上首，下辈、陪客坐下首，其他贵重客人则按大小分别坐两侧。有时遇到特殊情况，牵席人就要临机决断，务求按排得当，皆大欢喜：一种情况是客多桌少，有"挂角一将"的坐法，俗称"正座十二，巧坐十三，外加一人拿钓鱼竿"，也就是两侧各加一人，再在宽松处挤坐一人，桌旁站着吃一人。另一种情况是客人辈分、年龄相当而不好安排座位，则要将桌缝由上下方向调整为左右方向，其后即可随意乱坐，不失礼节，客人亦不以为意。

1949年以后特别是改革开放以来，黄花涝人情往来风俗脱旧出新，问候礼、交往礼、做客礼、待客礼、宴客礼都在不断演变，体现出新的风尚，总体上是趋向文明化、简约化、个性化和现代化。如，过去拜年、请客，主人必亲自登门，遇有红白喜事，也须派人向亲戚朋友送喜帖或报丧。随着信息的日益发达，原来依赖人手、面见等形式的民俗礼仪也出现了技术替代，拜年、接亲戚可以通过打电话、发短信、发微信、聊QQ等更为快捷的方式来实现表达问候、传递信息的目的。在关于"向亲友拜年的主要方式"的问卷调查中，通过电话、网络、短信拜年的比例总计达到47.13%，非常接近传统的登门拜年，足见信息化已在很大程度上改变了人际交往中的感情联络方式。同时，在不同年龄段的受访者中，"35岁以下"登门拜年的比例为43.33%，低于该年龄段通过电话、短信、网络拜年的比例（53.33%）十个百分点，表明信息技术对人际交往习俗的改变可能进一步加大。再如，过去婚宴多在家里举行，现在"更愿意在酒店里摆结婚喜宴"的受访者比例则达到32.18%，甚至有12.65%受访者对"是否摆喜宴"持"无所谓"或否定态度。可见，现在人们更愿意喜事新办，由此很多原本繁杂的礼仪逐渐消免。同时，人际交往习俗发展变迁中也存在一些值得注意的隐忧，如很多年轻人长期疏离于乡风民俗之外，因而在人际交往中对一些基本礼仪所知不多，这就给新时代农村民俗文化的传承与创新提出了新的课题。

4.2　人生礼俗及其变迁

人的一生要经历从出生到死亡的一系列环节，作为人类文明的产物，人生礼俗贯穿于人的全部生活过程的始终。人生礼俗包括诞生礼仪、婚嫁礼仪、寿诞礼仪、丧葬礼仪等，是人类追求幸福，讲究伦理，讲求孝道，忆情怀思的一种表现形式，无论是对个人的生活情趣，还是对社会的和谐稳定，都具有重要的现实意义。进入现代社会后，人生礼俗的一些具体形式发生了很多变化，反映出社会的发展进步。

4.2.1　诞生仪礼

在农耕社会，添丁进口是一个家庭的重大事件，因而庆祝仪礼非常隆重。

在黄花涝，旧时妇女怀孕，称为"有喜"，三四个月后前腹隆起，谓之"出怀"。怀胎足月未分娩时，称为"挨生"，娘家要派人携带红糖、鸡蛋、油面登门看望，谓之"催生"。生男丁为"大喜"，生女孩称"小喜"。这时，婆家需用染红的带八字数（一般为80个、108个或180个）的鸡蛋到娘家报喜，称为"红蛋报喜"，并告知婆家办喜酒的时间。娘家则以一定食品回赠。

婴儿出生后的第三天，过去讲究用艾草煮水给婴儿擦洗，谓之"洗三朝"。"洗三朝"时，要用染红的熟鸡蛋在婴儿身上滚动，并说些吉利祝福之语，以讨吉利。现在，这样的习俗已很少见，小孩一般都在医院生产，小孩甫一出生的第一个澡，一般在其家人的见证下由医院的护士完成，但是"洗三朝"的做法还在乡间存在着。小孩出生第九天，亲朋好友送礼祝贺，主家置酒招待，谓之"做九朝"。亲朋好友均要送礼祝贺，礼物以布料为主，也有送母鸡、鸡蛋、油面的。娘家人的礼物则格外讲究，包括银项圈、长命锁、摇窝（婴儿床）、家椅、站桶、尿布、衣服鞋帽以及鸡、蛋、面等，称为"送祝米"。"送祝米"队伍进村时，婆家放鞭炮迎接，礼物置于堂屋之中，供左邻右舍观赏。过去产妇生完小孩后，必须遵守很多禁忌，此谓之"坐月子"。个人生活方面的禁忌如，产妇不能洗头洗澡、不能多说话、不能见风、不能刷牙等，社会交往方面的禁忌如，产妇须待在自己房中调养，并不得踏入别人家门槛，别的孕妇、经期妇女及生人也不得进入产妇房中，婴儿满月后，产妇才能出门回娘家（称为"走满月"）。这些禁忌中有些具有合理性，如不能见风，很多则并无科学依据，如不能洗头洗澡、不能多说话、不能刷牙等，现在还有不能开空调的说法。实际上，随着社会的进步，一些明显不合理的禁忌已在人们的头脑中逐渐淡化。

婴儿周岁时，一般都要隆重庆贺。这时，亲朋好友携带礼物或礼金前来祝贺，主家则设宴款待。过去，礼物多为小孩衣服、鞋帽、鸡蛋、糕点、糖果等物，现在则多是现金，重要的亲戚在现金之外还会买一些具有实用价值的物品，如衣服、玩具、奶粉、纸尿裤等。宴席开始前，过去时兴让婴儿"抓周"，以预测前程。"抓周"时，把婴儿放在一新簸箕中，簸箕内盛放笔墨、银圆、糖果等八样物件，任其抓拣，以婴儿抓到之物品，判断其成年后的职业与命运。"抓周"之礼，寄托了人们对婴儿的祝福。改革开放以后，人们生育观念更加文明，对生男生女没有过去那么大的差别。如今，周岁宴席大多已从家里转移到了酒店，小孩"抓周"礼也已不多见，即便有，其簸箕内所盛放之物件已较过去有显著变化，出现了手机、汽车钥匙等新的事物，也体现了人们对后代发展前途的新愿景。

4.2.2 婚嫁仪礼

过去，黄花涝婚姻嫁娶严格遵循父母之命、媒妁之言，程序严格，名目繁多。概括起来，有六个环节必不可少。

一是请媒、说合、查属相。旧时婚姻讲究门当户对、长幼有序，注重生辰八字，订婚之前要请媒人说合，并问明对方属相、家庭情况，是否有兄弟姐妹，查看属相是否相克，如果家里还有兄、姐未婚，则缓，如果属相"相克"，则止。关于属相的民谣曰："白马怕青牛，羊鼠争不休，蛇虎两相斗，龙兔泪交流，玉犬降金鸡，猪猴不白头。"有很多青年男女，仅仅因为不符合人们认定的属相关系，而不能结秦晋之好。

二是订婚。定下男女亲事后，要举行正式的订婚仪式，请亲戚、媒人等见证婚约。从订婚后到结婚前，男方凡遇正月初二（春节拜年之日）、五月初五（端午节）、八月十五（中秋节）等重大节日，要为岳父岳母送鱼肉、烟、酒、茶、糕点、衣物等，谓之送节礼，拜节气，媒人和与岳父岳母家有关联的三姑六姨，也一律奉送，谓之"三茶六礼"。过去，有的女方家长要求高额彩礼，现在则相对理性，一般根据男方家庭条件而定，3、6、9万都有。

三是拜帖、报日。男方聘请阴阳先生或德高望重人士看好迎娶日期后，要将婚期写在用大红纸制成的"龙签"上，呈送女方，是为"报日"。报日时，还需用大红纸制成"凤简"，上写吉语良词，叠成四面八开或五面十开的"折子"，意为成双成对。"龙签""凤简"装入大红纸袋后放入红色柬盒，与女方提出的彩礼物品一并送至女方家。彩礼包括现金、对子藕（寓意佳偶）、对子鲤鱼、对子鸡（鲤鱼为龙，鸡为凤，意为龙凤之合）、喜糕、月饼、红缎绿绸、红纸贴彩等。拜帖、报日时，男方为顺利确定婚期，往往尽量满足女方所提要求。

四是迎娶、送嫁。迎娶前一天或当天，男方派人到女家盘嫁妆，搬取姑娘陪嫁物品。女方则将嫁妆一一摆放堂屋，让乡邻和亲友欣赏，称为"亮嫁妆"，其后边喊彩边搬嫁妆，放鞭炮离村。蚊帐、马桶、脚盆和锁箱钥匙，要由娘家专人护送，男方要封红包相赠。盘嫁妆时，女方乡邻往往会以锅底灰等物，戏耍男方盘嫁妆的人。嫁妆到男方家后，男方须请全福人（儿女双全者）喊彩铺床，其彩词曰："枕头一'惩'（方言，压的意思），生的儿子像石磙；被角一按，生的儿子像罗汉；卧单一'瞒'（方言折叠之意），生的儿子考状元。"一切安排就绪后，男方发花轿迎娶新娘。时间上，讲究越早越好。迎娶新娘时，一般也要准备一些红包。女家则要安排洗"姑娘澡"、吃"辞嫁饭""跨门锁箱""哭嫁上轿"。一路上，轿夫们为讨新人红包，沿途巅轿，俗称"倒火坛"。

五是拜堂、撒帐、闹洞房。夫妻拜堂成亲送入洞房后，新人双双坐于床沿，俗称"坐帐"。入座时，女先男后，新郎乘机压住新娘衣襟，寓意不怕老婆，管住妻子。随后小姑、小叔子用染红的棉籽向帐内、床上和新人头上抛撒，边撒边喊彩。在新郎用小秤杆（寓称心如意）揭开新娘盖头后，夫妻挽手交杯喝酒，随后便开始闹洞房。闹洞房时没有长辈晚辈之分，形式翻新，往往围绕刁难新娘、戏弄公爹等为主题。甚至在新人睡熟后，还由专人潜入房中，揭开喜被，让众人观赏，谓之"越闹越发"。此时，揭被者竟有"揭被酒"相酬。

六是新人回门。新婚第三天，新郎陪新娘回娘家拜望双亲，俗称"回门"。娘家人在准备丰盛回门酒的同时，还要百般捉弄新郎，如在新郎脸上搽锅底灰，用苦楝树籽甩打新郎，让新郎吃线穿肉串、篾穿鸡蛋等。新郎虽然狼狈，但也只能赔笑、配合，不能发火。在当天太阳下山以前，新人必须双双回到婆家。此时，新娘又成为"刁难"的对象。一般是将木梯架于凳上，沿步放竹筷，要新娘走天梯、捡筷子，走一步转一圈。有的还要求新郎背着新娘走天梯。

旧时婚嫁中，重礼仪、程序，但也存在烦琐和不文明的现象。媒人在婚嫁中作用很大，俗语说"媒婆一张能干嘴，说得干鱼能戏水"。在一定程度上，媒人可能左右着青年男女的幸福，媒人也因此获得不少利益，因而有"请媒说合媒八餐"之说。其意是说，从请媒说合到新人进房，男方要请媒人吃八餐酒宴，分别为请媒、说合、订婚、拜帖、报日、迎娶（二餐）、谢媒。正因为此，旧时男方娶亲的成本是很高的。1949 年后，政府提倡移风易俗，旧时婚嫁中很多陈陋的习俗逐渐被新风良俗所代替，特别是自由恋爱、自由结婚成为法律规定，婚姻自主代替了媒妁之言，烦琐的程序也大大简化。

改革开放以后，随着我国对外开放步伐的加快，现代城市文明、习俗及西方文化和价值观念逐渐影响到黄花涝的婚俗。在这种影响中，出外务工经商求学的农村新生代发挥了重要作用。他们把城市中时兴的婚俗观念、信息和技术等带到农村，传达给自己的父辈，并要求在传统婚俗仪礼的框架内，自己的婚嫁仪礼中也要尽量增加这些自认为时尚的元素，从而扮演了农村传统婚嫁民俗变迁的推动力量。黄花涝婚嫁仪礼已经发生显著变化，如：婚姻登记成为结婚被认可的重要前提条件，结婚仪式退居其次；迎亲的花轿被小汽车代替，很多人家甚至租借豪车用来迎亲；中式礼服在更多时候让位于西服、婚纱等西式礼服；照婚纱照成为新人结婚前的必选项目；婚宴从新人分开自办到酒店操办，有时男女方甚至一起办酒；新婚闹洞房更加文明了，原来比较粗俗的闹法逐渐失去市场；很多新人举行结婚仪式后，甚至选择一起到外地旅游度蜜月，实行旅行结婚。问卷调查显示，超过半数的受访者认为"领了结婚证"才算结婚，这一比例远高于认为"办过婚宴"才算结婚的比例；对于结婚喜宴，接近半数的受访者选择"在酒店摆""不摆"或"无所谓"；明确反对不文明闹洞房，表示"应该移风易俗"的受访者比例达到64.36%。这组数据，表明新时代农村婚俗正逐渐趋向文明化、现代化、法治化。

过去，受男女授受不亲观念影响，农村婚嫁双方很多在结婚前并没有什么接触和了解，由此也造成一些婚姻悲剧。现在的农村年轻人，对婚姻有自己的想法，他们一般不愿意被动接受家里为自己安排的相亲，而更愿意在学习和工作中寻找自己的另一半。当然，因为家庭经济情况、个人条件等种种原因而不能顺利谈到对象的青年人，也只能接受父母为自己张罗的相亲活动。随着观念的开放，很多青年男女在结婚前就已经同居甚至生子，村里的老人对未婚同居、未婚先孕等现象也比较包容。同时，由于社会流动性的增强和跨区域婚姻的增多，农村离婚率也有一定上升。问卷调查显示，21.84%受访者，赞成婚前性行为，39.08%的受访者认为离婚很正常，其中

35 岁以下受访者的比例分别为 42.86% 和 46.43%，一方面表明不同年龄层次对于未婚同居、离婚等现象的评价存在明显差异，另一方面也表明当前农村未婚同居、离婚等现象正变得越来越司空见惯，从而给管理者提出了乡村文化治理的新课题。

4.2.3 生辰仪礼

生辰寿诞俗称过生日，小孩出生庆生和十周岁庆贺谓之"过生"，老人寿诞谓之"做寿"。生辰寿诞作为人生重要仪礼，贯穿于人的一生。黄花涝人在庆祝生辰时，在庆生的年龄、称谓、程序、内容等方面，均有一套比较固定的礼仪。

首先是在年龄上有讲究。人的出生对一个家庭来说是大喜事，意味着添丁进口、后继有人，因此格外隆重。小孩出生后的第三天、第九天和第三十天，就有喜庆礼仪，分别称为三朝、九朝、满月。小孩满一周岁了，还要做周岁生。从 1 岁开始至 49 岁叫过散生，一般只是自己家里庆祝。不过随着农村家庭的少子化趋势，近年来也开始做十岁生。人到 50 岁后，一般每隔十年做一次寿诞活动。有的从 50 岁开始做寿，有的从 60 岁开始才做寿，并无一定之规。女性做满年寿，男性则盛行"望生做生"习俗（因忌讳"满"，避免水满则溢、寿满则亡），即 49 岁做 50 岁寿，59 岁做 60 岁寿。50 岁、60 岁称为大寿，70 岁、80 岁称高寿，80 岁以上称仙寿，60 岁、77 岁、88 岁、99 岁、108 岁又分别专称为花甲寿、喜寿、米寿、白寿、茶寿。

旧时做寿时，亲戚朋友都来祝贺，拜寿礼仪非常隆重，各种习俗十分讲究。寿星须在寿诞之日，身着寿服，端坐中堂，接受晚辈的叩拜和亲朋好友祝贺，并大办宴席答谢宾朋。女儿、女婿在拜寿时，须携带大礼。富家大户的寿诞上，还有专门的司仪和喊彩人，负责主持拜寿仪式和喊唱吉祥彩词。过去因人均寿命普遍不长，能活到 70 岁就是稀奇的事，故一般只做 50、60 和 70 岁，而不做 80 岁，谓之"做七不做八，做八拿刀杀"。现在虽然生活条件改善，人均寿命普遍提高，活到 80 岁并非难事，但是一般的老人仍然不愿意做 80 大寿，其原因是多方面的。过去人们相信"死生有命"，认为能活多大年纪全在天定，是人力所不能为的，所以担心做 80 大寿，一者会乐极生悲，活不久长，二者老人年纪过大会折后人阳寿。现在人们虽已不大相信诸如折后人阳寿之类的迷信说法，但囿于惯性思维，仍然不怎么做80大寿。寿诞之日，早餐要为寿星佬下长寿面，家里人为沾寿气，也要一起吃长寿面，有时还要将寿面送与左邻右舍。下寿面时，切忌将面条人为折断，即使是很长的油面也应原样一并放入水中煮熟。

改革开放以来，受大规模人口流动和快节奏生活方式影响，生辰仪礼大大简约，文化氛围有所淡化。如过去非常程式化的拜寿仪式已较难见到，原来拜寿者要送寿匾、横幅、寿桃、寿面、寿饼等实物，往往是大堂之上正中悬挂金色大寿字，左右两侧挂满贺寿对联，一派喜庆庄重。现在，贺寿者一般多送现金，很多时候都是在酒店之中举行寿宴。当然，吃寿面仍然是必有环节，同时也增加了唱生日歌、切蛋糕等新的习俗。无论怎么变化，寿诞礼仪文化仍然在增强对家族的团结与认同，促进社会的稳定与和谐方面具有重要意义。

4.2.4　丧葬仪礼

黄花涝非常重视葬仪。大体说来，黄花涝的丧葬礼仪有一整套严格的程序，包括对死者遗体的处理和安置、报丧的方法、奔丧的过程、吊唁、入殓、下葬、守灵、守孝的习俗以及各种经书、吊联和仪式的象征意义等，过程讲究，人情味也非常浓。

"送终"。老年村民去世，称为"作古""登仙"，属于"白喜事"。老人不能死在床上，在老人咽气之前，要将老人移到用稻草铺就的地铺上，俗称"打地铺""沾地气"。其后人要围铺值守，谓之送终，否则不孝。现在，很多入院救治的老人，在确知自己的病不能医好后，往往要求出院返家，他们更愿意在家里接受后辈的送终。老人去世，要举家号哭，焚烧"落气纸"，并在死者头部点一盏油灯，谓之"长明灯"，不使灯灭。随后，遍告亲友，设置灵位，摆上供品，燃蜡焚香，供人吊丧。吊丧时，长子要随同跪拜。

"哭丧"。痛哭流涕是体现孝心的重要形式。因此，从老人落气开始，家中要哭声不断，姑娘媳妇女眷轮班哭，有时还要请人哭。哭的时候，还要诉说逝者生前为人处世的高尚情操、勤劳持家的优良品德等，哭腔要有板有调，哭词要有仄有韵，哭丧的最高境界是不但自己哭得有情有泪，而且还能感染旁边的人一起哭。在一片痛哭流涕中，还要完成一系列仪式：入殓前给死者沐浴更衣，用湿毛巾擦死者上身，讲究"前三后四"，即前胸抹三下，后背抹四下；为逝者穿寿衣、戴寿帽、系腰带，插白纸摺扇，脸上盖白布，然后放置于棺盖上"摊尸"半日，让亲友瞻仰遗容，还要烧毁死者生前的垫床草；入殓（俗称"进材"），待全部在外子女亲朋赶回来面丧后才能封棺，入殓时后人要吃"进材饭"。

"出殡"。第三天上午，举行出殡仪式，送逝者上山，俗称出棺。出棺时，家属亲友各依关系披麻戴孝，其白孝布分别为：儿子四尺八寸，姑娘、媳妇、女婿、侄儿三尺八寸，一般亲戚二尺八寸，小伢一尺八寸。孙子辈戴红孝布，重孙辈戴绿孝布。出殡有相应的仪轨。首先举行追悼仪式，全体亲友匍匐灵前，子女或亲友念过"痛悼"后，举行"祝龙"活动。司仪通过声泪俱下地数说逝者的事迹，向死者的后人索要钱财，后人感念先人恩德，也会满足司仪的索求。祝龙之后，由送葬队伍送亡人上山，在灵位引领下，亲属手持引路幡，锣鼓唢呐齐鸣，"八大金刚"抬棺紧随，沿途扔下买路纸钱。沿途各户如有放鞭炮相送者，逝者的亲属子女在返回途中，要沿家跪拜致谢。出棺前或后，要吃一餐饭，俗称"吃泡饭"或叫"吃大肉"。出棺前吃饭叫出饱棺，出棺后吃饭叫出饿棺。棺材放入墓穴前，要先将稻草烧墓穴，谓之"暖井"。

"复土"。逝者安葬第三天，其家属子女要披麻戴孝，到坟前祭拜，俗称"复土"，复土时，要将坟茔加高培厚，焚烧香烛黄纸，燃放鞭炮，依辈分高低先后跪拜后离开。

"守孝"。为表达对逝去亲人的思念，后人还要为逝者守孝。依守孝时长不同，可分为数七孝、百日孝、周年孝、三年大孝等。逝者死后第七天为头七，第二个七天为二七，依此类推至第七个七天为满七，是为"数七孝"。其中，以头七、三七、五七、满七最为重视。在此期间，逝者后人须披黑纱、穿孝鞋、不理发（称"囚七"）、不喜庆，待满七孝后方恢复正常生活。数七期间，若每逢七天正好与阴历初七、十七、二十七相逢，称为犯七，黄花涝人认为这意味后人有饭吃。反之，即所谓"亡人不犯七，活人没饭吃"，这时子女就要披麻戴孝，沿门乞讨百家米饭举家食之来予以补救，是为"讨百家米"，此时一般还要有一亲属相随，以作见证。百日孝、周年孝和三年孝则是将守孝的规矩和时间分别延长至100天、一年和三年。旧时，三年守孝期间，长子要在坟茔旁搭一简易草棚，白天干活，晚上陪亡人在坟地睡觉，三年后除服烧灵，即将灵牌、挽联、条幅、连同孝鞋、孝服一并焚烧，至此完成大孝。

在黄花涝，还有"烧包袱""拜新香"等丧葬习俗。所谓"烧包袱"，是祭奠已逝亲人的一种形式。"包袱"是指逝者亲属从阳世寄往"阴间"的邮包，系用白纸所糊的一个口袋，内装准备烧化给逝者的物品。"包袱皮"上，或在中间印一莲座牌位，写上收钱亡人的名讳，周围印上梵文音译的《往生咒》，或不印任何图案，只在中间贴一蓝签，写上亡人名讳（称为"素包袱皮"）。"烧包袱"一般在"数七孝"、百日孝、周年孝时进行。所谓"拜新香"，就是亲朋好友要在逝者走后的第一个大年初一早上（称为"新年"），备好香烛纸鞭，上门祭拜，此即拜新香。主家要置办酒宴款待，称为"管新香"。旧时，有些人家因家贫或有事不能"管新香"时，可在客人"拜新香"前事先在村里显眼处，以白纸书写"哀辞新香"之类的话（称为"辞香"），亲友乡邻看到后则不去"拜新香"。孝子大年最初三天不能出门，初四"出行"后才能携礼品按上门拜新香者逐家回拜，称"孝子出堂"。出堂时孝子众兄弟必须同行，一起到族人、亲友家拜年。拜年时，相互之间不说话，待孝子众兄弟按长幼顺序向亲友下跪行礼，亲友族人口称"免礼"后，始互道祝福。

以上丧仪，适用于中老年人死亡。旧时，有些贫困家庭虽也大体遵循这些程式，但在具体环节上简略很多。而对于未成年人的死亡，如，婴儿死亡（称为"丢了"），少年死亡（称为"夭折"），青年死亡（称为"短寿"），其丧事则极为简单。

丧葬仪礼是黄花涝人十分重视的人生仪礼，这时整个家族往往都行动起来，表现出高度的团结。过去，丧主为表达对逝者的哀悼之情，经常倾其所有，大操大办逝者丧事，有的甚至不惜倾家荡产。1949年后，随着政府大力提倡移风易俗，丧事从简成为发展趋势，过去繁杂的丧葬仪礼得到大大简化。特别是改革开放以后，随着殡葬改革的大力推进以及新型城镇化和农民工市民化进程的提速，丧葬仪礼在保留一般程式的同时，吸收和融入了更多的现代、文明的因素。如，亲友送葬时戴黑纱、佩白花，实行遗体火化，建设农村集体公墓，等等。作为人们表达生离死别独有的文化现象，黄花涝的丧葬礼仪正在更加接近寄托哀思、感化和谐、情周礼到、慎终追远的本来面目。

在黄花涝村的诞生、婚嫁、生辰、丧葬仪礼中，往往离不开大宴宾客。过去，这是人生仪礼中的重要内容，既可反映主人家庭经济实力，也表示对客人的尊重和感谢。宴席一般在事主家里举行，所缺桌椅板凳、杯盘碗盏，均可向同村人家商借，甚至当场地不够时，也可在邻居家摆席。现在，因交通更加便捷和生活水平提高，宴席开始由家庭转移到饭馆酒店。即使在家里办宴席，由于经济条件改善和卫生意识增强，人们也不再向邻居借用相关用品，而是向专门经营碗碟桌椅租赁的商家有偿租用，同时使用一次性筷子、杯子、纸碗和餐巾纸，用完即扔，有时也造成一定环境污染。

4.3　岁时节日民俗及其变迁

在长期的生产、生活中，黄花涝群众逐渐形成了丰富多彩的岁时节日民俗。在春节、元宵节、端午节、中秋节、重阳节等传统节日和劳动节、国庆节等政治性节日中，贯穿着异彩纷呈的祭祀、娱乐、竞技活动，其中所包含的一些比较独特的惯例、风俗，具有强大的家庭、家族和民族凝聚作用，也是文化产业的重要资源，在黄花涝农村文化旅游创新与发展中发挥积极功能。

4.3.1　传统节日民俗

在春节、元宵、清明、端午、中元、中秋、重阳、冬至、元旦、除夕等传统节日中，黄花涝居民最为重视的是春节、元宵节、端午节、中秋节、除夕。在欢庆节日时，逐渐形成了一些约定俗成的节日民俗。

　　为迎接春节，各家各户很早就开始做各种准备工作，黄花涝人称为"忙年"。忙年时的主要任务，是为春节准备食物、祭品，打扫卫生，这个时候往往是全家上阵，各显其能，花费也比较大。按照年俗，人们在腊月廿四用扁柏或竹枝扎成扫把，绑在长竹竿上扫扬尘（污垢），屋内各处旮旯角落均要扫到，打扫干净后要祭灶神，是为"过小年"。从过小年开始，办年进入紧锣密鼓阶段，有民谣唱道："二十四，打扬尘，二十五，打伢们，二十六，割鱼肉，二十七，拿年笔，二十八，插香蜡，二十九，样样有，三十夜，桃花谢。"在年三十之前，一般要宰年猪、打糍粑，做好"黄陂三鲜"（鱼丸子、肉丸子、肉糕），炒炸好花生、苕片（红薯干）等乡土零食，以作待客之用。这时候，左邻右舍见面时的问候语，也往往围绕着忙年诸事。

　　以前，一般村民家里均喂有一到两头生猪，待到过年时宰杀，大部留自家食用、制作年节食品和招待客人，一部分腌制成腊肉、香肠，可以吃到来年开春，如果还有多余的，就低价出售给乡邻。现在，村民已很少养猪，因而也就没有宰年猪之说，所需猪肉都是到集市、超市购买。在过去，打糍粑往往是忙年过程中非常热闹的一项民俗活动。村民先把优质糯米洗净后浸泡几日，以饭甑蒸熟后，倒入石制凹槽中，由三到四名成年男子以木棒趁热反复冲打捣烂成泥状，其间女主人提前准备面板和毛巾、热水，遇有糯米黏附于槽壁，即以热毛巾解脱之，20多分钟后，糯米饭成泥状，成年男子以木棒将其绞起，置于面板之上，女主人继之以擀面杖摊平，待冷却后再以菜刀切块，浸入冷水中保存。打糍粑之时，往往人头攒动，特别是小孩子最为兴奋，有的半大小子还主动请缨，上前一试身手，但由于蒸熟的糯米黏性很强，劳动强度较大，往往不能坚持多长时间就"败下阵来"。这种手工冲打而成的糍粑费时费力，但是柔软细腻，味道极佳。现在，人们更加追求生活的快捷，加之青壮劳力多外出务工，经常缺少打糍粑的人手，因而已很难见到这种充满生活情趣和节日气氛的民俗活动了。

　　一切准备妥当之后，忙年就进入了春节最重要的环节——年祭。年祭是黄花涝村民在腊月三十晚上吃年饭之前必须隆重进行的祭祖仪式。年祭的祭品有五大样，分别是一小碗肥膘肉（又称"提精肉"）、五个鸡蛋（称为"元宝"）、一条小鲤鱼（一斤左右，称为"听话鱼"，也可用三五块腌鱼块代替，称作"替换鱼"）、大半碗鲜豆腐、五个糯米丸子。这些祭品看似平常，但却颇有历史文化内涵，据称源于明洪武三年（1370 年），是迁移至此的江西移民所带来。肥膘肉纯净多油，易于煮烂，意在表示对先人的尊崇和孝顺；五个鸡蛋寓意五子登科、五福齐昌、家庭兴旺，为显庄重、文雅而称"元宝"，鸡蛋有时也染上红色，寓意走鸿运；小鲤鱼作祭品取"鲤鱼跳龙门"之意，又兼"鲤""礼"同音，象征讲礼、连年有余、吉祥发达；新鲜豆腐经油煎黄亮后清香爽口，有牙无牙、牙好牙不好的祖人都能吃；糯米丸子则象征团圆，寓意祖人与今人紧紧地连在一起，永远同心。这些祭品分装于五个碗，寓意五世其昌、五福同享。旧时，也有一些穷困人家，祭品只装三个碗，甚至一个碗的。没有五个碗时，一般也可用豆腐和肉作为供品祭祖，但却不能单独用糯米丸子和鱼各作一个碗祭祖。

祭祖时，用小碗装好五样祭品，将筷子一根插在肥膘肉上（寓意黄花涝人的根在江西省吉安府筷子街），恭恭敬敬地放置在堂屋前的神台或神台前的桌子上，随即作揖或鞠躬，请已逝的祖先吃年饭。若供的是爹爹，就唤"爹爹吃饭"，供的是父亲，就叫"父亲吃饭"。祭祀仪式完成后，这些祭品不能随便丢掉，而是要等灯节结束后吃，因为民俗认为，子孙吃了供祖宗、祖宗没吃完的鱼肉等，能沾祖宗的福泽，能驱邪避祸、身心康泰。

黄花涝人忙年时，还要准备两条鲤鱼（一条 1.5 斤以上）、猪腰房肉两挂（一挂一般不少于两斤），这是为舞狮子、跳沿门狮子时祭狮子用的。完成年祭后，便是吃年饭。与黄陂其他地方在腊月三十早上吃年饭不同，黄花涝村的老习俗是晚上吃年饭，餐桌上必有黄陂三鲜、鱼等菜品，丸子代表团团圆圆，鱼寓意年年有余，鱼是整鱼，一般蒸制或红烧，名为"看鱼"，即只看不吃，到了正月才能吃，以应"年年有余"之意。虽然大多数人家坚持晚上吃年饭，但由于现在独子户和子女在外求学、工作等原因，提前吃年饭的也不在少数。近几年，黄花涝还出现了"反向过年""旅游过年""异地过年"等新民俗现象，一些父母到子女所在的城市过年，或与子女一起到外地旅游过年。虽然"返乡过年"变成了"反向过年"，但阖家团圆、共庆新春的节日主题并没有变，同时也赋予春节新的活力。吃年饭的时候，大人给小孩压岁钱。压岁钱要放在小孩子睡觉的枕头下面，名为"压祟"，取压住邪祟之意。现在，随着人们收入水平的提高，压岁钱"压祟"的民俗意义逐渐淡化，而更多地体现为物质意义，小孩子一个春节得到的压岁钱动辄以千计，很多人给压岁钱的方式也从富有生活质感的现金红包变成微信红包。

春节时，黄花涝居民要在腊月三十贴春联，一般春联以红纸书写，由横批、上下联组成，横批一般四字，上下联则七字、九字、十一字不等，也有长联，主要内容是描绘美好生活、寄托美好祝愿、歌颂祖国山河等。春联的种类很多，有街门对、屋门对等。贴于大门面街之联为街门对，门上还要贴门神；贴在屋内各房间门口的称为屋门对，门上一般贴"福"字。过去，各家各户既要贴街门对，也要贴屋门对，街门对的横联门楣上还要配套贴一副五片长条状"挂钱"，"挂钱"的图案有"龙凤呈祥""双龙戏珠""梅花四喜""彩灯"等，是一种非常喜庆的装饰，给人以美的享受。现在，一般人家则普遍只贴街门对，门楣上喜庆的"挂钱"剪纸也难觅踪迹。有老人去世的人家，写春联则不能用红纸，一般第一年用白纸，第二年用黄纸，第三年用绿纸，三年孝满后恢复使用红纸。内容则主要是寄托哀思、感念亲恩等内容。门上门神亦不用红色，而是与对联颜色一致，先后用白、黄、绿色。有的人家在三年守孝期不贴春联或门神，而以两条白纸条交叉贴在大门上部，家里春台上方原来悬挂的年画、对子上，也以两条白纸条交叉覆盖。

村里的商户也有贴春联的习惯，每逢春节都会贴上"生意兴隆通四海，财源茂盛达三江"之类的对联。有的村民甚至在自家的猪圈等处也贴上春联，写上诸如"六畜兴旺年年旺，生猪满圈季季肥"、"圆头大耳不计天下事早日胖胖，膘肥体壮难得坦荡心富贵连连"之类的寄语。当然，随着村里生猪养殖的消失，现在的黄花涝已很难见到这些另类的春联了。

在旧社会，村里识字的人不多，很多人家的春联一般都由村里的秀才书写。1949 年后，虽然识字率提高了，但书写春联仍算是一件颇有技术含量的事情，这时的春联多出自小学、中学的老师之手。改革开放以后，随着义务教育的普及，村里的高中生、大学生越来越多，很多人家开始自创自写春联，因而在内容上主题更加丰富。近些年，生活节奏越来越快，大多人家都只贴街门对，而不再贴屋门对，自己写春联的越来越少，更多的人家则是到街上购买春联。

村民家门口的春联

正月初一凌晨，黄花涝家家户户燃放鞭炮迎接新年。这一天，晚辈要给长辈拜年。然后便是全村大拜年，讲究先在同族内拜年，再给同村其他人拜年。同村拜完年后，还可以给不在同村的朋友拜年。初二、初三，亲友之间互相拜年，互致祝福。一般男主人初二、初三拜年，女主人初四以后拜年。男主人轮流到亲戚家拜年，以亲疏远近决定拜年的先后次序，上午、下午均可拜年，拜年时一般亲戚稍作寒暄、停留、喝茶，重要亲戚则留下吃饭，此谓之"跑年"。女主人则留在家中，准备火盆、香烟、瓜子、花生、糖果、茶水等招待来家里拜年的亲戚，一般不留饭，而以带臊子的肉糕或腊肉豆丝一碗（名为"喝茶"）及米酒、糍粑相款待。客人为表客气，一般不吃完。过去拜年的周期很长。腊月二十四即可"拜早年"，到了正月底新年初见，见面也要道声"拜迟年"。现在，生活节奏加快，文明过节意识增强，很多人拜年只喝水不喝茶，蜻蜓点水式的拜年成为普遍现象，过去那种浓烈亲密的情感也必不可免地有所淡化。

过去，黄花涝还有过年放鞭炮、说春的习俗。村民在备年货的时候，一定要准备足够的鞭炮。民间过年放鞭炮之俗历史悠久，明清以后以放鞭炮庆祝新春之风更加兴盛。黄花涝过年燃放鞭炮的历史习惯是：吃年饭前，于大门前放鞭炮后闩上大门，祭祀祖先后吃年饭；初一凌晨过后接年放鞭炮；初二凌晨过后辞年放鞭炮，初二、初三亲戚朋友来家里拜年时放鞭炮；元宵节狮子出行前放鞭炮，元宵灯节结束时祭狮子放鞭炮。过年放鞭炮最初具有消灾、驱祸的意蕴，后来逐渐寄托了人们更多的愿望，如喜庆、团结、和睦、兴旺、平安、富贵等。如，为重要客人放拜年鞭，其意即在祝贺亲朋好友新年愉快、万事如意、连年有余、生活红火。过去，黄花涝有"说春"之俗。春节期间，两名春官进入主人堂屋，一人端坐屋中喊彩，唱词为祝吉颂福之语，如"家和人和万事和，家兴人兴万事兴"等，另一人立于旁边，以"福矣"应和。说春时，往往观者如堵。春官说春完毕，即送主人一幅财神像，主人则以钱粮礼品相酬。春官一般由村中有一定学识、口才好的人充任，也有外地人走村串户说春的。现在，偶尔也有外地人过来挨门挨户送财神像的，但却难以见到说春之俗了。

1949 年后，随着社会发展进步和文明程度提升，一些带有封建迷信色彩的放鞭炮习俗被摒除。改革开放以后，春节放鞭炮被赋予了更多新的时代内涵，如小孩过年放鞭炮，寄望驱邪免疾、苗壮成长；学生过年放鞭炮，希望考试高中；进城务工人员过年放鞭炮，祈祷出门平安有事做；老年人过年放鞭炮，祈愿无病无痛、长命百岁。村里的其他喜庆活动，如新房奠基、乔迁新居、结婚、祝寿、做周岁、宰年猪等，村民为图吉利、兴旺、发达，往往把时间提前或推后至过年时进行，并以放鞭炮形式祝贺。随着市场经济与商品意识越来越广泛地影响到农村生产生活，过年放鞭炮之风一度越刮越烈，一些人家动辄购买数千元的鞭炮。这不仅造成一定程度的浪费，也对村居环境造成较大污染。现在，黄花涝村已按照政府的部署，全面禁止放鞭炮。

清明节时，黄花涝人要举行隆重的祭祖仪式。以前祭祖，要提一个大盒子，盒子中装上献给先祖的祭品和自己中午的饮食，在族中长辈的带领下，全体男丁列队前往家族墓地。由于墓地离家远，一大清早就得出门，到天擦黑了才能回到家。所带祭品包括酒食、果品、纸钱、鞭炮等。到墓地后，首先要扫墓，就是清理和修整墓地，为坟墓培上新土，除掉墓门前的荆棘杂草，方便祭拜。其次是祭祀，这一程序有很多环节，也充满仪式感和肃穆感，具体环节包括：在墓门前点上香烛，将食物供奉在墓前，部分纸钱墓前焚化，部分纸钱以小石头压放在坟墓上，焚化纸钱时要请先人享受供品；待纸钱完全焚化后，燃放鞭炮，随后按辈分一一行叩拜之礼。祭拜仪式完成后，一般会就近折松枝或柳枝带回家。离家远时，人们还会席地而坐，聚餐饮酒，餐后才返家。清明祭祖有"前三后四"之说，即在清明节前三天或后四天均可祭拜。有些身在外地的中老年人遇到不便难以赶回时，则选择在当地划地为桌，在地上一个豁口朝向家乡的圆圈内烧纸祭祖。

1949年后，清明祭祖的习俗一度大大简化。改革开放以后，随着经济条件的改善，清明祭祖受到普遍重视，祭品种类比过去大大丰富，除了果品、黄表纸、纸钱、香烛等，还出现大额冥币、纸扎的元宝、家具、手机、汽车、家电等等，特别是烟花爆竹燃放量较过去大大增加，客观上也出现了一些不文明的扫墓习俗。近些年，各级政府大力倡导文明祭扫，深入开展"我们的节日——清明"主题活动，黄花涝清明祭祖也在朝着低碳、文明、健康的方向发生积极变化，一些求学、经商、务工在外的黄花涝人，通过网上祭扫等方式追思逝者、缅怀先辈，表达慎终追远的情感。也有一些较年轻的乡民在清明祭扫时，受文明祭扫新风尚影响，用鲜花代替纸钱，祭祀习俗更加自然生态。

除春节、清明节外，黄花涝也极为重视元宵、端午、中秋等传统节日，如元宵玩灯，端午划龙舟，中秋吃月饼，其节庆民俗与全国很多地方并无二致。特别是随着近年来中华优秀传统文化的回归，前些年一度式微的传统节庆民俗重新焕发活力，并且在总体上与城市和其他区域的习俗越来越接近。黄花涝的问卷调查显示，六成多受访者"更喜欢过民族传统节日"，接近九成的受访者能说出3个以上的民族传统节日，表明民族传统节日在农村仍有旺盛的生命力。同时调查也显示，农村居民对民族传统节日的知晓和喜爱程度，随着年龄变小呈现明显的下降趋势，其中"35岁以下"受访者"更喜欢过民族传统节日"和"更喜欢过西方节日"的比例分别是42.86%和21.43%，"60岁以上"的相应比例则分别为86.67%和0，这表明民族传统节日的影响在未来农村地区仍可能继续下降。

4.3.2 政治性节日

黄花涝人在欢庆传统节日的同时，也比较重视五一国际劳动节、十一国庆节等政治性节日。在这些节日，主要庆祝方式与传统节日区别不大，一般仍以节日聚餐、亲朋好友团聚等为主。父母往往接出嫁女儿回娘家过节，或出嫁女儿接请娘家父母到自己家过节。过去，多以时令的鳝鱼面、板栗、猪肉等招待客人，现在，饮食种类更加丰富。有的人家还选择这个时候出外旅游，旅行过节成为新的风尚。近些年，黄花涝很多人家会在国庆节时挂插红旗，表达普天同庆之意。从入户调查中反映的情况看，国庆节等政治性节日的认同度很高，已成为与春节影响力相当的大节。

4.3.3　地域性节庆

黄花涝岁时节日民俗既有与全国其他地方相一致的地方，也不乏颇具地域风情的节庆民俗。这种地域性节庆习俗，一方面表现为对某些节日的格外重视，另一方面则表现为以某些独特的形式在进行节日庆祝。

黄花涝极重元宵节，其重视程度甚至超过春节。过去，在外游子春节若不能回，则元宵节必回，此谓之"月半大死年"，当然现在这种节俗已有所松动，一些春节返乡的外出务工、经商村民，也会在元宵节前离家返城。

元宵节时的黄花涝非常热闹。元宵节被称为"灯节"，因而玩灯是必不可少的娱乐项目。人们往往从正月初十就开始"闹灯"，十三"试灯"。过去，"试灯"之日，家里所有的灯都要点亮。到了正月十五这一天，人们一般都要"玩灯"，有的地方玩鳌鱼灯、鲤鱼灯。黄花涝玩的是虾子灯。这一天，家家户户食用糯米汤圆（俗称"元宵"），人们有时候还会舞狮子、踩莲船、跳蚌精舞、踩高跷。到了十六要"送灯"，谓之"年过月尽"，接下来就要谋划生产生活了。黄花涝过去经常还会接戏班唱戏，引得周边村民竞相前来听戏。近几年，很多汉口城市居民也会在元宵节专程来黄花涝观灯。

元宵节过后，天气逐渐回暖，百花盛开。在农历二月十二，黄陂人过去要过"花朝节"。长江中下游地区很多地方习惯过花朝节，黄花涝与同处鄂东的新洲旧街相比，虽然都过"花朝"，但习俗却有不同，旧街花朝节历经数百年之演变，从最初单纯的民间祭祀方式逐步发展成民间物质文化交流的盛会，黄花涝人却相传这一天是百花仙子生日，所以很多人家会选择在这个吉日结婚嫁女。今天，老年人还有花朝节的观念，年轻人对花朝节的印象却已经逐渐模糊。

到了农历三月初三，黄花涝人要过"三月三"。过去老人们流传一句俗语，叫"三月三鬼进湾"，是说这一天鬼魂到处漂泊甚至夜晚在坟场附近容易看到鬼火，因而"三月三"又称为"鬼节"。到了这一天太阳下山后，大人往往就把小孩子关在家里不让出去，害怕他们被鬼魂夺了魂魄去。为了辟邪，老人们往往在当日以地菜（荠菜）花煮鸡蛋吃，认为小孩吃了鸡蛋还可以治头晕。其具体做法是，到田间地头去挖地菜，摘去老叶去根后洗净，放在锅里和鸡蛋一起煮熟，稍凉后剥壳食用。这样煮熟的鸡蛋散发着清香，在过去物质贫乏的时代非常难得。事实上，"地菜煮鸡蛋"可治头晕并非毫无根据。按照中医的说法，荠菜性味甘、凉，入肝、脾、肺经，有清热止血、清肝明目、利尿消肿之功效，是一味药食同源的传统佳蔬，因此以地菜煮鸡蛋，可以祛风湿、清火，而且还可预防流行感冒、流脑等春季流行性疾病。也正是因为这个缘故，直到今天，黄花涝村民还会在三月三前后吃"地菜煮鸡蛋"。

端午节，黄花涝人除了在自家门前插艾蒿、菖蒲，吃盐蛋、粽子外，几乎每年都要组织大型龙舟竞渡活动或组织队伍参加附近村社的龙舟赛。

农历六月初六，黄陂人过去有"六月六，接姑姑""六月六，吃臭肉"、"过半年""龙晒衣"等习俗，就是这天要准备酒肉，接已嫁的姑娘回娘家团聚，趁着梅雨季节过去、太阳光照时间变长的有利条件，开箱晾晒衣被，防止虫蛀。还有的人家相信"六月六洗火毒"的说法，认为这天洗头发可以清火解毒，并且在这一年剩下时光头皮不再发痒，为此有些人家还在这天给小男孩剃掉头发。黄花涝也过"六月六"，但相关习俗有所不同。民间有"六月六，晒被褥，到傍晚，吃虾球，喝两盅，邀朋友"的俗语，就是讲这个时节鱼虾大量上市，亲朋好友之间邀约聚餐，同时趁阳光好及时晾晒隔年衣物被絮。

农历七月十五，黄花涝人必过中元节。过去，各家可从七月初一至十五期间自选一日，准备酒肴祭祖，出嫁女儿必于此日回娘家省亲祭祖。一些富家大户请僧道做"盂兰会"，超度亡灵。一般人家则于晚间"烧'包袱'（上书祖宗姓名的冥钱封包）"，乞求亡灵庇佑。1949年后，中元节尚存烧纸钱、放河灯之旧俗，这个习俗直到今天仍然盛行。一些走出黄花涝的人们，甚至也在中元这一天回到乡间祭祖放河灯。

其他节日，如中秋节、重阳节、腊八节，黄花涝的习俗与其他地方大抵相似：中秋团圆吃月饼，重阳敬老办冬藏，腊八节吃"腊八粥"。现在，由于交通通讯的发达，家人联系交流的方式非常多，中秋的团圆意味不如过去那么强烈，节日民俗的色彩趋于淡化。由于物资的丰富、收入的提高和孝亲敬老观念的树立，冬藏之俗逐渐淡化，敬老之风却逐渐浓厚，很多子女不仅在生活上照顾父母，而且还通过安排父母外出旅游等方式表达感恩。腊八粥既不必亲自熬粥，亦不必限于腊八节这一天食用，腊八粥的内容也已不限于八种食材，而是大大地扩充。凡此种种，足见由于地理环境、信息闭塞等原因而呈现的诸种地域性节庆习俗，经过交通便捷化、信息快速化和市场一体化的冲刷，已越来越表现出更多的趋同性。

4.3.4　外来节日

过去，黄花涝作为水路要津，客商云集，不免带来西方文化的诸多碎片信息，但一者国内仍处于较为封闭的环境，西方文化的影响仍主要集中于几个大城市，二者黄花涝这样的广大农村，文化教育水平极低，能走出乡村进入大城市的人并不多，因此西方文化中节日的影响非常有限。

改革开放以后，我国对外开放程度不断加强，全球化、信息化使黄花涝这样的农村地区也不可避免地受到影响，特别是农村识字率提高、城乡大规模人口流动以及西方发达国家在经济、科技和文化等方面所具有的比较优势，使更多的年轻人在求新求变和好奇心的驱使下，了解和接受了很多西方节日，如情人节、圣诞节、感恩节、复活节、父亲节、母亲节等。问卷调查显示，近年来情人节、圣诞节等西方外来节日在黄花涝的影响力确实呈现增强趋势。据统计，8.05%的受访者"喜欢过西方节日"，9.20%的人"更喜欢过西方节日"，"35岁以下"年龄段中这一比例分别达到10.71%和21.43%，表明相比老年人，年轻人更加喜欢过西方节日。因此，在乡村文化治理中，如何理性认识西方外来节日的作用，如何正确处理民族传统节日与西方外来节日的相互关系，将是一个迫切的课题。

第 5 章

精神生活民俗

在人们的物质生活和社会生活中，从古至今始终存在着许多具有信仰色彩的民俗事象，它们或表现为生活中的某些禁忌，或表现为行为上的某些仪式，或表现为口头、书面及行为上的娱乐形式，从而在心理上形成了影响精神生活的某种习俗惯制，这就是精神生活民俗。长期以来，黄花涝人民在生产劳动和社会生活之余，总结、创造、传递和体验着人类关于生产、生活、人生的精神意愿和精神价值，从而形成了民间信仰民俗和民间游艺民俗，极大地丰富了乡村民俗文化内涵，展现了黄花涝人民精神生活的基本形态和独特魅力。

5.1 信仰民俗及其变迁

信仰民俗是指从远古传袭下来的、在民间广泛而普遍存在的日常信仰事象和习俗惯制。黄花涝居民的信仰习俗包括民间信仰、民间禁忌以及以不同形式体现在民间信仰和民间禁忌中的宗教信仰习俗惯制。信仰民俗在长期历史过程中不断发展变迁，体现出黄花涝居民生产生活的质朴底色和社会心理特点。

5.1.1 民间信仰

由于人类在很长时期内对客观物质世界和人类自身缺乏知识，为应对大自然的威胁和生产生活中诸多不确定的风险，逐渐从趋利避害的经验积累中，产生了对大自然及其周围事物的信仰，并进一步用具体行动和相应形式去崇拜这种信仰，久而久之不断传承变异，就形成了具有信仰色彩的民俗事象和民间思维观念的习俗惯例，成为支配人们物质与精神生活的重要因素。与宗教信仰相比，民间信仰没有固定的信仰组织、活动场所、信仰宗派、完整的信仰体系、严格的规约、支配信仰的权威，也没有专职的神职人员、特定的法衣法器和仪仗，特别是没有自觉的信仰意识。总体而言，民间信仰表现出极大的自发性、神秘性、保守性、多样性和多重性，与人们的生活紧密结合，如对天象、山石、水火、动植物、图腾和祖灵的信仰和敬畏。因此，这一系列习俗惯制既包含了原始的自然崇拜，也渗透了组织化宗教的影响；既是与地域民情、民俗相结合的一种历史文化现象，又掺杂了很多封建迷信活动，需要辩证看待和科学引导。

黄花涝地处河湖密布之地，自古多洪涝灾害，当地人充满对大自然的敬畏，因而产生对大自然中山石水火动植物等的崇拜，如春节玩蚌蚌精、虾子灯，端午节祭河神，建土地庙拜祭土地公土地婆，朝拜木兰山，崇拜古树古坟陨石等。旧时，乡民曾崇拜大禹治水的白色神石、仙鹤石、亚元居陨石等，直到今天仍有相关民间传说广泛流传。过去，黄花涝村头还建有土地庙，村民四时祭拜，上香化纸，春节时还要贴春联，祈求风调雨顺，物阜民丰。在官方文化的影响下，黄花涝人也有祭祀先贤圣哲、忠臣孝烈和祖灵的习俗。如读书人祭拜孔子，商铺供奉关帝神像，端午节祭屈原，春节、清明节、中元节祭祀祖先，建筑工地、私家车内悬挂伟人像等。端午龙舟比赛开始之前，一般要由村中德高望重者护着屈原像，沿街步行展示，所到之处，家家户户迎候放鞭炮，并到铁佛寺中进行祭拜，诵读祭屈原词，之后龙舟下水正式比赛。以下是 2008 年龙舟赛时由诗人王士毅所撰写的《端午节祭屈原文》：

> 时维五月，节届端阳。良辰美俗，古镇新装。
> 粽包玉粒，酒注雄黄。门悬蒲艾，衣缀锦囊。
> 府河源远，湖涝流长。龙舟竞赛，彩帜飞扬。

健儿击楫，耆老麾航。波涛激荡，锣鼓铿锵。

浪冲石壁，岸筑人墙。声震三县，名驰八方。

传统当继，祖典勿忘。史称战国，楚立怀王。

擢拔奸佞，排斥忠良。色迷郑袖，位禅顷襄。

靳尚邀宠，屈原罹殃。谪离荆郢，放逐沅湘。

亲痛仇快，秦攻楚亡。离骚忧国，悲愤投江。

万民泣血，千古流芳。缅怀人杰，祭奠国殇。

三巡醇酒，一炷心香。汨罗饮恨，华夏增光。

　　同时，黄花涝古属楚地，深受楚文化"信巫鬼淫祀"影响，故旧时乡村巫术迷信活动繁杂，阴阳、看相、风水、占卜、鬼神等观念流行甚广，直到今天仍然留有一些痕迹。如过小年媚灶神，春节贴门神，正月初五迎财神，中元节祭游魂、放河灯。过去，受经济条件、医疗知识和认识水平所限，遇有小孩患病、受到惊吓等情形，很多人家特别是穷困人家往往不去延医看病，而是请人或自己为患者"叫吓""淋水碗"。当患者因受到惊吓而出现异常时，民间认为是吓掉了"魂"，因而要通过"叫吓"招魂入体。具体做法是"叫吓人"到野外烧纸，并由一人呼喊受惊者的名字："某某回来!"另一人当即应声："回来了。"一喊一答，直喊到受惊者床前，并提前嘱咐受惊者要在被喊到时答以"回来了"之语。"淋水碗"则是在家中小孩患病时，以一双竹筷并立于水碗中，逐一述说患者遇到哪位亡人，边说边从筷子顶端以碗中水淋下。当水中筷子不靠手扶可不倒，即被认为此时说到的亡人便是病因，要么是这位亡人在作祟，要么是患者遇到或冒犯了这位亡人。主人必须虔诚许愿，请他庇护子孙，多积阴德，并给他焚纸化钱。直到20世纪八九十年代，类似这样的驱病方法仍在一定范围内存在。

　　放河灯也是黄花涝乡民中非常盛行的一种民间信仰习俗。河灯也叫"荷花灯"，一般是在底座上放灯盏或蜡烛，用以传递哀思、祈愿、思亲、安魂等情感。放河灯的时间多在农历七月十五，包括黄花涝在内的一些地方也时兴在正月十五晚上放河灯。正月十五是元宵节，亦称上元节，农历七月十五是中元节。明清时期，即有关于放河灯的记载。明代诗人王象春在《元宵》

一诗中写道:"喜看稚子放河灯,狮石围栏士女凭。"清修《济南府志》记载:"元夕张灯,食汤圆,散灯浮诸流水,谓之放河灯。"黄花涝放河灯的历史可追溯到明初。由于地处水乡,又靠捕鱼为生,黄花涝人既受益于水,也常常受患于水,河湖之中既有落水亡故之乡民,也有上游漂流下来的冤魂,所以在心理上他们非常重视通过放河灯这种方式祷告亡灵、祈求安宁。黄花涝居民一般用纸扎成凹形盆状,放上食油或小蜡烛点燃之后顺水放逐,有的延绵里许,十分壮观。正月十五,他们用这种方式祭祀先祖、祈祷河神,寄托思念;七月十五,他们则用这种方式祭拜孤魂野鬼,祈求安宁。武汉解放后,在破除封建迷信的浪潮中,"放河灯"的习俗一度在黄花涝消失不见。改革开放后,放河灯展现出的人们怀念先祖和逝去亲人,以及追求幸福安宁生活向往的思想理念,再次受到重视。特别是随着其中迷信色彩的逐渐淡化,放河灯逐渐从具有迷信性质的民俗事象转变为具有俗信性质的民俗事象,成为宗教文化和中华优秀传统文化的重要表现载体,在和谐社会建设和农村旅游文化开发中的积极功能与时代价值被不断发掘。今天的放河灯,虽然仍然带有宗教信仰的文化痕迹,但在更大程度上已经成为老百姓一项充满节日欢乐气氛的精神娱乐活动,并被列入黄陂区非物质文化遗产项目名录。

5.1.2　民间禁忌

黄花涝民间有很多禁忌习俗,尤以过年时忌讳最多。如忙年时,打糍粑忌讳裂口子打不紧,年饭忌讳煮生了,煨汤忌讳罐子破,做菜忌讳烧煳了,小孩吃饭忌讳摔破碗,做斋饭忌讳缺口,蒸肉糕时要将菜刀放在蒸笼上镇邪,祭祖时不可乱说乱动,敬神时鞭炮要响烛要亮,纸钱要烧尽。从过小年、祭祀灶王爷开始,直到元宵节,人们都要遵守很多约定俗成的话语上的禁忌,总的原则是只说好话,不能说犯忌讳的话,特别是忌说鬼、死人、背时、得病、倒霉、投河、吊颈、蚀本、沉船、翻车、垮台、失火等词语。这段时间,大人往往嘱咐小孩莫乱说,小孩则提心吊胆,生怕自己说错话挨打。吃年饭时不泡汤,以防出门下雨,饭也不能吃得一粒不剩,必须留一点剩饭,寓意年年有余。正月初一至初三,忌泼水、扫地、挑水、动锄头、动用针剪,家中少动烟火。如果扫地一定要往内扫,垃圾三天内不外倒,这叫作"聚财"。过年期间忌害病,认为会影响全年健康。元宵节前每个房间晚上都要点灯。也不能剃头,害怕剃掉喜气和财运,节后才可剃头修发。黄花涝还有新年丧忌。家里有老人去世的家庭遇第一个大年为新年,其子女在三天之内不能到别人家拜年或串门,否则对别人家不吉利。一旦误入,要放鞭炮驱晦气,还要请酒赔礼。过年时,黄花涝还有些特殊用语,如睡觉叫挖窖,开门叫开财门,流血叫见红,鸡蛋叫元宝,猫叫财喜,老鼠叫客人,蛇叫钱串子或叫长虫,舌头叫赚头,牙齿叫材条子,小孩生了病叫狗狗等。这些日常生活中预防灾祸的禁忌,至今仍在影响着人们的信仰心理和行为。

清明扫墓时,有很多禁忌。如,下午不能祭扫,最好在下午三点前完成扫墓活动,这是因为人们认为早起祭扫是尊重先人,同时因为下午阳气逐渐消退,阴气逐渐增长,此时祭扫容易招惹阴灵缠身;扫墓忌衣着凌乱,蓬头垢面;扫墓时不得大声喧哗、嬉笑打闹、乱跑乱碰,不可跨过坟墓及供品;烧纸钱时不能屈膝下蹲,只能直腿躬腰,不能用树枝等物拨动纸钱;鞭炮不能在坟头上放;不能践踏别家家族坟墓或对墓穴、墓碑设计评头品足;忌讳在先人墓地照相;清明节应穿素色服饰,忌讳穿大红大紫的衣服。这些禁忌观念和行为主要体现对家族祖先的尊重与崇拜,符合中华民族慎终追远、饮水思源的文化品德,因而直到现在仍然在生活中得到普遍遵从。

旧时七月半,黄花涝乡间有许多禁忌习俗,如,当天尽量不出门,特别是晚上不能出门,不去水塘边,更不能下水游泳;万一必须出去,不能随带红绳、铃铛物件,不要捡路边的钱币,抱幼儿过桥时要向水中丢钱币,如果晚上出去,听见后面有人喊时不要应答,更不要回头;吃饭时不要把筷子竖插碗中,晚上在家不能照镜子,不能晾晒衣服,更不能偷吃祭品等。这些禁忌总的意旨在于,尽量避开"鬼魂",不主动招惹"鬼魂",以求得平平安安。

丧事方面也有一些禁忌。家里有老人去世时,须在左邻右舍的门楣贴上写有"红堂"的红纸(俗称"贴红堂"),这是提示正在办丧事,是一种表示主人礼性的行为。这个时候,丧主家直系亲属三天内严禁进出邻居家,必须复山后方可。来丧主家参加丧礼的亲戚朋友,一般也不能去丧主同村人家串门闲坐聊天,否则就是犯大忌。当然,可以去贴了"红堂"的人家。在逝者走后的第一个春节，亡者子女三天不能出门，初三后才恢复正常。还有一种丧忌叫作"家人客死忌"。与黄陂其他乡村一样，旧时黄花涝习俗认为，客死他乡就会成为孤魂野鬼，遗体运回后则不能停放正室，只能停放侧室或在村里打谷场等屋外搭建小棚停放，否则会宅第不安、家人不宁。为免客死之人来世不能投胎变人，丧主往往还要请道士做法，救鬼魂出地狱。以上这些禁忌观念和行为，是从人们对鬼灵、精灵的崇拜中派生出来的，其目的是趋吉避凶，寻求家宅安宁，虽然不免有迷信的成分，但长期以来已逐渐成为人们寻求心理宁静和自我安慰的精神生活需要，从而得以在现代社会中大体保留。

丧主的左邻右舍要"贴红堂"

黄花涝人做房选址注重风水，房子的大门开处忌对山尖、大路、大树，认为山尖、大路、大树破坏了门相，会导致宅运不稳、家人不安。同时也有"屋后有塘，家破人亡""门前莫种柳，屋后莫栽桃"等说法，同样是选地基时要慎重考虑的。

黄花涝旧时商贸繁华，做生意的人有很多禁忌。如，出门时遵循"七、九不出门，八不归，二十四、百事利"，认为七、九单日不吉利，不宜出门；生意人坐船外出，忌说"沉"及与"沉"同音之字，害怕坐船沉船，陈姓者即便遇到别人问其姓氏，也只能说自己姓"抱东"；见到了蛇，要说钱串子，因蛇与折谐音，害怕做生意折本。

戏班子走班唱戏中的禁忌也有很多，如，忌泼饭，认为泼饭、打碗会使全班无饭吃；忌丢饭瓢，认为丢饭瓢有"不让人吃饭"之嫌；忌说伞，因为伞、散同音，认为有"散班子"之嫌，要说"开花子"或"撑杆子"；忌打狗，认为打狗必欺主，会为戏班招来麻烦；旦忌打鼓、忌坐箱，认为旦打鼓、坐衣箱，即为不祥；忌上树，艺人忌讳外人比己为"猴戏"，认为攀树者为猴，因此忌上树。

黄花涝乡间还有女人衣裤忌、夫妻客忌、月母子忌等习俗惯制。旧时，黄花涝和黄陂其他地方一样，男女不平等，女人衣裤晾晒时有很多禁忌，女人内衣、内裤只能在家晾干而不能出晒，与男人衣裤一同出晒时，女人衣襟下摆不能朝着男人的衣领，裤脚不能朝着男人的任何衣物，否则就是阴气压了阳气。黄花涝有一句俗语，叫"宁可让人停丧，不可让人停双"，反映的正是夫妻客忌习俗，即乡民一般不留宿来家中做客的夫妻，如果留宿一定要分床睡，绝不能让其同睡一床，否则就要倒霉。过去，黄花涝把产后未满月的妇女称为"月母子"，月母子在满月进娘家门以前不能进入别人家中，不能在太阳光、月光、灯光下踩别人的影子，衣物不能挂在高处晾晒，乡民认为违反这些禁忌会给进入的人家带进晦气，人财不旺，被月母子踩了影子的人，或从月母子晾晒的衣物下穿过的人，被认为"背时"、不吉利。月母子亡故，也不能葬于祖坟山。

1949年以后，随着黄花涝地区生产力发展、生活水平提高和科学知识普及，一些带有明显迷信色彩和歧视性的民间禁忌习俗惯制逐渐淡化或消失。比如，过年时的言语禁忌总体上较过去变少，大人对小孩子的一些犯忌讳的语言行为相对宽容，若遇小孩子吃饭打破碗，不再如旧时那样非打即骂，唯恐神灵降罪，而是经常以"岁岁（碎碎）平安"之语加以转圜，巧妙避开相关禁忌；月母子忌由于生育文明、男女平等、卫生健康等观念的进步，出现明显淡化；夫妻客忌习俗由于男女平等观念普及、农村独生子女户出现等原因，逐渐被人们所摒弃。也有一些禁忌习俗随着外部环境改变而发生变化，如打糍粑的忌讳由于现在几乎不打糍粑而不存在，敬神时放鞭炮的禁忌由于禁放政策实施而失去意义。改革开放以来，民间信仰禁忌松弛、淡漠的趋势进一步延续，另有很多民间禁忌已脱出迷信旧俗的窠臼而被赋予了新的时代意义和社会价值，这些变化是农村民间信仰民俗除旧布新的表现，也集中反映了社会的不断进步。

5.1.3　宗教信仰

宗教信仰本身并非民俗学意义上的信仰习俗的范畴，但是由于民间信仰具有多层复合信仰的特征，即民间信仰在长期发展演变过程中不断地受到佛教、道教、基督教等宗教的影响，并选择性吸纳了这些宗教中的某些习俗，从而使我国民间信仰中包含着多种宗教习俗，呈现民间信仰与各类宗教习俗惯制的多层复合面貌。如佛教因果报应观念在民间信仰习俗中的普遍适用，民间偶像崇拜中佛、道教人物的频繁出现等。

黄花涝临近木兰山，周边地区宗教场所较多，村中也先后建有佛教、天主教活动场所，因此长期以来宗教对黄花涝居民的影响是客观存在的。但是严格说来，与我国大多数民众一样，黄花涝居民中真正宗教意义上的信仰是不存在的。现实中农民的精神生活实际处于荒芜、茫然的状态，现世所寄望者，不外自己的子女学习进步、金榜题名、工作顺利、身体健康、家庭幸福，一旦遇有困厄，所依赖者不外子女亲属乃至故交朋友。因此，虽然真正的宗教信仰并不存在，但一些宗教原则、教义和信条中的某些习俗惯制，在他们的日常生产生活中时时有所反映。比如，佛教中善恶、因果报应的观念，即广泛渗透到人们的物质生活和社会生活之中，成为黄花涝民间底层信仰的重要内容。

黄花涝居民民间信仰与宗教信仰习俗的融合，主要通过节日活动、经济活动、社会生活等形式表现出来。如中元节放河灯、正月初五上庙拜财神、春节供土地神、祭拜观音娘娘生日、商铺供奉财神、丧葬活动中具有宗教色彩的仪式等。

黄花涝盛行的中元节放河灯，具有浓厚的宗教色彩。

2012年中元节前的8月24日至26日夜晚，黄花涝铁佛寺信众开展了一次大型放河灯活动，组织近百条彩船，施放河灯十万只，吸引了周边市县上万名群众前来观赏。当晚，全村的大人、小孩都来到府河边的庭院领河灯，然后来到河边，点燃河灯，一面将河灯放到水面上，目送自己的河灯随波逐流，渐渐远去，一面在心中默默祈祷，祈求风调雨顺、阖家康宁。一时间，整个河面上灯光摇曳，似天空中的点点繁星，蔚为壮观。这时候，小孩子往往是最为兴奋的，他们紧盯着自己的河灯，关心着会不会翻掉、到底能漂多远。大人们则充满庄严的仪式感，他们在岸上摆上香案，点上香烛，供上苹果、梨子、葡萄等供品，烧化纸钱，然后一一跪拜，祭奠祖先，祈愿禳灾。

府河上的点点河灯①

河里放灯岸上祈福

---

① 本图及下图《河里放灯岸上祈福》均选自王三清：《与网友随笔222》及其中转载自王虹之随感。

在黄花涝丧葬仪式中，也有很多环节体现浓厚的宗教色彩。如过去大户人家逝者"上山"时，要请道士做斋，为死者"开路"，途中要抛洒纸钱"买路"。在数七孝期间，很多人家择一"七"请和尚或道士念经超度亡魂，叫"报七"，又称"做功德"。三年孝满，则请僧、道做法事、道场，超度亡灵。遇有犯七，为避免已故亲人在阴间受罪，要想办法破解，如提前或推后祭祀，或是在祭祀的时候拿个鸡蛋上插小旗和小伞，并大声呼喝，意在撵走地府的判官，让亲人少受罪。这些仪式往往隆重肃穆，其思想认识基础是建立在人们认为已逝亲人前往阴间后还会有来生等宗教认识上，它实际是人们追求信仰，充实精神寄托的实施过程。

5.2 游艺民俗及其变迁

游艺民俗作为精神生活民俗的重要组成部分，是民间文化娱乐活动的总称。黄花涝人在长期生产活动中，创造、积累了一系列丰富多彩的游艺民俗，包括民间传说、民间故事、民间歌谣、民间谚语等民间口头文学，蚌精舞、踩莲船、虾子灯、舞狮子等民间娱乐游戏以及划龙舟、荡秋千、跳房子等民间游戏竞技活动。这些游艺习俗和惯制体现出浓烈的渔村地域特色，塑造和影响了黄花涝人的精神生活，并随着时代进步呈现文化传承的韧性和文化创造的活力。

5.2.1 民间口头文学

黄花涝人在长期的生产生活中，逐渐产生了直接反映他们生活体验和思想感情的各类民间文学形式，如民间传说、民间故事、民间歌谣、民间谚语、民间彩词、民间谜语等，这些民间口头文学以讲与听、唱与闻、出与猜等相互对应的形式，体现出较强的表演性、娱乐性和参与性，成为乡村重要的精神生活民俗形式和公共文化空间。改革开放以后，民间口头文学的传统传承活动日渐式微，传承方式发生很大变化，表演性、娱乐性和参与性均明显降低，并受到新的社会交往方式、娱乐方式、日益加重的课业负担等多重因素的挤压，其传统活动空间日渐萎缩，如何进一步发掘民间口头文学宝贵资源、积极发挥其有益的文化功能，值得每一位农村文化工作者认真思考和探索。

5.2.1.1 民间传说

民间传说是一种民间口头叙事文学，由历史事件、历史人物及地方古迹、自然风物、社会习俗等有关的故事组成。民间传说承载着民间长期流传下来的对过去事迹的记述和评价，虽然它既非真实人物的传记，也不是历史事件的记录，而是在一定的真实历史的成分和依据的基础上所做的民间加工和艺术创作，但归根到底，它往往附会了特定地域的历史地理现象及社会风俗习惯，反映了人民群众朴素的情感。黄花涝的历史非常悠久，在长期的发展中留下了大量的民间传说，这些民间传说涉及国家民族的大事、阶级斗争、生产斗争、文化创造、杰出人物的贡献以及家庭、婚姻、民间的风俗习惯等老百姓生活的方方面面，其中人物传说与地方风物传说是最多的。如关于黄花涝的最早起源，就相传大禹在此治水时，曾留下一块巨大的白色神石，拴住了龙鼻子把汉水改了道，因而使这里有了一片可以供人们繁衍生息的陆地。除了大禹传说，黄花涝人数百年来口耳相传的还有"接驾河"、郭王庙、"命桩"、明太祖古铁佛寺题字、康熙帝亚元居赐匾、金燕子、状元郎等传说。根据村里耆老的回忆，以下即是其中主要的民间传说。

"接驾河"的传说。黄花涝所邻之府河，又称府环河，当地群众却称其为"接驾河"。村里老人讲，这里面有鲜为人知的故事。在笔者调查中，老支书王三清回忆，自己曾就这个问题向村里几位老人请教过。据王尽雨老人讲，接驾河的来历与南朝后主陈叔宝有关。传说，陈后主一日梦见自己在天空中遇仙女招手示意，却久追不上，从此茶饭不思。近臣解说道，"梦出云中，仙在孝感"，提出可寻江问河，以解疑惑。陈后主遂御驾亲往云梦、孝感，并诏告沿途做好护驾工作。然而，当后主一行从长江进入府河后，突遇狂风暴雨，又闻上游有山东绿林图谋弑君。后主闻听大惊，连忙下旨停船靠岸，尝试两次后才将皇船靠岸扎寨。行程不顺，后主龙颜大怒，下令追究沿途官吏，欲以接驾不力问斩黄花涝地方官。近臣却告知，此段应属江夏管辖，黄花涝地方官为接圣驾，不仅铺设红地毯，悬挂红灯笼，杀猪羊唱大

戏，而且驱逐了山东绿林，不但无罪而且有功，应予嘉奖。陈后主听后怒气
全消，遂以一副御前銮驾作为嘉奖。就这样，有了銮驾巷、接驾河的得名。
王精华老人则认为，接驾河应与南唐后主李煜有关。王尽成老人讲到，听说
古河坡码头前曾有"南朝帝巡河，百官护驾多，千舟齐呐喊，万民立石坡"
的石碑，接驾河起名与皇帝有关应当无疑问，但这个南朝到底是五代十国的
南唐还是南北朝时候的南陈，就不得而知了。

郭王庙传说。村里老人茶余饭后，喜欢谈闲，其中就有郭王庙传说，王
三清把这个传说概括为"郭子仪黄土坡立庙"。据说，唐代名将、代国公郭
子仪，身经百战，历仕七朝，爱兵如子。其下有一位王姓爱将，原籍河南开
封曹门，颇有战功。乾元二年，郭子仪兵败相州，主动承担责任，王姓爱将
也因此免于一死。此后，郭子仪宦海沉浮，王姓爱将始终相随。再后来，在
爱将决意解甲归田的时候，郭子仪赠送佩剑一把，以作纪念。王姓爱将后以
道士身份云游各地，为回报郭大将军的知遇之恩，赠剑之礼，乃决定倾资建
庙，于是选定了接驾河旁的石阳县城黄花涝的黄土坡城堡，建起了郭王庙。
据黄花涝王氏族谱（今已不存）记载，王氏家族从江西迁往黄花涝后，曾朝
拜郭王庙，在阅读石碑记载后，得知建庙的这位云游道士即是郭子仪昔日王
姓爱将，也是王氏三槐堂后裔，甚为惊奇。郭王庙后毁于雷击水患，但郭王
庙的传说在黄花涝家喻户晓。

"命桩"的传说。在黄花涝沿河岸的静水湾，散落着很多用来系船的粗
木桩，黄花涝人称他们为"命桩"，其命名原因并非木桩可维系船舶和人身
的安全，而是与一个民间传说有关。传说，宋代有个读书人陈世美，中状元
后为娶公主而不认糟糠之妻，被其结发妻子秦香莲告到开封府包拯处，包大
人调查清楚后铁面无私，判决铡刀之刑。受刑前，陈世美要求回家乡看看自
己二十年寒窗苦读的地方，却对抛妻弃子无丝毫悔意。返回京城时，陈世美
路过黄花涝，登船时想起自己二十载苦读，现在好不容易有了出头之日，却
马上又将死于包大人的铡刀之下，且被天下人耻笑，故而心中悲恸，竟眼前
一黑，一头栽倒在系船的木桩上，当场身亡。黄花涝人认为这些木桩有是非
判断力，为非作歹的人迟早会像陈世美一样死于木桩之上，因而称这些木桩
为"命桩"。黄花涝人也相信，命桩是长眼睛的，人的命运有时可以由命桩

安排。因此，在命桩面前，人们应该积德行善，不干坏事。这个传说虽于史无据，但反映了黄花涝人向善向美、方正立身的人生态度。

明太祖古铁佛寺题字传说。据说，明太祖朱元璋幼时家贫，曾逃荒流落至黄花涝地区，投军后又在这里对敌作战，"捣破罐头城，跑了汤元帅，活捉豆将军"，最终大获全胜，建立了明王朝。当他听说了黄花涝铁佛浮而抵岸之事后，认为这正好兆验他是真龙天子再世，惊喜之余，不仅题写了古铁佛寺的寺名，还写了"龙腾三江，佛照五湖，寺依七彩，庙叩九呼！"四句碑文。据王三清老人回忆，他年轻时曾就此问题请教时任古铁佛寺方丈的仁正大师，大师的回答是：寺谱中有"洪武修庙，翻基根牢，前缘后世，日月星照"的记载，朱元璋的四句碑文实际暗藏"龙佛寺庙"四字，意思是龙起三江之水，佛立五湖之中，寺放七彩之光，庙迎九叩之礼。因此，在铁佛前加一"古"字作为寺名，是暗指铁佛寺乃龙佛寺之前生，有承先启后、一庙双称之意蕴，即朱元璋所认为的，"此寺非此寺，前世有前世，题字要题字，求实须求实。"

康熙帝亚元居赐匾传说。据王三清讲，曾经听村里老人讲过本房前辈当御前带刀侍卫之事。故事的梗概大约是：清代时，黄花涝有一位武艺高强的青年叫王登壹（俗名王俊），利用担任康熙皇帝御前带刀侍卫的便利，受乡亲之托，违制为本乡王念苏、王念浙兄弟在科举弊案中受到不公正待遇、错失状元一事，向康熙皇帝转呈鸣冤诉状。康熙动怒，在调卷复核后查明真相，但囿于丑不外扬，只对作弊考官秘密斩首，未记载于史。同时，安排王念苏和王念浙异地为官，按律制违规将王俊斩断双手，并亲笔题写亚元居匾，令王俊护匾回乡，密旨挂匾时逢中向右移两厘米，暗喻为两位状元移位正名。黄花涝官绅乡民为迎接皇帝御赐匾额，在沿河街中心地段建造了一座三重两殿、气势宏伟的亚元居大殿。挂匾之日，黄花涝人山人海，大戏唱了三天三夜。1966 年破"四旧"时，亚元居金匾被拆除烧掉。人们还传说，挂匾第三天夜晚，曾有流星落在亚元居大门外南侧两米处。如今，亚元居旧址尚有一面古墙壁存世。

金燕子传说。黄花涝古镇渡口有一座沧浪亭，据说是为纪念本涝一位绰号"金燕子"的传奇侠士。这位侠士姓王，单字亲，学名王金强（王稼林），生于明末，自幼习武，练就一身盖世轻功，在江湖上有"南燕（金燕子)"之称，是湖北第一武术奇才。清康熙十七年，皇宫九龙玉杯被盗，朝野震动，但缉捕数月后仍无法破案。钦差大臣如坐针毡，查访之后得知黄花涝金燕子武艺超群，遂令其接旨破案，否则满门抄斩，株连九族，连坐乡邻。王亲无奈接旨，侦知盗案乃师兄"金猫子"所为。他不忍师兄因此获罪被诛，正思自断经脉，以全同门之义。妻子文儿劝阻道，"抗旨不接为不忠，师兄盗国宝为不义，而殃及无辜村民为不孝。"王亲闻言，深以为理，最后配合朝廷在洞庭湖芦苇丛中逮捕了"金猫子"。九龙玉杯案破获后，康熙皇帝龙心大悦，要亲自召见嘉赏金燕子。金燕子却在破案后，返回故里，与妻子双双绝食而亡。临终前，金燕子将一对双胞胎儿女叫到跟前，让他们分别更名为邱金、邱燕（寓意金燕永存)，远走高飞，并立下"十世不问谱，三百年后必归宗"的遗训。黄花涝乡民感念金燕子夫妻再造之德，在村南建"思亲亭"纪念。此亭几经兴废，于2007年重建并改现名。日夜与府河相伴的沧浪亭，还在盼望着金燕子的后人归去来今，这是金燕子传说的最好历史见证。

　　状元郎传说。采访王三清老人时，问到黄花涝村中状元巷的渊源，他说曾经专门就这个问题请教过已故诗人王士毅，还给我看自己据此整理的材料，故事就叫"状元郎好兄弟揭榜"。传说，明朝末年，江苏和浙江两家大户为其子女定下婚约，却在迎亲途中听闻因朝廷政争要被牵连满门抄斩，迎亲队伍纷纷逃散，还未拜堂的江家新郎只好携新娘租船向武汉方向逃离。未承想，船家贪恋金银财宝和女子姿色，将新郎推下长江，新娘为保清白跳入江中，被巨浪推到谌家矶滩涂。正在新娘孤苦无依、饥寒交迫的时候，遇到驾船去汉口集家咀送鱼返回的黄花涝王姓男子。男子问明缘由后耐心劝说，将女子带回了黄花涝。后来，走投无路的女子嫁给王姓男子，并育有两子，分别取名念苏和念浙，以示对家乡的思念。两兄弟寒窗苦读，满腹经纶，先后参加科考，却因考官作弊，更换姓名，无缘状元。受此打击，女子含恨而亡。王姓男子悲痛欲绝，立誓上京告御状。后来通过在康熙皇帝身边担任御前侍卫的同乡递交诉状，事情得以沉冤昭雪，考官被秘密问罪斩首，王念苏、王念浙兄弟俩被委任官职。但是，出于维护朝廷声誉考虑，康熙帝并未恢复念苏、念浙兄弟俩的状元功名，而是以御赐亚元居匾额的方式隐晦其事。因而，此事史无记载，只有民间传说。

这些生动的民间传说，通过讲授者与听讲者的互动形成民间口头文学活动场景，吸引一定数量的听众，讲授者向听讲者演述传说内容，听讲者又向其他听众演述传说内容并成为新的讲授者，由此形成世代相续的民俗传承关系。民间传说中的情节、人物形象、语言情态等内容，经过不同讲授者的发挥和创造，进一步增强了感染力、吸引力和传播力。

5.2.1.2 民间故事

民间故事是民间叙事散文作品的一种，亦称"说古""学古"等，一般分为五类，即：幻想故事、动物故事、生活故事、民间寓言、民间逸闻与笑话。与民间传说相比，民间故事的内容虽然取材于现实生活，但是虚构的成分更多，幻想的空间更大，甚至人化、神化的动植物也可能成为故事的主人公。由于要适应人们的好奇心和增强故事的趣味性，民间故事往往更加侧重于对事件过程的夸张性描述和故事情节的生动性与连贯性。民间故事作为一种游艺民俗活动，其重点不在于文学艺术意义上的故事本身，而在于民俗学意义上的讲听故事的过程。

过去，黄花涝娱乐方式不多，大家在夏季坐在一起乘凉，春秋两季聚集一起喝茶闲聊，这时候往往就是腹中有故事的人最有人缘，很多民间故事也就是在这样的公共文化空间中讲述出来，并在听众的补充和质疑中逐渐完善丰满，从而成为黄花涝游艺民俗文化的重要表现形式。在黄花涝古镇的大街小巷，很多房子的院墙上以宣传板的形式写满了民间故事，撰写者多是黄花涝村的老书记王三清。这些故事从古镇的悠远历史中走来，通过家传故事、村头巷尾故事会等形式实现历史传承。在家传故事会中，父母辈、祖父母辈、外祖父母辈等家庭长者作为讲者，与作为听者的子女辈、孙子女辈、外孙子女辈等家庭幼者，展开一种基于家庭氛围的讲听故事活动。其中一些见多识广、讲授技巧出众的讲者则走出家庭，在田间地头、竹床阵中、河边湖汊等情境下，以兼有表演性的肢体动作和较为高超的语言艺术，配合精彩动听的故事情节，吸引不同家庭的听者，寓教于乐，口耳相传，从而形成民间故事在更大范围内的传播和传承。下面举踩莲船、蚌蚌精、红房子三个故事为例。

踩莲船的故事。东汉末，董永随父避乱流寓湖北孝感，后因插草卖身抵债葬父感动仙女，仙女为他还清债务，并结为夫妻。之后，董永夫妻结伴回孝感，途经黄花涝停泊换船，停靠于任凯湖仙女湾（原称富鱼汊）渡口时。按当地习俗，应"八抬大轿迎新娘，吹吹打打到洞房，进湾都是鞭炮声，旁边还有两伴娘"。正在董永为囊中羞涩而为难的时候，仙女却从渡口边的竹林里砍下两根竹子，做成踩莲船的形状，并把自己的披风搭在船的上方和两边。看着妻子自己制作的轿子，董永欣喜若狂，准备扶着娘子从黄花涝正街经过。这一幕恰好被正在竹林旁赶鸡的"丑娘"（水乡文化美丑反叫）看到了，她惊叹于新娘子的美貌，不禁大声喊道："大家快来看啊，仙女下凡了，仙女下凡了！"古镇上的人们争相出来观看，为新娘子坐这样简朴的轿子而感动。这时，不知谁放了一挂鞭炮，竟引得大家纷纷跟着放，一时间鞭炮齐鸣、热闹非凡，还有八位姑娘主动站在轿子两侧为新娘打伞遮阳，意为八仙护轿。董永来到古镇渡口，准备携妻租船回孝感，黄花涝乡亲纷纷向船上投金捐银，前来祝福送行。"丑娘"一时兴起，手拿扇子边摇边唱：踩莲船哦，哟哟；董永感动地和了一句，谢乡亲们哦；刚好王老汉撑船，随口说了句：划着！仙女由衷地唱了一句：人间真情哦！岸上的乡亲们也一齐唱和起来：哟喂子哟。董永夫妻俩向大家鞠躬说：记在心哦！船内外一起和唱道：划着！岸上有位艺人听到这歌词非常感人，于是把大家唱和的几句唱词连接起来：踩莲船哦，哟哟；谢乡亲们哦，划着！人间真情哦，哟喂子哟，记在心啊，划着！从此，这几句唱词就成为踩莲船的基本音调，董永夫妻、王老汉、"丑娘"演化为坐船、撑篙、赶艄三人，成为划踩莲船的主角，这一表演模式传遍了大江南北。自古而今，黄花涝女子都以坐踩莲船为荣，村里男女老少都会划船唱曲，黄花涝成了名副其实的踩莲船之乡。而且据民间传说，董永和七仙女夫妻二人回孝感经过黄花涝时，在黄花涝南北各种下两棵槐树，两棵古槐直到1949年初期还枝繁叶茂。

"蚌蚌精"的故事。这个故事在很多水乡、渔村均有传播，故事的主要情节比较接近，只是故事中主人公的名字、故事发生地及一些细节有所区别。黄花涝"蚌精舞"直接来源于这个故事。故事梗概是：很久以前，一位自幼父母双亡、孤苦无依的年轻渔民，依靠捕鱼为生。一天，这位后生捕到一只大蚌，蚌壳内有无数的珍珠，非常罕见。虽然卖掉这只大蚌就可以摆脱穷困，但这位后生出于怜悯之心把这只大蚌放生了。傍晚回到家后，令人惊奇的事情发生了，家里的桌子上竟然摆放着热腾腾、香喷喷的饭菜。他虽然感到诧异，但肚子饿极了，于是美滋滋吃了一顿晚饭。接下来的几天，这种情况一再重复发生。后生决定一探究竟。这天，他假装出去捕鱼，之后又悄悄溜回来，躲在家里想看个究竟。做饭的时间到了，只见一个美丽的姑娘飘然而至，她一来就忙开了，又是打扫屋子，又是洗衣服、烧火做饭，一会儿就把家里收拾得井井有条。他从藏身的地方跳出来，想问个究竟，姑娘却一闪身就不见了。心中的疑惑，促使后生下决心要把这个谜团揭开。这一天，他躲在屋子的外面，等姑娘做完家务活后，悄悄地跟在姑娘后面，发现她向湖边蒿草丛中走去，一眨眼就钻进了一只大蚌壳里，潜入湖中去了。这时，他心里全明白了。第二天，趁着姑娘到他家里干活的时候，后生把蚌壳藏了起来。过了一会儿，姑娘回来了，找不到蚌壳，大惊失色。这时候，后生从藏身的地方走出来，对姑娘说："蚌壳我藏起来了，你答复我两个问题后，我一定还给您。"姑娘赶紧点头："你要我答复什么问题，尽管说。""你为什么帮我做饭、洗衣、打扫屋子?"后生一脸疑惑地问道。"因为你把我捕获后，没有残害我，又将我放生。为了感谢你的恩德，所以就这样做。""你准备替我做多长时间?""如果不嫌弃，我愿意做一辈子。"姑娘一脸羞涩地回答道。就这样，两人结为夫妻，过上了幸福生活。后来，人们在这个故事的基础上，编了一个富有水乡特色的民间舞蹈——蚌壳精舞（亦称"蚌精舞""玩蚌壳精"），四处表演，并传播到全国很多地方。

"红房子"的故事。相传很久以前，黄花涝有一对无儿无女的老夫妻，一直靠捕鱼为生。一天傍晚，老人在河边码头看到一只船搁浅在周湖滩涂上，驾船的舵手正在束手无策，老人赶忙撑船带路，救出了受困之船。事后，老人想到黄花涝"府河十八弯，两岸布草滩，夜间船难行，周湖常搁船"，外来船只不熟悉航道，搁浅恐怕难免，自己何不将家搬到岭上，既方便捞鱼捕虾，又可为过往船只导航，岂不两全其美! 就这样，两夫妻在周湖岭上住了下来，不知帮助了多少受困的航船。有天夜晚，一对受伤的小凤凰飞到他们的木屋前寻求帮助,善良的老人见凤凰遍体鳞伤,赶紧为她们治伤。小凤凰痊愈后,日夜陪伴在老夫妻身边。很多受到帮助的船家也经常上门探望,老夫妻整天乐呵呵的,感到很幸福。但是好景不长,船只不再搁浅沉没,却让河神失去了财路,他决定报复老夫妻。在一个电闪雷鸣、大雨滂沱的夜晚,正在周湖岭上挂灯指航的老夫妻被府河上的龙卷风吞噬。噩耗传来,黄花涝乡民莫不惋惜,小凤凰更是悲痛欲绝,她们白天为老夫妻守灵,晚上则代替老夫妻,从身体里面发出火一样的光彩,为过往船只引航。后来,她们花了三年时间运石衔泥,在老人落难之地堆起石头山(现在叫"石头河"),不仅镇住了河神,而且避免了船只搁浅之险。在老夫妻三周年忌日,凤凰在周湖岭上的木屋里燃烧自己,烧了三天三夜,只见一片红光照亮周湖,其轮廓就像是一座红房子,原有的黑泥土变成了红泥土,周湖岭的地形也变成凤凰展翅飞翔一样。从此,乡民为纪念老夫妻和凤凰的美德,就将周湖改称为"红房子",其地名一直延续至今。后来又传说,一对准备往南方越冬的大雁经过这里的时候,没有再继续南飞,而是留在这里相守终生,最后在石头山至"红房子"之间的地方幻化成奇特的地形,黄花涝渔民称它为"雁翅膀"。

5.2.1.3 革命逸事

在革命战争年代,黄花涝发生过很多爱国爱乡的革命故事,如董必武老陶宅讲课、李先念三合楼结义、周志坚黄花涝养伤、地下党老陈宅接头等。这些故事的发生,与黄花涝的地理环境有关。在武汉解放前东西湖大堤还未修建的时候,黄花涝四面环滩,河滩上长满了芦苇,涨水季节三面环水,大水茫茫不见边,只有一条公路和外界相连。在这里开展革命斗争,既便于搜集情报,也便于隐蔽转移。这些故事有的见诸史志,有的在村民中口耳相传。黄花涝村原党支部书记王三清通过艰苦努力,走访老人,查阅文献,把这些故事加以收集整理,撰写张贴于村里各处,使它们成为黄花涝古镇文化的重要组成部分,吸引着很多观光旅游者驻足流连。

据王三清讲,董必武曾在黄花涝一位老中医陶仁熙的家中,为村里追求进步的青年讲过党课,并因此发展了一批党员,在这里播撒了革命的火种。老中医的宅子曾作过国民党党部,20世纪60年代的时候,门楼上方还留有

"天下为公"四个雕刻大字。第一次国共合作期间，黄花涝一位叫王明芳的进步青年，邀请老师董必武来黄花涝观看端午节划龙舟，一天晚上就在当时的党部里讲党课，宣传共产党的主张。后来，包括王明芳在内的好几名进步青年在董老的感召下加入共产党和参加革命。

王三清还谈道，他曾听村里老人回忆，李先念也曾在这里留下革命足迹。当时，李先念在黄花涝学木匠手艺，学艺之余经常到村里一家叫"三合楼"（后改为"山鹤楼"）的酒店听人讲鼓说书，还帮忙整修破损的桌椅，因此与村里几个年龄相仿的小孩成了朋友，并在一次酒后模仿桃园三结义结拜兄弟。抗战爆发后，李先念领导新四军第五师在武汉周边坚持敌后抗战，在东西湖的柏泉建有根据地，并派人联系问候以前的伙伴。当时经营酒店的这位老人，按照李先念的要求，还为新四军提供过日伪军准备攻打柏泉根据地的情报。

抗日战争时期，黄花涝发生过很多可歌可泣的故事，成为中华民族伟大抗战精神的重要见证地。武汉保卫战期间，黄花涝曾出现在相关报道中。1938 年 2 月 18 日，日寇飞机二十余架进逼武汉上空，中国空军顽强迎战，其中一队奋力追逐至黄陂黄花涝及后湖一带，此战中国共击落敌机十一架，其中马汝和击落敌驱逐机一架，落于黄花涝附近。次日《武汉日报》报道称，"闻距张公堤四十里之柏泉方向的黄花涝亦有敌机一架坠落"，"昨日敌机坠落地点，虽离距汉口市区辽远，而市民前往观看，络绎于途，莫不喜形于色，甚有涉水探取敌机零件碎片，作为纪念品者，其敌忾同仇之心，可见一斑。此次我空军英勇歼敌，建立奇功，洵使倭寇心寒胆落也。"1942 年，黄花涝天主堂神父配合新四军，抓获了一名准备到东山刺探八路军军事情报的日本便衣侦探。1944 年，共产党建立汉口黄花涝税卡，开辟了汉口—姑嫂树—黄花涝—根据地地下运输线，通过这里把一批批枪支弹药、布匹、医药、纸张和大宗税款源源不断运到新四军五师十三旅，保证了部队的给养供应。

原南京军区副参谋长、抗日战争时期任新四军五师十三旅旅长的周志坚将军，在一次战斗中受伤，由于黄花涝交通方便，医疗条件较好，组织决定安排他在汪仁安家养伤。汪仁安是土生土长的黄花涝人，他利用担任日伪黄花涝乡联保主任的身份，安排周志坚到自己老丈人家的阁楼上隐蔽养伤，伤愈后又护送周志坚安全归队。就这样，在敌人的眼皮底下（阁楼下是联防大队部），周志坚将军养好了伤，又战斗在抗日第一线。

在古镇西南角有一座陈宅，70多年前这里曾是共产党地下联络站，发生过扣人心弦的革命斗争和颇富传奇色彩的革命故事。老陈宅的主人叫陈华珊，黄花涝的本乡人。1943年下半年，时任新四军第五师妇女部长的陈焕英，来到住在黄花涝的族伯陈华珊家里，动员他利用现有条件多为革命做些有益工作。这之后，他总在想着怎么为革命做些力所能及的贡献。1944年秋，新四军攻打黄陂县城失利，三位同志被打散后流落到黄花涝。陈老先生闻讯后，想方设法把三位同志接到自己家中，为他们擦伤喂饭。为躲避日伪军搜查，又连夜用船将他们送到柏泉茅庙集新四军驻地。该年底，陈老又接受新四军委托，千方百计在汉口购得一架半开的印报机，他利用同族陈金星装订店业务转移的幌子，将印报机夹在货品中带到了姑嫂树姜家墩。然后，陈老与黄花涝渔民王炎山准备驾船将机器运回黄花涝，途经李家墩时遭到日寇机枪扫射，所幸安然无恙。后来，他找准机会，亲自雇船把印报机护送到新四军驻地。1945年初，陈华珊又接到把七位从延安派来准备到武汉开展工作的同志送到目的地的任务。他利用与粮行老板的老庚关系，通过买通送粮船船主，让七位同志扮成搬运工，趁着上船装粮的机会藏入船底，顺利躲过了日伪军的重重封锁。日本投降后，陈宅联络站继续为民主革命发挥着重要作用。中共中央中原局的李其祥和林维等同志，受命到武汉组建中共武汉工作委员会，在进入武汉前曾有一段时间在黄花涝联络站开展工作。1945年秋，李其祥和林维同志从黄花涝联络站迁到武汉。后来，为躲开国民党特务盯梢，陈华珊还掩护他们到黄陂祁家湾车站坐火车，取道广水返回中原局。

这些革命逸事像民间传说、民间故事一样，通过讲者与听者的互动实现口耳相传，虽然在形式上沿袭了其他民间口头文学的传承路线，但是其文本内容却已具有了新的时代特点。改革开放后，由于生产关系的变革和人口流动的加快，民间传说、民间故事和革命逸事在公共文化空间的传承活动急剧萎缩，在家庭内部的传承也受到新的内容的挤压，如外国口头文学的传入、中小学课业负担的加重、电子产品的增加等。但在同时，这些口头文学通过文化墙形成的宣传展示效果，一方面帮助青少年了解文本意义上的黄花涝游艺民俗，为其接续口头民间文学活动习俗提供某种可能；另一方面又促使寻访古镇的游客接触古镇习俗风韵，并以个人体验的方式，通过微博、微信、纸媒等途径进行社会传播，虽然这已脱出了传统意义上游艺民俗的范围，但客观上有利于黄花涝古镇民俗文化的传承、创新与新时代文化振兴。

5.2.1.4　歌谣彩词

黄花涝人在辛勤劳作中，用智慧和汗水促进了农村社会生产发展和生活水平不断提高，并由衷地用民歌民谣、民间彩词等形式歌颂劳动、赞美生活。这些民歌民谣、歇后语节奏明快，语言晓畅，通俗易懂，在民间广为流传，成为富有乡土气息的民间文学的主要表现形式之一，展现了黄花涝人的精神生活状态和民俗文化传统。

民间歌谣中，民谣的形式活泼，包括生活歌谣、劳动歌谣、革命歌谣、爱情歌谣、劝善歌谣等，充满对劳动人民勤劳朴实的礼赞，对火热革命斗争的歌颂，对美好爱情生活的向往，对向上向善的追求等朴素情感。这些歌谣的传承方式，与民间传说、民间故事等口头文学主要通过家庭内部或小规模的听众参与不同，往往通过生产劳动、人生仪礼、社会交往、岁时节日中的传统歌谣表演活动口耳相传，群众参与规模较大，现场气氛热烈，其社会传播性远强于家庭传承。下面列举数例。

《十恨歌》——

一恨奴爹娘，爹娘无主张，小奴长了这么长，还不办嫁妆。

二恨奴公婆，公婆大有错，男长女大把门过，还不来接我。

三恨说媒的，是个咋血的，娘婆二家全靠你，还不把媒提。

四恨奴的哥，哥哥在红学，鹞子翻身各顾各，谁个顾得我。

五恨奴的嫂，嫂的八字好，怀抱娇儿这么高，把我忘记了。

六恨奴的妹，妹妹小两岁，男成双来女成对，越想越流泪。

七恨奴朋友，朋友不长久，长江流水流不断，还是把奴丢。

八恨奴的郎，何必进庙堂，早敲木鱼晚烧香，还是光和尚。

九恨奴的床，床上配鸳鸯，只见枕头不见郎，越想越慌忙。

十恨奴的命，命中不如人，夜夜想郎到五更，盼死女钗裙。

《放鞭歌》——

团年放鞭炮示团圆，接年放鞭炮年更好，初一放鞭炮接财源，初二放鞭炮发大财，辞年放鞭炮好未来，龙灯出行堆鞭放，风调雨顺乐哈哈，狮子开光炸长鞭，吉祥平安无忧挂。

《打硪歌》——

来来来，站拢来，齐把硪儿抬，拦河筑坝除水害，冲天的干劲使出来。同志们，干劲大，三九寒天都不怕，修好水利为四化，多产粮棉献国家。

《号召歌》——

蓬柴起火放光明，独木不能长成林，快来参加农救会，大家团结一条心。一个巴掌捏不紧，双手能把虎狼擒，泥巴腿子闹革命，为的穷人得太平。

《放脚歌》——

你莫笑来你莫呵，听我唱个放脚歌，同志们过细都听着。大脚走路本是好，又能走路又能跑，脚不痛，快乐又逍遥。小脚走路本是丑，走起路来像蛇扭，脚又痛来心又愁。大脚个个一样走，小脚个个缠裹足，小脚再美也是丑。

《送郎歌》——

送郎送在枕头边，伸手摸到两百钱，郎说送姐买花线，姐说送哥吃香烟。

《劝赌歌》——

败子败，爱抹牌，抹到半夜不回来，鸡子叫，狗子咬，杂种回来了。菱角刺，锥了脚，花针挑，绣针拨，痛得败子摆脑壳，看你还赌博不赌博。

儿童歌谣更是富有乡土气息和特色，特别是由于童谣常常作为慈母口中的催眠曲，或诓哄小孩的文学素材，多用黄花涝本地方言俚语，既具有诓哄、催眠的实用功能，又是寓教于乐的儿童道德寓言，传播范围比较大。如《三岁的伢》唱道：

三岁的伢，会栽葱，一栽栽到路当中，过路的，莫伸手，等它开花结石榴。石榴开花一坛油，姊妹三个会梳头，大姐梳的盘的凤凰头，只有三姐不会梳，梳一个茅包滚绣球。……三岁伢，穿红鞋，摇摇摆摆上学来。先生先生莫打我，等我回去吃口"妈妈"（乳汁）来。

其他比较流行的还有以下这些儿歌唱词：

张打铁、李打铁，打把剪刀送姐姐。姐姐留我歇，我不歇，我要回去学打铁。

倒唱歌，顺唱歌，河里的石头滚上坡。妈出嫁，我打锣；先生我，后生哥。我给太婆摇摇窝。

小老鼠，上灯台，偷油吃，下不来。王大娘，捉猫来，吓得（老鼠）叽溜咕咚滚下来。

腊八豆，颗颗香，一出蒸笼我先尝。吃半碗，留半碗，还给婆婆送一碗。

随着时代的变迁，黄花涝人适应经济社会发展需要，逐渐创作出一些内容和形式都比较新的民间歌谣。如《城管革命进农村小组歌谣》唱道："讲文明，除陋习；勤清洗，分类集；倒垃圾，入容器；禁焚烧，无印记；垃圾池，改密闭；柴和草，码整齐；村湾路，莫占挤；治'三乱'，拆残壁；通沟渠，无满溢；洁公厕，无蝇蛆；多种树，添靓丽；比'三包'，齐努力。"这则歌谣把农村城管革命的具体要求，以通俗易懂、朗朗上口的唱词加以规范和宣传，明白晓畅，简单易记，实际上是加强乡村治理的一种活泼生动的具体方法。可见，新时代的民间歌谣的功能已不仅仅局限于总结反映农村生产生活经验和抑恶扬善，而逐步开始成为自觉的政策实施工具。

民间彩词（又称"彩歌"）作为具有即兴创作特征的歌谣，是黄花涝地区一种具有悠久历史传统的民间口头文学形式，它以说唱形式，出现在村民的各种节日文娱和庆典活动中，俗称"喊彩""唱彩歌"。据黄陂民间文学作家明德运考证，喊彩最早起源于只说不唱的民间歌谣——"徒歌"，彩歌应在唐代就已流行。黄陂彩词则滥觞于商代南乡的盘龙城地区。其时，殷商武丁出兵征发荆楚，南乡人曾唱着雄壮的彩词进行阻击：楚人是好汉，一步一声喊，头断血可流，赶走武丁蛮……①在长期的历史发展过程中，彩词深深地打上了民间礼俗的烙印，充满浓郁的地域文化特色。1949年后，彩词成为黄陂人民歌颂中国共产党领导取得经济社会发展伟大成就的重要形式，比如下面这段彩词唱道：

往日长山光秃秃，常年水缺贵如油。十年受灾九不收，上天入地无门路，农民终年愁破头。今朝长山披锦绣，渠水缓缓绕山流，年年旱涝保丰收，衣食时新住高楼。

虽然"文革"期间，黄陂一度禁止喊彩词，但是彩词仍然以各种形式存在。改革开放以后，彩词再次蓬勃发展起来，不但一般群众都能喊上几段，有些不识字的村民也能背上几句。可见，彩词已经与黄陂人的日常生活密不可分了。

黄花涝民间彩词与流传于我国不同地域的"莲花落""顺口溜""数来宝""金钱板""小快板""练子嘴""打油诗"等一样，都是用来表达祝福祝贺意思的讨彩头的口头表现形式。由于彩歌"不用剧场不用台，竹板一打唱起来"，形式灵活，风趣生动，因而在黄花涝过春节、元宵节、男婚女嫁、建房上梁、生儿育女、生日祝寿、拜师学艺、新店开张等喜庆场合比较流行。

在歌词内容上，彩词有劳动彩歌、节庆彩歌、爱情彩歌、祝贺彩歌、商业彩歌等。黄花涝人在渔业生产中，经常唱打渔歌，既缓解劳动疲乏、增加劳动乐趣，又提神聚气、提高效率。在节庆娱乐中，有"龙灯彩""采莲船彩"等，如玩龙灯开场时唱："锣鼓打得闹腾腾，弟子特来庆龙神。洗手焚香燃彩烛，手开神光点墨金，庆贺世界得太平……"。爱情彩歌如："妹妹生得像枝花，牡丹花开不如她。人又俊来手又巧，织出绫罗美如画……"结婚时各个环节的彩词也很应景喜庆，如盘嫁妆（男方到女方家搬取陪嫁物品）时，边搬嫁妆边喊彩："搬衣搬柜，合家富贵""嫁妆搬走，越搬越有"；贺喜堂时以喊彩表达祝贺："来到喜堂前，举日欢根源，今日公子如状元，龙

---

① 参见明德运、余德意编著：《中国民间彩词》，西苑出版社2004年。

凤结良缘……"铺床时喊彩:"鸳鸯枕,枕鸳鸯,黄丝牙床栖凤凰,夫妻天久地又长,送子娘娘到彩堂,祝贺新郎和新娘,明年生个状元郎。"撒帐时的彩词唱道:"撒金撒银撒富贵,两个新人一头睡,早生贵子早享福,夫妻和谐比翼飞。"新生儿洗三朝、滚红蛋时,要喊彩祝吉,唱词如:"元宝滚头,吃穿不愁,元宝滚手,金银百斗,元宝滚全身,新科状元进北京。"抓周时有专人喊彩,彩词既有约定俗成的老三篇,也有即兴创作的急就章。如,以下即是小伢刚坐到抓周的簸箕中时所唱彩词和抓到算盘时所唱彩词:"簸箕转一转,长得像罗汉;簸箕转二转,能写又会算;簸箕转三转,独把鳌头占。""手拿算盘,能写会算,经商贸易,聪明能干。"给老人祝寿时,也有喊彩人唱彩词:"天上降下紫微星,寿星要活一百春,福如东海水不断,寿比南山永共存,家和人和万事顺,春满乾坤福满门。"黄花涝祝贺鱼行开业庆典时的彩词,大唱祝贺渔行"财源茂盛达三江,生意兴隆不亏本,顺风顺水日日新"的吉利语,非常顺应新店开张的喜庆氛围。

新屋上梁时彩词唱道:

手拿金线绕金梁,绕得金梁放霞光,左绕一个金银库,右绕一个读书房,金银库中聚财宝,书房出个状元郎……绕过金梁齐贺喜,东家连年福安康。""吉日良辰,敬安梁神,梁之东,东海龙王助福隆,朝把扶桑来紫气,云连甲地气恢宏;梁之西,西池王母驾云霓,降临人间来庆贺,满门福寿与天齐;梁之南,南极仙翁驾临凡,从此豪宅多吉庆,朱门锦绣好前程;梁之北,北斗七星照福宅,老少平安拱辰居,尽是玉堂金马客,梁之上,上有青龙绕栋梁,彩霞万朵飘庭院,气象峥嵘含万象;梁之下,下堆金玉扶大厦,后人文章登大雅;梁之中,中央正对紫微宫,此日德星齐拱月,庭前清气郁葱葱,自今梁神登仙后,文人舞笔武军功。

这些民间彩词,节奏鲜明、韵律自由、好唱好记,充满着黄花涝的生活底色和祝吉贺喜的朴素情感,其生命力格外顽强。彩词和一般民间歌谣活动的民俗方式大体相同,都具有广泛的群众性、很强的娱乐性和较大规模的参与性,往往呈现集体性的大规模热烈场面。但彩歌与一般民间歌谣相比,更加强调根据现场情况即兴创作演唱,因而唱彩人的个人创造和权变能力非常重要。现在，在重要仪礼上喊彩仍是一项重要活动，不过彩歌唱词往往更多地体现了新的风尚和时代的变化。

5.2.1.5　俚俗谜谚

黄花涝人在长期的生产生活中，积累了关于自然、人生、社会等方面的丰富经验，他们用富有地域特色的简练语言和表达方式进行概括，逐渐形成了民间谚语、歇后语、谜语等俚俗语言形式。在物质生活、社会生活中，这些俚俗语言形式通过民间猜谜、语言游戏等活动呈现出游艺民俗应有的表演性和娱乐性，发挥了娱乐的民俗功能和智育、警醒的社会功能。

民间谚语包括生产习俗、节庆乡俗、人生礼俗、处世社交、道德修养、家庭生活、自然气象、生活经验、褒贬讽刺、民间禁忌等方方面面，既是生产生活经验的精炼化，也对生产生活具有一定指导作用。虽然从严格的民俗学意义上来讲，纯粹文本层面的民间谚语并不属于游艺民俗的范围，但在讲故事、讲笑话等很多民间口头文学活动中，民间谚语仍然表现出一定的表演性和娱乐性，因此本书仍然把它列入游艺民俗的范围加以调查和研究。下面例举一些耳熟能详的黄花涝民谚，并略解其涵义与缘起。

"无渔不吃饭。"黄花涝居民最初以从事渔业为生，平时饭食离不开鱼虾，故有此谚。

"瓜菜红苕半年粮。"以前，很多村民家里口粮不够吃，就用红苕煮稀饭，或用南瓜、白菜、萝卜、豇豆、芋头等焖饭，以减少粮食的消耗，更困难的人家甚至在农闲时餐餐靠蒸红薯过活，称为"瓜菜代"。现在，这种现象已消失。

"尖黄陂，绞孝感，又尖又绞是汉川"，本是反映黄陂、孝感、汉川三地帽子形制不同的一句民谚，却以讹传讹成"奸黄陂，狡孝感，又奸又狡是汉川"，变为对三地民风的负面评价。实际上，由于黄陂人喜欢在圣帽尖上用布缝制一个顶，孝感人喜欢在帽檐上用布绞一道边子，汉川人则既缝顶又绞边，故有此谚。

"辛苦做，快活吃。"黄花涝人重视过年，要过年时往往多备年货，宁多勿少，把平时辛苦积攒的钱拿去采购烟酒糖果、鱼肉禽蛋，尽情享受一年来的劳动果实，反映了黄花涝人乐天豁达的生活态度。

"黄陂人，有乐趣，一做手艺二唱戏。""人有三出戏，到老不怄气。""上到九十九，下到刚会走，谁都喜欢这一口。""唱了花鼓哟外哟，感冒发烧不吃药。"以上民谚反映黄花涝乡民对楚剧的热爱和痴迷。黄花涝是黄陂有名的"戏窝子"，逢年过节都会搭台唱戏，乡民也会到处赶场看戏，村里还有业余戏班子，经常自娱自乐。

"冬至腌鱼肉，腊味香气足。"黄花涝人一般自冬至起，开始腌制腊鱼腊肉、灌香肠，悬挂于房前树上或房檐下，年味十足。

"灶王爷本姓张，一碗白糖三炷香。"黄花涝在腊月二十四祭拜灶王爷（相传灶王爷姓张），除烧香之外，祭拜时还要在灶头用小碗放一块白米饴糖，甜灶王爷之嘴，祈求他向玉皇大帝汇报人间情况时隐恶陈善，免灾赐福，寄托了人们对未来美好生活的期盼。

"有钱无钱，剃头过年。"春节前夕，必须剃头洗澡，以全新面貌迎接新年。

"初一早，年拜了。"黄花涝人拜年讲究早，越早越好，除夕夜亥时一过，即开始给家中长辈拜年。现在，有的人家守岁转钟后，就通过电话、短信给重要亲戚拜年，体现了对礼仪和亲情的重视。

"有心拜年不怕迟，二十七八正当时。""二月青草地，还是拜年时。"反映黄花涝"拜迟年"习俗。整个正月，只要新年初会亲朋故旧，见面都要口称拜年，表现了黄花涝人多礼重情的习俗。

"叫花子也有三天年。"黄花涝人重视春节，讲究吃团年饭要全家团圆，即便在外行商、乞讨之人，也应赶回家吃一餐团年饭，故而有此民谚。

"月半大似年。"黄花涝乡民把正月十五（俗称"月半"）看得比过年还重，过年可以不回，月半必须回，而且还要大肆庆祝闹元宵。

"初七八，锣鼓敲，初九初十进市曹，十一十二灯扎好，十三十四上祖庙，十五十六玩通宵。"这句民谚讲述黄花涝乡民准备元宵灯会的活动流程，反映乡民对元宵节的重视程度。

"玩灯莫怕打破了锣。"黄花涝元宵节非常重视玩灯。玩灯期间，讲究排场，请客迎宾，村民争相出资，不能吝啬。

"年过月尽，各人找事混。"黄花涝习俗，正月十五月半过完才算过完年，这时就应收心谋事，把精力投入到工作中。

"抬头嫁姑娘，低头接媳妇。"旧时黄花涝婚俗中，在结婚前男方往往要忍气吞声，并尽力满足女方要求。除了水涨船高的彩礼，还要到女方家送节礼，给女方的七大姑八大姨送礼品，给全湾或近邻发喜糖，有民谣称之为"七包饼子八包茶，提不动请人拿"。现在，虽然一些烦琐环节有所简化，但是彩礼仍然居高不下，有时甚至使男方很作难，这句民谚描述的情形直到今天仍然存在。

"为人不祭祖，不如猪和狗。"黄花涝乡民看重孝道，子孙要在清明节前三天或后四天赶回老家祭拜祖先，以慎终追远，感恩先祖，不这样做的人，会被同村人唾弃。

"主人不饮客不饮，客人不停主莫停。"反映黄花涝乡民热情好客，重视进餐礼仪。请客吃饭时，主人要请客人先入座，先动筷，进餐过程中主人要请客人多吃菜，客人没有吃完，主人不能先放下筷子。客人则保持谦逊，主人没有提出饮酒，客人不主动要求饮酒。

"接客不催客，狗屁打胡说。"黄花涝在置办红、白喜事宴席时，首先要下请帖，中途还要催客多次，三接四请，以显示重道心诚。该谚语反映了黄花涝人多情多礼的乡风民俗。

"家有长子，国有大臣。""长哥长嫂当爷娘。"旧时黄花涝多大家庭，按照封建宗法制度，长子或长孙在家庭事务中占有重要位置，在祖父或父亲去世后，长子、长孙就成为大家庭的家长，负责治家理事。

"后来娘的拳头，六月天的日头。"这句谚语反映旧时子女受继母虐待的情况。1949年后，由于农村基层组织的健全和社会风气的好转，这种情况已逐渐减少。

"前人考状元，后人驾粪船。"这句谚语源于黄花涝状元郎传说。黄花涝人王念苏、王念浙的父亲想上京为儿子鸣冤告状，为筹集盘缠，只好去驾粪船，因为原来往集家咀码头送货不仅辛苦，而且活路少，不安全，也没有驾粪船赚得多。所幸后来冤情得雪，两个儿子异地为官，这两句口头禅也就一直流传至今。

"新老大，旧老二，破老三，缝缝补补是老四。"反映过去黄花涝穷苦人家的孩子，衣服交替接力穿的情况。

"生苕甜，熟苕粉，夹生苕就有得整。"意思是半生不熟的人和事最难对付。

"二四八月乱穿衣。"农历二、四、八月，黄花涝气温时高时低，穿各种厚度衣服的人都有，故有此谚语。

"吃了包和粽，再把寒衣送。""吃了重阳糕，夏衣打成包。"这两句民谚反映了时令节气与穿衣之间的关系。端午节后，天气转暖，乡民开始将春夏服装从衣柜中翻检出来，冬令衣服则收起来，故有"吃了包和粽，再把寒衣送"之说法。而重阳节过后，黄花涝开始入秋，这时早晚变凉，乡民开始筹办冬藏和冬衣，准备过冬，夏衣自然就在洗晒后放到衣柜中，故有"吃了重阳糕，夏衣打成包"的谚语。

"六月六，晒红绿。"农历六月初六，旧时黄花涝人有开箱晒衣的习惯，以防止衣服在梅雨季节过后发生霉变和被虫蛀。

"七月半热鬼。"农历七月十五，在黄花涝被称为"鬼节""七月半"，乡民传说这一天赦罪天星地官神为庆祝自己生日，赦免孤魂野鬼之冤孽，准许其在凡间自由活动，又因为此时天气炎热，故这句民谚既可解释为七月半多鬼魂，也可表明七月半天气炎热。

"长起夏至，短起冬至。"这句民谚反映黄花涝人善于总结生活中的现象，夏至日白昼最长，冬至日白昼最短，故有此语。

"腊八日，打扬尘，二十四的打伢们。""腊时腊月，不要瞎说。"这两句民谚关联紧密，反映的都是备年时的生活禁忌。黄花涝乡间在腊月初八一过，就开始大扫除（俗称"打扬尘"），既是打扫卫生，也含有除陈（尘）迎新之意，这时就进入办年时间，人们的禁忌增多，为防止小孩不懂事触犯禁忌，就要告诫他们不要瞎说乱讲，以彻底除去旧年晦气，迎来新年好运。

"左青龙，右白虎，宁可青龙高万丈，不可白虎抬头望，白虎望一望，青龙高三丈。"旧时黄花涝起屋之习俗，要求右边房子屋脊高度不能超过左边房子脊高，认为青龙要压住白虎，白虎高了没压住就会出来伤人，对宅主不利。

"三月三，九月九，无事莫在江边走。"黄花涝人认为，三月初三这天晚上，阴间阎王开放鬼门关，孤魂野鬼四处游荡在凡间寻找替身，在水塘边走很容易被摄去魂魄。

此外，还有一些通俗易懂、更加口语化的民谚，至今仍在黄花涝的日常生活中频繁使用，列举部分如下：

穷莫丢猪，富莫丢书。

人盘穷、火盘熄，叫花子盘得有饭吃。

穷要穷得干净，富要富得灵醒。

只见赌博的借谷，冇见赌博的做屋。

有理打得爷。

一个荸荠一个凼。

豆腐泼了架子在。

玩灯莫怕打破了锣。

只有大意吃亏，冇得小心上当。

跟好人，学好人，跟着马脚跳假神。

有心拜年不怕迟。

人熟礼不熟。

人怕当面，树怕剥皮。

猴子不上树，多打几遍锣。

扁担无"纳"，两头失达。

早起三光，晚起三荒。

推着磨子有粑吃。

一天省把谷，三年做间屋。

一个便宜三个爱。

笑破不笑补。

千煮豆腐万煮鱼。

横切牛，斜切猪，竖切鸡。

走路问老头，劈柴劈小头。

推车有得巧，只要屁股调得好。

早吃好，午吃饱，晚吃少。

有女不为绝后。

当家三年狗也嫌。

猪多有得好糠，人多有得好汤。

一代亲，二代表，三代四代不见了。

东撮西撮，赶不上田头地角。

人哄地皮，地哄肚皮。

冇得大粪臭，哪来五谷香。

牛骑屁股马骑腰。

只有错买了的，冇得错卖了的。

四月八，冻死鸭。

今朝蚊子恶，明朝有雨落。

无陂不成镇。

七十不留宿，八十不留餐。

花鼓戏，开了锣，不是《喻老四》就是《张德和》。

日里辛辛苦苦，夜晚花花鼓鼓。

要得发，不离八。

管闲事落闲事。

歇后语作为劳动人民在生活实践中创造的一种特殊语言形式，短小、风趣、形象。由于歇后语由前后两部分组成，当前后两部分在说话中间有所停顿时，二者的关系就像谜语的谜面与谜底，极富趣味性，因而比民间谚语具有更强的表演性和娱乐性，在民众生产生活中经常成为茶余饭后的益智游戏，也应作为游艺民俗活动的一个内容。

黄花涝人在日常生产生活中，总结和概括了很多富有地域特色和乡土气息的歇后语。黄花涝歇后语语言通俗、质朴甚至粗俗，是长期演变总结的产物，包含丰富的人生哲理和生活智慧。很多歇后语蕴含颂扬善良、美德、孝顺、勤劳的正能量，给人启迪；一些歇后语揭露、批评、讽刺懒惰、不孝等行为，发人深省；也有一些谚语总结生活经验，反映生产生活现象，充满诙谐幽默，令人捧腹。如"正月初一贴门神——迟了"，是说黄花涝春节贴春联，时间一般在腊月三十，而且越早越好，最迟在三十晚上一定要贴上，迟则不敬。再如"螃蟹夹豌豆——连滚带爬"，对螃蟹的形象刻画逼真，同时又可用于形容狼狈不堪的样子。随着时代的进步，一些粗俗、具有性别歧视性质的歇后语逐渐消失，也有一些体现新事物、新现象的歇后语创造出来。如"非洲人的爸爸——嚇（黑）老子"，即是近现代汉口开埠以后才可能产生的。以下是一些日常生活中使用较为频繁的歇后语：

　　鳝鱼戴眼镜——冇得管头。

　　鳝鱼篓子——只进不出。

　　鳝鱼的脑壳——又奸（尖）又猾（滑）。

　　屎介皮（小鱼）撵鸭子——找死。

　　阳（臭水）沟里搭虾子——干捞（闹）。

　　蚌蟆跳在凛冰上——一面热。

　　鱼老板的儿子——"者"得脬腥的。

　　麸子擀面——奢了边。

　　黄瓜打锣——气（去）了一大脬（截）。

　　蚕豆开花——黑了心。

　　西瓜皮做鞋底——不是正料子。

　　卤水点豆腐——一物降一物。

　　米汤泡饭——还了原。

　　腊肉下面——有言（盐）在先。

　　三十夜里吃藕——看穿了。

　　乡里婆婆卖鸡蛋——一八八的来。

　　掰子挖藕——下毒（独）手。

　　清油炸豆腐——黄皮（陂）。

　　小葱拌豆腐——一清二白。

　　豆渣贴门神——不沾板。

　　饭甑里面伸脑壳——熟人。

牛皮子做筲箕——滴水不漏。

牛皮子做锅盖——七拱八翘。

驮（背）冲担进四川——尖（奤嗇）出了省。

浓泥巴田里掺得（砣）螺——越陷越深。

巷子里赶猪——直来直去。

狗子吃糍粑——仰天嗒。

猴子的屁股——坐不住。

麻雀嫁姑娘——叽叽喳喳。

蚊子打呵欠——小气。

天井里跑马——兜圈子。

叫鸡公打架——全凭一张嘴。

驴子倒在阴沟里——乱弹（谈）。

鸭娃（子）死了变鹅——喜欢那个吊吊。

猫子掉了爪子——扒（巴）不得。

鸡肠子放风筝——勒（捋）得屎流。

八十岁的爹爹掺得（砣）螺——玩转去了。

婆婆的鞋——老样子。

细伢放炮竹——又爱又怕。

细伢躲猫——还冇。

叫花子走夜路——假忙。

叫花子唱戏——穷快活。

道士掉了令牌——冇得法。

扠鸡佬（偷鸡的）坐茶馆——假充正经人。

铁匠死了不闭眼——欠锤。

两个裁缝打架——试一烙铁。

瞎子剥大蒜——乱扯皮。

瞎子拜丈人——有眼不识泰山。

跛子的屁股——俏（翘）嘣了的。

跛子拜年——就地一歪。

矮子放屁——低声（身）下气。

二流子打鼓——吊儿郎当。

两个哑巴一头睡——冇得话说。

跛子穿风衣——阴倒拐。

八十岁的干儿——不逗人喜欢。

关倒门作揖——自己恭喜自己。

六月天穿皮袄——不晓得冷热。

阎王卖布——鬼扯。

阎王开饭店——鬼上门。

阎王吃的粑——鬼做。

阎王作报告——鬼款。

土地庙前长草——慌了神。

吊颈鬼搽粉——死要面子。

棺材里面伸手——死要钱。

黄陂到孝感——县（现）过县（现）。

掉一只鞋捡一只鞋——还是个还（鞋）。

刷子掉了毛——尽是板痒（眼）。

屙尿打喷嚏——两头吃亏。

    谜语作为民间口头文学的另一种样式，历史悠久，具有非常鲜明的民俗传承特点。由讲者出谜和对者猜谜双方对应而进行的猜谜活动，不拘泥于活动空间的大小繁简，随处随时可以开展，往往能以谜语构思的奇巧引起听众的兴趣，群众参与性很强，容易形成一种热烈竞猜的游戏情境，且具有寓教于乐的功能，因而是一种社会基础非常广泛的游艺民俗活动。旧时，黄花涝乡间流行"打谜子"（即猜谜），乡民在观察、总结生产生活现象和经验的基础上，创作了很多雅俗共赏的谜语，这些谜语不仅出现于元宵灯会等节庆活动中，更多时候是出现在稻场、水井、村口大树下等乡村公共文化空间，成为人们辛苦劳作之后的精神休闲方式和社会交往形式。这些民间谜语涵盖动物、植物、生产用品、生活用品、生活现象等各个门类，通过口耳相传不断累积，并随着时代的变化不断吸收新的生产生活元素。下面列举的部分乡土谜语，在生活中较为常见，流布范围也相对较广。

奇奇怪怪一条船，地上水上都能玩，两边摇摆船不倒，从来不见它扬帆。（谜底：鸭子）

四把铜锤，两把铁钻，一人扫地，二人打扇。（谜底：水牛）

水内动，水内摇，又无骨头又无毛，吸血成性改不了，不挨巴掌决不逃。（谜底：蚂蟥）

小时尾巴摇，大了四脚跳，晚上歌声起，腾跳闹通宵。（谜底：青蛙）

一个懒汉四只脚，两把扇子遮脑壳，除了吃喝就是睡，到了年底跑不脱。（谜底：猪）

对面山上一条鞭，皇帝老爷不敢拈。（谜底：蛇）

一棵树，矮叽叽，上面结的红喇叭。（谜底：红辣椒）

一个伙计生得苕，吊在半空随风摇，幼时让人锅中炒，老了又当舀水瓢。（谜底：葫芦）

远看像个庙，近看十八道，脚踏莲花板，手拿莲花闹。（谜底：土织布机）

一条乌龙满天星，铁钩银卡头上生，主管人间公平事，钓起金龟朝观音。（谜底：秤）

铁打的脑壳两头尖，木头身子翘上天，闲时他靠墙边站，忙时钻到土里面。（谜底：洋镐）

弟兄两个一般长，山珍海味他先尝。（谜底：筷子）

弟兄两个一般长，白天烤火，晚上乘凉。（谜底：火钳）

弟兄两个一般长，夜晚睡觉白天忙。（谜底：鞋）

四四方方一座城，城里死了人，城外来吊孝，城内不打门。（谜底：蚊帐）

煮着不能吃，蒸着不能吃，非要烧着吃。（谜底：香烟）

三寸宽，八尺长，绳捆索绑美娇娘，功德圆满成就日，留作后人捆衣裳。（谜底：裹脚布）

方方四，四四方，八宝圆盆内面藏，装满朗朗黄金酱，只为大嫂读文章。（谜底：放马桶的围桶）

一个姑娘椭椭圆，身穿盔甲守贫寒，它日若得霞光暖，金凤展翅入云端。（谜底：鸡蛋）

上搭桥，下搭桥，一个鲤鱼两头跑。（谜底：织布）

当中一个墩，二人对面挺，一个叫使劲，一个叫夹紧。（谜底：打铁）

这么大，这么扁，放在肚子上点几点。（谜底：簸米）

又打雷，又扯霍，又爬云头又不落。（谜底：吸水烟袋）

旧时，很多谜语带有歧视妇女、宣传封建迷信、愚昧落后、色情庸俗等内容，1949 年后这些谜语在猜谜游戏活动中逐渐减少，并创作了一些体现新风良俗的新谜语。改革开放以后，随着农村家庭联产承包制的推行和市场经济的发展，以个体、家庭为参与主体的娱乐方式逐渐成为主流，夏夜纳凉故事会等群体参与式的游艺娱乐方式则逐渐淡出黄花涝乡村文化生活视野，农村传统公共文化空间日渐萎缩僵化，使谜语这一口头民间文化样式面临传承危机。近几年，随着乡村文化振兴战略和传统文化保护传承工程的实施，黄花涝所在的黄陂各级政府和文化界正在积极整理挖掘谜语等传统习俗，谜语这一传统游艺民俗正在蓄势焕发新的活力。

5.2.2　民间娱乐活动

作为游艺民俗重要内容的民间娱乐活动，主要包括民间舞蹈、民间音乐、民间曲艺等形式。其中民间舞蹈又分为本装舞蹈（或叫"便装舞蹈"）和扮装舞蹈（或叫"化装舞蹈"），前者如广场舞、木兰扇子舞等现代舞，后者如黄花涝蚌精舞、踩莲船、舞狮子等。有的舞蹈以锣鼓钹间奏，表演者与观赏者现场频繁互动，相互唱和，群众性和娱乐性都很强，如踩莲船；有的舞蹈结合扮装道具，渗入和发展高难度技巧与动作，表演性和观赏性非常强，如踩高跷。民间音乐主要体现在与民间舞蹈相结合的锣鼓钹，与民间曲艺相结合的二胡、京二胡、三弦、板鼓等乐器演奏活动。同时，在黄花涝也广泛存在一些富有乡土生活气息的、农民自己动手制作的乡土响器，如树叶笛（木叶）、麦秆哨等。树叶笛以植物叶片夹于两唇之间，利用均匀吹气发出悠扬曲调；麦秆哨制作方法简单，用小刀或指甲将两端无结节粗壮麦管剖开一条小口，稍稍捏合后置于口中吹，麦管即可发出鸣叫。作为游艺民俗的民间曲艺，主要是指黄花涝乡间忙季生产闲季演出的游动艺人业余从事的戏曲表演娱乐活动。

民间娱乐活动是黄花涝人民俗生活的重要组成部分，其三种具体形式均与生产生活联系紧密。改革开放以后，传统民间娱乐活动与生产生活的紧密联系受到很大冲击，其表演性和娱乐性受到新的娱乐形式的挑战，群众参与性较过去明显降低。不过，在近几年传统文化保护思潮勃兴和国家实施乡村振兴战略的宏观背景下，传统民间娱乐活动正逐步重新回归乡村生活。

5.2.2.1　蚌蚌精

黄花涝河湖交汇，依赖捕鱼捞虾为生的渔民在日常生产实践中，根据自己的生活体验和长期观察，创作构思了民间舞蹈"蚌蚌精"这一民间娱乐艺术形式，充分反映了渔民们的渔业生产情形和娱乐生活情趣。蚌蚌精这一富有特色的民间舞蹈形式，在黄陂乃至鄂东地区普遍存在，黄花涝一般在春节、元宵节、端午划龙舟时表演，它把渔民的劳动与娱乐相结合，体现了人与自然的和谐相处。

蚌蚌精舞蹈由一男一女或一男多女表演，女演员化浓妆，扮成蚌蚌精，躲在以竹篾为骨架扎成、外壳糊以彩纸或彩绸的蚌壳内，男演员则肩背鱼篓、手拿鱼网，扮作渔翁。表演时，女方双手紧握蚌壳内侧之把手，金光闪闪的蚌壳时开时合，男方则作理网、撒网状，亦步亦趋，一心想得到躲在蚌壳内的蚌精。在欢快的锣鼓声中，男女双方你进我退、你追我躲，不断变换舞姿，反复兜着圈子，精彩的表演往往引得围观者一片叫好之声。表演最后，往往以渔翁成功将蚌壳精捕获为结局。

5.2.2.2　踩莲船

在黄花涝居民欢庆新春佳节的娱乐活动中，踩莲船是受欢迎程度比较高的一项群众性娱乐活动。踩莲船又称划彩莲船（采莲船）、跑旱船，是模仿驾船采莲的一种民间舞蹈艺术形式。旱船历史悠久，南宋诗人范成大即有诗句描述："旱船遥似泛，水偶近如生。"黄花涝彩莲船一般用竹木制作，下为船形，上为宝塔亭阁型盖顶，船的长、高均在两米左右，船身皆用彩纸裱糊。划彩莲船一般由二人或三人表演。在二人表演中，男演员扮作艄公，画成彩脸，银须上翘，齐眉彩篙，一手拿竹篙，一手牵引彩船跑圆场或作荡船状；女演员扮作船姑，浓妆艳抹，脑后甩着齐臀部的两条发辫，身着裙装，脚穿绣花鞋，提着彩船，迈着碎步，扭着腰肢，在锣鼓的击打声中踩着鼓点翩翩起舞。三人表演时，则在船尾加一丑角，名为"摆梢婆子"，手握破蒲扇随船而行。还有多人表演的踩莲船，表演场面则更为宏大。

踩莲船表演时，先由撑篙的艄公以即兴创作的四句开场，句式以"三三四三"的主词和衬字组成，名为彩词；次由艄公与船姑对唱，其主题既有表现劳动和爱情生活的单个段子，也有恭喜发财、五谷丰登、健康长寿、生意兴隆、大吉大利、恭贺新禧等表达吉祥的"散混短段子"。彩词没有固定唱词，但要通俗易懂、幽默风趣，多现场即兴自编，考验艄公的才学应变能力，可因人因事因行业随意变化，如沿街串乡拜新年、恭贺新店开张时，可嵌入主家姓名、事由，表达祝贺之意。下面选录几段常见的彩词：

彩莲船哪，哟哟，两头尖哪，呀嗬嗨；妹坐中间，呀儿哟，帅哥牵哪，划着。

哟哟，呀嗬嗨。帅哥牵哪，划着。①

彩莲船哪，哟哟，八方玩哪，呀嗬嗨；俏俏姑娘，呀儿哟，秀人前哪，划着。

哟哟，呀嗬嗨。秀人前哪，划着。

彩莲船哪，哟哟，过年玩哪，呀嗬嗨；青老孩童，呀儿哟，喜开颜哪，划着。

哟哟，呀嗬嗨。喜开颜哪，划着。

彩莲船哪，哟哟，众人玩哪，呀嗬嗨；鞭炮齐鸣，呀儿哟，鼓锣喧哪，划着。

---

① 彩莲船在湖北省内黄陂、江汉平原、鄂东等地区均广泛存在，唱词不固定，实行锣定即唱、一唱众和。本书所引唱词中，以六句为一个意象表达单元，后两句前后均以锣钹分隔，艄公唱主词，众人和衬词（如：哟哟，呀嗬嗨，呀儿哟，划着，哟哟，呀嗬嗨。）参见：张靖鸣、刘萍：《简述湖北民俗歌舞采莲船——以鄂州、沔阳一带为例》，《音乐大观》2013年第8期；明德运、余德意编著：《中国民间彩词》，西苑出版社2004年；黄陂区文化体育广电局：《民俗文化》，黄陂区人民政府网站。

哟哟，呀嗬嗨。鼓锣喧哪，划着。

彩莲船哪，哟哟，庆丰年哪，呀嗬嗨。盛世农村，呀儿哟，众民欢哪，划着。

哟哟，呀嗬嗨。众民欢哪，划着。

彩莲船哪，哟哟，上门玩哪，呀嗬嗨。快快相迎，呀儿哟，发香烟哪，划着。

哟哟，呀嗬嗨。发香烟哪，划着。

彩莲船哪，哟哟，送金言哪，呀嗬嗨；祝愿家家，呀儿哟，年胜年哪，划着。

哟哟，呀嗬嗨。年胜年哪，划着。

彩莲船哪，哟哟，十五玩哪，呀嗬嗨；玩过今朝，呀儿哟，干新年哪，划着。

哟哟，呀嗬嗨。干新年哪，划着。

彩莲船哪，哟哟，月儿圆哪，呀嗬嗨；祈盼金秋，呀儿哟，又丰年哪，划着。

哟哟，呀嗬嗨。又丰年哪，划着。

踩莲船的群众参与性很强，往往艄公主唱观者和，把舵的艄婆与两位主角相互配合，耍滑稽动作引观众发笑，气氛热烈。正所谓"仙女船中俏，老汉前后跑，丑娘手摇扇，内外同唱调；两边各四女，打伞护花轿，陆地踩旱船，锣鼓震天敲"。过去每逢春节的初一至十五，彩莲船便沿街串村入户拜新年，各个村有时还要比赛，异常热闹。

改革开放以后，随着经济社会快速发展，广播、电视、电脑、网络进入寻常百姓家，满足人们精神文化生活需求的渠道更加多样化，加之年轻人进城务工，踩莲船的传承后继乏人，这一民间艺术形式一度面临失传的危险。近年来，随着优秀传统文化的复兴，富有乡土文化气息的踩莲船再次出现在黄花涝的年俗活动之中。

5.2.2.3 踩高跷

黄花涝居民春节时兴踩高跷。踩高跷是一种民间舞蹈，历史悠久，早在明洪武年间即已流行于黄花涝地区，成为村民欢庆渔业丰收及节日娱乐的一种民俗形式。高跷一般高2至4米，表演者的双脚分别绑着木棍，脚踩在木棍中上部的小踏板上，脸上涂彩化妆扮演各种角色。表演题材多以神话故事、英雄人物、民间机智人物为主，如《西游记》《水浒传》《三国演义》等古典名著中的人物形象。表演时，除演唱一些欢庆词、祝福词外，也做一些必要的舞蹈动作。现在，踩高跷在黄花涝的节日娱乐活动中已很少见。

5.2.2.4　唱社戏

黄花涝有一句俗语，叫"人有三出戏，到老不怄气"，反映了黄花涝人对戏曲的热爱，他们在紧张的劳动生产之余，每逢渔闲、丰收、节日、喜庆活动之时，就延请戏班唱大戏，并遍请亲朋好友来村里看戏，顺便联络感情。这一唱戏传统的形成，既与黄花涝人乐天知命、豁达开朗的生活态度有关，也由于黄花涝所处地理位置的特殊性：旧时，发源且兴起于黄孝河岸边的黄孝花鼓戏（后来定正式名称为楚剧），在黄孝河两岸的村庄十分流行，而黄花涝处于水陆交通要冲，自然就成为很多戏班的重要立足点。当时，黄花涝是黄陂乡村中每年唱戏时间最长的，一般从正月初三开始唱楚剧，一直唱到清明节，农历九、十月又要唱一些天的汉剧、京剧。楚剧大师姜翠兰、汉剧大师陈伯华等戏剧界的名角，都曾在黄花涝唱过戏，楚剧大师关啸彬还在黄花涝学过徒。

楚剧作为两大湖北地方剧种之一，是在黄孝花鼓戏基础上发展起来的地方小戏，其创作素材直接来源于劳动人民的日常生活，具有生动活泼、诙谐风趣、粗朴鲜明的表演特点，洋溢着浓郁的生活气息。观演楚剧，在黄花涝历史久远。1949年前，每年农历正月初八，涝内的工商户都会捐资邀请武汉市内楚剧团或汉剧院的艺人来涝搭台演戏，称为"财神戏"，往往观者如堵，涝内村外的乡民不计其数，热闹非凡。抗日战争时期，武汉沦陷后，黄花涝没有被日寇完全占领，当时有一年唱楚剧，黄花涝人在戏台两侧的立柱上张贴一联："借演戏以酬神，谁谓不知亡国恨？聊现身而说法，庶几都识做人难。"表达爱国爱乡的感情和对日寇侵略的愤恨。除了邀请外地剧团来涝演戏，黄花涝人还经常自发组织"家园班子"演唱楚剧，活跃和丰富村民精神文化生活。原来唱戏都在村里的古槐树下面搭台子，后来古槐树砍了，就另外找空地搭戏台。

1949 年后,黄花涝人仍然热爱楚剧,还成立了黄花涝民间剧团。自 1950 年到 1977 年,先后有王永龙、冯名忠、胡少清、沈志华、陈明祥、王才运、冯先政、王辉健、王小贤、王石苟担任过剧团团长,剧团的演出活动即使在"文革"时期也没有完全停止。1953 年,黄花涝剧团曾在古铁佛寺演出抗日剧《血债血还》。其他演出的剧目既有古装剧,也有现代戏,如《宝莲灯》《白蛇传》《葛麻》《夺印》《三世仇》《山乡风云录》《智取威虎山》《红灯记》《沙家浜》等。其中很多剧目曾在 20 世纪 60 年代初先后赴孝感地区和黄陂县城参加汇报演出,获得观众好评,一些剧目还多次在地、县两级会演中获奖。其中,1970 年黄花涝业余剧团还在黄陂县"革命样板戏会演"中夺冠。1977 年剧团停止活动后,虽然楚剧演出一度萧条,但近年来已有复苏迹象,一些年轻人也对楚剧表现出浓厚兴趣。2009 年,黄花涝业余楚剧团重新建立,王大维任团长。2012 年,黄花涝戏迷协会成立,王益民任会长。此后,每逢年节、喜庆时刻或旅游旺季,楚剧表演再次成为黄花涝生活的一抹亮色。楚剧团演员和戏迷协会成员自配服装道具,自编自导自演十余个剧目,经常练习,逢年过节必演楚剧,也接受乡邻邀请进行演出,深受乡民欢迎。每当楚剧演出的时候,全村出动,剧团表演,村里的戏剧爱好者义务投劳,戏台成了黄花涝最重要的公共文化空间,也为村民营造了联络感情、互致祝福的交流机会。特别是在发展黄花涝旅游的过程中,楚剧受到很多游客的热烈关注。

5.2.2.5 虾子灯

"虾子灯"是黄花涝一种古老的民间舞蹈艺术,一般在元宵节时举行。其基本表演道具是用竹篾扎制、布条连缀而成,约两米长的彩虾数个、鲶鱼一条,制作精细,形象生动。虾子灯有一整套表演程序,分别是:闹灯、起灯、上庙、沿门巡访、灿灯等,有时还要举行头人交接灯头仪式。黄花涝习俗,过完大年后,从正月初三或初六起,家家户户迎灯接彩,热闹非凡,以吸引村民参与或围观,名为"闹灯",是玩灯之前的筹备活动。活动开始后,参与活动和围观的村民齐聚虾子灯供奉所在地,敲锣打鼓,奏乐放鞭炮,是为"起灯"。虾子灯起灯时间讲究居家和备、百事和谐,寄托了村民希望大吉大利、百业顺遂、合家欢乐、身体安康、家庭幸福的美好祝愿。起灯后，虾子灯上庙，接受群众朝拜，祈祷渔业丰收。接下来，伴随着鞭炮和锣鼓声，队员举着虾子灯按照预定路线沿门巡访，每到一户，户主老早便燃放鞭炮，迎灯接福，祈祷平安，同时披送红缎，送上喜烟等礼品。虾子灯表演时，每只虾灯由两人掌舞，双虾和舞，男女手持虾、鲶组成表演群体，并随着音乐节奏翩翩起舞、翻转跳跃。其基本舞蹈动作包括水面游动、水中游动、水底游动以及跳跃、穿花等，主要对虾子、鲶鱼的水中生活进行艺术再现，活灵活现，让人眼花缭乱。玩灯活动结束后，一般还要在正月十五或十六深夜，燃烧当年全部花灯及其他易耗品，称为"灿灯"，灯头则由当年头人转交新的头人。

黄花涝虾子灯舞蹈活泼热烈，节奏明快，演员身手矫健，配合默契，具有一定的艺术性和观赏性。同时，虾子灯取材鱼虾编创舞蹈，具有鲜明的水乡渔村特色，是一项群众参与性较强的节日民俗活动，具有较强的地域性和凝聚力。虾子灯既是民间娱乐活动，也是集体祈福活动。除元宵节外，每逢重大喜庆活动，人们也会玩起虾子灯，祭拜玩舞，用来表达喜悦的心情。现在，黄花涝居民仍然对玩虾子灯乐此不疲。每年元宵节玩灯之时，还有很多周边群众和城区居民慕名来到黄花涝，感受虾子灯不一样的节日民俗风情。

5.2.2.6 舞狮子

黄花涝和黄陂其他地方一样，流行在春节、元宵等节日玩狮子。黄陂狮子玩法多样，分为天狮子、地狮子、"僵"狮子和武打高跷狮子等。天狮子是一种以器物作依托、在空中进行翻腾跳跃等动作的表演形式，以依托器物不同又分为板凳狮子、桌子狮子、高梯狮子等。地狮子在地面进行表演，模仿狮子的各种动作，时进时退，时伏时跃，其表演惟妙惟肖、形象逼真，尤其以一人持两枚特制大铜钱逗引双狮嬉斗的"金狮子戏金钱"最为精彩，往往引得观众齐声喝彩。"僵"狮子则十分神奇，舞狮人俗称"马脚"，其头缠红巾，赤身裸背（现在提倡文明，一般穿黄、红马褂），在焚烧黄表纸、跪请神灵后突然双眼迷离，不住抖动，口中念念有词，自称刚下凡的某神（称为"入宫"），然后坚持舞狮几个小时而不知疲累，最后想办法让"马脚"清醒（俗称"出宫""下马"），舞狮即告结束。武打高跷狮子的舞狮人脚踩

1 米左右的高跷，一般表演人狮搏斗、双狮争雄等动作，难度系数较大。

　　黄花涝一般在春节、元宵节时玩地狮子。黄花涝人玩地狮子很有讲究。首先是狮子的制作工艺十分讲究，狮头要有灵活的大口、耳朵、眼睛，头顶突出 9 个大包，脖项系若干铜铃铛，要求形象生动逼真；狮衣分毛皮、麻织、绣花三种。其次是表演者和喊彩人精挑细选，玩狮人一般以年轻力壮、经验丰富者为佳，每头狮子由 2 人表演，喊彩人则要求熟悉村里各家各户情况，具备高超的口才，并能灵活应变。最后，舞玩狮子有一套约定俗成的礼仪规范，主要有摆香案、沿门狮子、上园门、喊彩等具体环节。舞玩狮子正式开始前首先必须摆设香案供果，锣鼓鞭炮齐鸣，恭请狮子。之后玩沿门狮子，即挨家挨户敬神跳狮，喊彩人这时则根据这户人家的具体情况，说唱一些大吉大利的话和这家的期盼与追求，如升官发财、添福添寿、多子多孙、老少安宁之类（俗称"讨吉利"）。相应地，这户人家必须鞭炮齐鸣，隆重迎接，并在喊彩完毕后以鲤鱼、猪腰房肉、烟酒、果品相赠。有的人家为祈求家户福寿、安宁、富足，在玩沿门狮子时还通过出钱取得优先权，有时还要把狮子恭迎入室内进行许愿（称为"上园门"）。这时给予喊彩人的敬赠往往更加丰厚。现在舞玩狮子虽仍时常举行，但节日氛围和参与热情已没有过去浓郁，而且给予喊彩人的赠品也由过去以烟酒、果品等实物为主，逐渐变成了如今的以现金为主，显示出民间娱乐在形式和内容上所发生的时代变迁。

5.2.2.7　现代舞

　　黄花涝人喜欢跳舞，过去年节、喜庆时组织观演蚌精舞、踩莲船等需借助道具的扮装舞蹈，现在则自发组织跳现代舞。现代舞又名广场舞，因多在广场聚集而得名，是 21 世纪流行起来的现代城市居民的健身舞。广场舞融合了自娱性与表演性，多结合现代流行元素和现代生活元素进行编舞，以集体舞为主要表演形式，以娱乐身心为主要目的，参与者多为中老年人，其中又以妇女居多。近几年，随着黄花涝人的健康意识增强和生活水平提高，广场舞这种舞蹈形式也进入黄花涝，村里的妇女自发组织了舞蹈队，舞蹈队自备音响，经常排练，每天在村里的空地上跳舞健身，成为村里的一道风景。

府河边的健身广场

5.2.3　民间游戏竞技

　　民间游戏竞技是指流行于民众生活中的嬉戏娱乐或民间竞技活动，在各年龄段均有数量不等的具体活动形式，极富趣味性和娱乐性。其中，室内生活游戏、户外活动游戏、智能游戏、助兴游戏、博戏等民间游戏活动对道具、场地、人数的依赖程度较低，简单易学，因而最为常见。赛力、赛技、赛艺等民间竞技活动通过比赛力气、技巧、技艺斗胜吸引观众，并与物质生活民俗、社会生活民俗、其他精神生活民俗紧密联系和相互结合，进而构成多姿多彩的综合性民俗活动。黄花涝地处黄陂农村，又长期作为重要商镇，因此其民间游戏竞技活动体现出浓厚的乡土特色与一定的城市文明的双重特点。改革开放以后，黄花涝出现很多新的嬉戏娱乐活动方式，大量传统民间游戏活动则逐渐衰落甚至消失，一些民间竞技活动也面临传承危机。

5.2.3.1　民间游戏活动

　　旧时，黄花涝物质生活贫乏，娱乐活动相对单一，因而民间游戏活动多对场地、道具要求不高，参与性、趣味性也比较强。其中，比较常见的民间游戏活动包括小孩子"过家家"、捉迷藏（方言"躲猫"）、挤油、凌冰上墙、打水漂、打仗、打转转、捉羊、踢键子、抽陀螺、滚铁环、弹玻璃球、打撇撇、跳皮筋、跳房子、抓石子、堆雪人、猜掌中物、猜手指、速算24、绕口令、成语接龙、折纸、猜拳、石头剪刀布、猎人老虎枪、打麻将、玩纸牌等。这些游戏多以青少年为主体，对培育他们智力、普及社会生活常识、提高社会交往能力和团队协作精神，具有积极作用。

"过家家"是过去小孩子经常玩的游戏，一般是四五岁男童、女童模仿成人家庭社会生活过程的游戏，可多人表演。男童扮演爸爸或哥哥、弟弟，女童扮演妈妈或姐姐、妹妹，模仿居家过日子、操持家务、社交往来等生活现象，如表演哄小孩睡觉或表演做饭切菜之类的家务，即兴表演，萌态十足，十分有趣。这类游戏表现了儿童自发模仿长辈生活的行为特征，是儿童社会教育的初级阶段。在儿童进入小学后，其性别意识逐渐萌发，慢慢就不再玩"过家家"游戏。过去，这类游戏的道具比较原始、粗朴，多为就地取材，如家中的枕头，路边的石头、树枝、瓦片等；现在，男童、女童已很少一起玩"过家家"，一般是各玩各，女童中仍常见以炒菜、做饭等为主要内容的室内生活游戏，不过道具变成了工业生产的塑料制品。男孩则玩溜溜球、变形金刚等游戏活动，道具多是工业制成品。

20世纪50年代到80年代，跳皮筋（也叫跳橡皮筋、跳猴皮筋）是黄花涝乡间常见的儿童游戏，这一游戏既是民间庭院游戏活动，也属民间竞技活动，结合了趣味性和技巧性，因此多为6-12岁女童所钟爱。游戏主要道具为橡皮筋，系用橡胶制成的有弹性的细绳，长3米左右。皮筋两端由两人牵直固定，人不够时也可固定于树上，皮筋高度从脚踝处开始到膝盖，到腰到胸到肩头，再到耳朵头顶，然后举高"小举""大举"，难度越来越大，跳者用脚不许用手钩皮筋。一般三到五人一起玩，亦可分两组比赛，按规定动作，完成者为胜，中途跳错或没钩好皮筋时，就换另一人跳。跳皮筋有挑、勾、踩、跨、摆、碰、绕、掏、压、踢等10余种腿部基本动作，同时还可组合跳出多个花样。跳橡皮筋道具简单，对场地、时间要求不高，一定空地、课间十分钟均可开展，因此具有较强的经济性、适应性、实效性和趣味性。同时，跳皮筋是在两脚交替跑跳中完成各种动作的全身运动，又有多人参与，因而对提高儿童身体素质、促进集体协作意识形成具有积极意义。

　　打撇撇（方言，piepie 发轻声），曾经也是和跳皮筋一样普及的少儿游戏，参与者以男孩为主。"撇撇"作为游戏的唯一道具，是将纸折叠成较厚的方块或三角形状，双方将纸块平放在地上，一方拍翻另一方的纸块为胜并赢取对方纸块。打撇撇游戏中决定胜负的影响因素较多，既与"撇撇"的纸张厚度、制作技术有关，一般说来纸张越厚胜算越大；也与游戏者的力气、技巧有关，因此是一个斗力斗智、趣味性、参与性很强的民间游戏。打撇撇对场地、时间的要求不高，任何一块没有水的平地，数分钟即可开展游戏活动，因此在 20 世纪 80 年代的黄花涝校园操场、乡间小道，聚众打撇撇的小孩子很常见。

　　现在，随着中小学生课业负担加重和电子信息类娱乐方式的普及，跳皮筋、打撇撇这类乡土民间游戏逐渐消失在人们的视野之外，民间游戏活动加快向室内化、个体化和电子化转变，且大多已脱出游艺民俗的范畴。民间游戏中很多儿童类游戏有明显的性别属性，如小孩子"过家家"、踢毽子、跳皮筋、跳房子、抓石子、折纸等多以女孩为主，更多体现技巧性；打仗、捉羊、抽陀螺、滚铁环、弹玻璃球、打撇撇等多以男孩为主，更多体现追逐性、竞赛性，有些还比赛力气大小。当然也有一些游戏男女均可参与，如捉迷藏、堆雪人、猜掌中物、速算 24、绕口令、石头剪刀布。这些民间游戏除堆雪人、石头剪刀布等少数尚可见到外，大多已经在黄花涝的大街小巷中消逝。

　　成人游戏中较多的是各种博戏，如纸牌、麻将等。过去，黄花涝五方杂处，商业活动中有设赌场的，也有一些人好赌成性，使本来具有益智功能的麻将等博戏，成为具有赌博性质的恶俗，有时甚至造成参与者倾家荡产。1949 年后，移风易俗，对赌博活动予以取缔，博戏的积极功能再次得到发挥。现在，黄花涝的博戏以纸牌、麻将为主要道具，多开展升级、斗地主、麻将等赌赛输赢游戏，参与者多为中老年人，基本属于"麻将娱乐"。逢年过节，很多家庭盛行麻将娱乐（方言称为"打家麻雀"），实际上是一种以麻将为媒介的感情联络方式。

　　总体上看，黄花涝传统的民间游戏活动已较少开展，现在的游戏娱乐活动已更多转向室内和个人参与，缺乏乡间游艺民俗所应具有的乡土特色和质朴天然特征，不利于儿童社会知识的普及和身体素质的提高。不过，义务教育阶段的乡土教育和德育、劳动技能、美术、音乐、体育等课程的开设，在很大程度上弥补了传统民间游戏活动缺位所造成的民俗功能的供给不足。

5.2.3.2 民间竞技活动

黄花涝人在渔业生产之余，经常开展以比赛力气、技巧、技艺为主要竞赛内容的竞技类民俗活动。赛力民俗活动如丢沙包、爬杆、拔河、射箭、打弹弓、"斗鸡"、划龙舟等，赛技巧民俗活动如踢毽子、荡秋千（方言"打秋"）、跳绳、抽陀螺（方言"铲德龙"）、平地空翻（方言"打反叉"）等，赛技艺民俗活动主要是各种棋类游戏，如对角棋、围棋、象棋、军棋等。这些竞技游戏中，很多都是复合民俗活动，如"斗鸡"、爬杆、打弹弓、划龙舟既赛力又比赛技巧，龙舟竞渡还是游艺民俗与信仰民俗的综合活动；踢毽子、抽陀螺、打弹弓既是竞技游戏，也是民间游戏类活动。划龙舟是黄花涝最有特色、群众参与性最强的民间竞技娱乐活动。

地处黄陂西南、府河之滨的黄花涝村，得水独厚，端午节划龙舟历史悠久，民间参与广泛，成为黄陂南乡独特的岁时节令群众性娱乐活动。

黄花涝端午划龙舟最早可追溯到明初。黄花涝王氏族谱中有"恩承洪武，碑记石阳"之句，据村里老人讲，此碑曾立于古渡口石坡前，上有"南朝帝巡河，百官护驾多，千舟齐呐喊，万民立石坡"的碑文，不知何时毁坏湮灭。若此说法可信，则早在南北朝时黄花涝就有龙舟了。又传，明初洪武年间，一年发大水，有白龙驮铁佛到黄花涝河岸上，于是建铁佛寺，此后年年端午上铁佛寺祭龙后划龙舟，相沿成习，明清时期尤盛，民国时期亦年年举办。1888年，时年11岁的辛亥志士范熙壬在观看黄花涝龙舟赛后，一气呵成写下《龙舟竞渡赋》，名动一时，该赋手稿现存湖北省博物馆。

中华人民共和国成立初期，黄花涝划龙舟比赛曾举办多次。其中，1950年至1952年，为庆祝新中国成立周年纪念和支持抗美援朝报名参军，连续三年举行了龙舟竞赛活动。从合作化运动到1969年成立人民公社，黄花涝民建大队、自力大队每年不间断举办龙舟赛事，各次比赛中，1966年的赛事规模比较大，其时黄陂县政府在黄花涝水域组织了由13个代表队300余人参加，近万人观看的大型龙舟比赛活动。此后,划龙舟活动一度中断。自1976年开始,到1997年迎接香港回归,又先后举行了九次龙舟邀请赛,最近一次则是2017年第十届端午节龙舟大赛。

作为一项传统民俗活动,黄花涝龙舟竞赛的参与性很强,不仅参赛队员要精挑细选,而且群众观赛热情高。每逢端午,"家家户户迎宾客,人来人往观龙舟,岸上搭台唱大戏,水边鞭炮锣鼓奏",一时观者如堵,热闹非凡。除了本村村民,孝感、汉川、东西湖、祁家湾、天河、滠口等周边群众也争相前来观赛,甚至很多从黄花涝走出去,散居国内外的人们,都会赶来助威,有条件的还组队参赛,祭拜神龙,纪念屈原,共度佳节。竞赛之日,人们甚至将屈原塑像连同神龛抬至河滨观赛,以示纪念。

观者如堵

据黄陂盘龙城经济开发区文化站的同志介绍,黄花涝划龙舟有相沿成习的程序,一般有三个环节:首先是上庙、祭龙、烧黄表、念祭文、鸣钟鼓、放鞭炮,全村人参加,叩首祈求消灾免祸、五谷丰登、六畜兴旺、老少平安;其次是掸土、跳贝、彩龙船、蚌蚌精、虾子相随,出三色龙(分别是红、黄、白龙,其中红龙代表太阳,祭天;黄龙代表土,祭地;白龙代表水,祭水),六支代表队(四支男队、两支女队,本涝四支、丁店两支);最后的压轴戏是龙舟赛,一只龙舟由23—25人单数组成,一人敲锣,一人打鼓,其余人摇桨,并伴以歌谣提劲,其歌云:"河边划船,岸上唱戏,家家请客,人人出力。"竞赛之时,岸上设击鼓台、鸣锣台、放鞭炮台、呼号助威台、庆功台等,并有腰鼓队、铜锣队、歌舞队、啦啦队助威,希望白龙队大获全胜,渔业丰收。

数百年来,黄花涝划龙舟的程序和内容也有一个发展演变过程。如三色龙内涵的变化。清朝年间,随着黄花涝的日渐繁荣,聚落人口猛增,当地大姓王氏家族分了上、中、下三个房份和祠堂,三色代表三房,三条龙船遂演变成三房竞渡。后来,三色龙又被赋予了祈福等更丰富的内涵。再如,划龙舟活动的相关器具。主要器具有各类龙舟、彩衣、龙旗、彩旗、锣鼓、钹等,最初多为自制,龙舟以木质为主,现在则是商业制作,龙舟也改用更为轻便、耐用的船型。又如,划龙舟的参赛队伍。旧时一般以黄花涝王氏宗族为主,每年以族长牵头,活动费用采取合族捐资,具体运作由头人轮换交接,青壮男丁参加,老弱妇孺观阵。现在则更趋开放,不仅本村有龙舟,也允许和邀请周边村落的代表队参赛。

黄花涝划龙舟作为一项大型民间民俗活动,深受群众喜爱,是启迪人们缅怀先贤,增强民族自尊和文化自信,培育群体意识和爱国精神的重要形式。长期以来,划龙舟在黄花涝世代沿袭,形成比较稳定的传承体系,主要传承人有王辉林、章汉成、王石苟、王君山、王建国、王三清、王建村等。因此,即使很长一段时间内由于各种原因没能举办龙舟赛,黄花涝村民依然以各种形式关注和参与划龙舟活动。如2014年6月2日,黄花涝村渔民队参加由后湖村主办的"第二届中国武汉盘龙后湖龙舟大奖赛",取得优异成绩。

在村民的热望中,黄花涝第十届端午节龙舟大赛于2017年5月30日正式开幕,这是时隔20年后黄花涝再次举办大型龙舟赛,吸引了数万人到场观看。龙舟赛在古镇码头府河段上进行,为800米直道竞速赛,共有黄花涝青年队、黄花涝传承队、天河王氏队等3个队参加表演赛,后湖代表队、南湖代表队、刘新集代表队、童河村代表队等9个队参加友谊竞速赛。赛事龙舟由赛事主办方统一提供,每队28人,其中领队、教练、鼓手、舵手各一人,划手20人,替补队员4人,船上实际比赛22人。

龙舟赛部分参赛队伍

比赛开始前，进行了隆重的请龙、展龙、祭龙和送龙活动，其中祭龙仪式最为壮观。活动中，由来自黄陂区以王氏家族为主的各房各湾各姓，分别抬着三尊龙头，上庙祭龙，摆香案，贡龙头，念祭文，拜天神，敬地神，叩水神，祈福国富民乐保安宁。其中，由于黄花涝是水乡，白龙代表着水中之龙，因此黄花涝祭龙是白龙在先，这明显不同于其他地方祭龙活动。

赛前的祭祀活动

祭祀时，黄花涝王氏家族德高望重的长者身上披红挂彩，分别托盘为三龙点睛，然后护着屈原像，领头沿街步行，沿路作揖，所到之处，家家户户放鞭炮。其后，队员肩扛龙头，行到船边，再度叩首，边安装边放喉，口中念念有词："白龙下水鱼汛长，金龙下水星光亮，黄龙下水稻花香，三龙下水迎吉祥。"并盖上红绸布。随着一声令下，锣鼓喧天，鞭炮齐鸣，揭彩举桨，龙舟竞赛正式开始。

龙舟下水

龙舟竞渡

黄花涝第十届端午节龙舟大赛不仅活动现场人山人海，而且"盘龙城热点"报道小组在今日头条和腾讯网上的现场直播累计也有接近 17 万人次观看。① 这充分说明，健康文明的节日民俗具有广泛的群众基础。同时，在全新的生产方式和快节奏的生活方式冲击下，以端午划龙舟为代表的农村传统民俗也面临着一系列挑战，如一些年轻人沉溺于西方快餐文化而疏远中华民族优秀传统文化，青壮年进城务工导致很多农村民俗文化和非物质文化遗产后继乏人，等等。对此，黄花涝村正积极采取一些措施，如组织专班收集整理端午划龙舟有关资料，建立保护名录档案；建立端午节龙舟赛青年志愿者名录，组织训练，培养民俗文化意识；建立村里热心乡土文化、德高望重的老人的档案，加强联系服务，发挥他们的传帮带作用；筹措龙舟赛船只、各类物品办好端午节龙舟赛，加强项目的保护性传承。其中，有些措施已经收到一定效果。近些年借助传统节日的回归，在村两委和乡土文化热心人士的努力下，黄花涝端午赛龙舟几乎年年都有规模不等的活动，年轻人参与热情越来越高。2018 年端午节，村里再次举办了小型龙舟赛，吸引了不少年轻人参赛和城乡居民观赛，黄花涝端午赛龙舟这一民俗文化传承项目的品牌效应日益明显。

除了龙舟比赛，黄花涝也有很多耳熟能详、富有趣味的小型民间游戏竞技活动，它们在长期的生产生活中，发挥了比龙舟赛更为经常的凝聚社区、促进认同、游戏娱乐、休闲益智、锻炼健身的作用。如儿童"斗鸡"游戏。该游戏主要在冬天里开展，用以暖和身子。游戏规则是一脚独立，另一脚用手扳成三角状，膝盖朝外，双方用单脚一蹦一跳地对撞，以失去平衡或双脚落地者为负。一般有单挑、单人守擂、四人双擂、三人撞、混战等多种玩

---

① 参见：《时隔 20 年，盘龙城黄花涝再次举办端午龙舟大赛，昨日祭龙重头戏场震撼上演》，盘龙城热点网 https：//mp. weixin. qq. com/s？__biz = MzI2NzQ3NjYzMg%3D%3D&chksm = eaff0c4fdd888559d85397da6d94a876652fdc089dd18596f791841ef574e402eb6c719b2853&idx = 1&mid = 2247485368&scene = 21&sn = 6c564d2eb3a0d28a6d1a1d5cfb89247e；《时隔二十年 盘龙城黄花涝第十届端午龙舟节举办圆满成功 现场人山人海》，盘龙城在线网 https：//mp. weixin. qq. com/s？__biz = MzA5NDUyODQwNQ%3D%3D&idx = 1&mid = 2649935200&sn = 06b24bbb2a8169ad63906072854ee2b5，2018 年 6 月 13 日. 本节五幅龙舟赛相关图片均采自以上两篇报道，谨此对图片提供者王涛、王三清两先生表示感谢！

法。"斗鸡"兼具游戏和竞技特点，不受场地、器械限制，竞技性强，主要锻炼平衡和耐力，有利于提高青少年身体素质、意志力和团队合作意识。

改革开放以来，黄花涝传统民间竞技民俗活动发生了很大变化。在总体上，这种变化主要体现在三个方面：一是民俗活动内容的变化。拔河、射箭、打弹弓、踢毽子、"斗鸡"、荡秋千、跳绳、抽陀螺、对角棋等传统竞技民俗活动逐渐减少乃至消失，其地位被动画片、动漫、电脑游戏、手机社交等基于信息化的游戏娱乐形式所代替，民间竞技活动逐渐失去与乡土的紧密联系，参与性、面对面交互性等大大减弱。二是民俗活动功能的变化。优秀传统竞技民俗活动具有健身、娱乐、益智、教育和社会功能，如拔河对体育健身、集体性、协同性的促进作用，棋类游戏对儿童智力的开发作用等。再如，技巧性跳绳过去一直是小女孩最喜欢的游戏，她们经常三五成群，双人对跳，多人同跳，鱼贯顺序跳，相互之间要求配合默契，这对培养团队协作精神具有积极社会意义。但是随着少年儿童更多地把时间花在动画片、电脑游戏等活动上，优秀传统竞技民俗活动缺位和衰落，对他们的身体素质、集体荣誉感、团体协作精神等造成消极影响，新民俗的社会功能明显供给不足。三是民俗活动主体的变化。过去的很多民间竞技活动具有鲜明的年龄层次特征，如打弹弓、踢毽子、"斗鸡"、荡秋千、跳绳、抽陀螺等，多以青少年为主，趣味性比较强，现在这些竞技活动在青少年中很少开展，更有一些已经发生主体转移，如踢毽子、抽陀螺均从过去一项青少年游戏竞技民俗变成中老年体育健身的竞技民俗活动。新时代乡村文化振兴，必须着力促进优秀传统文化习俗与新风尚新民俗的相互融合，在习俗承继中重拾传统民俗功能，在文化创新中嵌入民俗社会功能，充分发挥民间优秀传统竞技民俗在优化乡村文化治理中的积极作用。

第 6 章

习俗承继与文化创新

物质生活民俗、社会生活民俗、精神生活民俗共同构成黄花涝古镇民俗文化，它们源于丰富多彩的生产生活，而以各种物质和非物质的形式表现出来，又在漫长的政治、经济、社会发展中发生着一系列巨大变迁，经历着建构、解构与重构的历史过程，直到今天仍在发挥着积极的功能。在中国特色社会主义进入新时代的宏大背景下，乡村文化复兴已经成为乡村振兴战略的重要目标，乡村文化则日益成为优化乡村治理的重要手段。因此，在文化治理与治理文化的二元分析框架下，促进因俗而治与移风易俗的紧密结合，研究、思考和推进乡村民俗文化传承与创新，以实现乡村文化秩序重建、价值重生和乡村治理体系及能力优化，日益成为新时代的一项重要课题。

6.1　近四十年来我国乡村民俗文化的变迁

从黄花涝民俗文化调查的结果来看，我国乡村民俗文化的巨大变迁始自近代。正是由于近代以来剧烈的政治、经济、社会和文化变迁及科学技术的快速发展，以黄花涝为代表的黄陂农村地区民俗文化发生了重要历史变化，在时间上经历了五个主要发展阶段。

第一个阶段是鸦片战争以后的二十年间，表面强大的清政府惨败于英国，虽然没能给黄陂这样的内陆农村带来多少显著变化，但是求变求新的思想意识已经在农村先进知识分子的身上潜滋默长，太平天国革命对封建政治、思想文化等旧秩序的颠覆，则进一步冲击了农村旧的文化体系，农村民俗文化体系开始被动地卷入政治近代化进程。第二个阶段是汉口开埠后的五十年间，张之洞洋务新政对武汉地区的政治现代化、近代工业化及传统教育向现代教育转型产生广泛影响，在武汉城市发展史上留下深刻印记，同时也必然给毗邻汉口的广大乡村带来文化上的巨大冲击，农村民俗文化变迁的历史进程已不可逆转。第三个阶段是辛亥武昌首义后的近四十年间，武汉地区交织着民主、民族革命和教育、科技革命，一大批先进青年从黄陂乡村走进汉口、武昌，走向全国，新的思想、风尚进入黄陂农村，并塑造出黄陂新民俗，农村民俗文化逐渐被解构。第四个阶段是 1949 年后的近三十年间，社会主义、马克思主义思潮给黄陂乡村带来天翻地覆的变化，农村地区的很多陈规陋习被涤荡，到处充满新潮流、新风气，农村民俗文化加速解构。第五个阶段是改革开放以来的四十年，这一时期随着进一步解放思想、推进经济体制改革和对外开放，农村民俗文化再次发生新的深刻变迁，表现为城市文化的融入、西方文化的渗透、优秀传统文化的回归和某些落后文化民俗的回潮，解构与重构成为农村民俗文化的二重奏。

黄花涝民俗文化发生的这一重要变化及其发展阶段，同样适用于全国农村。改革开放以来的四十年间，我国广大乡村发生天翻地覆的变化，乡村民俗文化也发生着前所未有的巨大变迁，这一变迁既表现为民俗文化内容上的变化，也呈现为民俗文化功能与民俗传承主体的变迁。

6.1.1 民俗文化内容变迁

总体来看，最近四十年间我国经济生活民俗、社会生活民俗、精神生活民俗文化内容变迁的基本轨迹是：从"旧"到"新"的新风旧俗，新式的、现代的、文明的民俗文化基本确立并占据主要地位，优秀的传统文化历经变乱重新焕发光彩，带有迷信色彩、落后因素的陈规陋俗仍有一定空间；"中"中有"西"的中俗西风，中式的民俗文化因子深深扎根于广大乡村并占据主导地位，西式的一些风俗文化伴随市场经济和网络媒介在一定程度上影响广大乡村。

第一，在经济民俗方面，生产、交易、消费生活习俗更加趋近城市。市场经济代替自然经济，直接把曾经闭塞的广大农村纳入全国统一市场和全球经济体系，同时也使农村的思想文化受到外部世界的广泛影响。改革开放以来，农民经济收入除了农业、渔业生产，更多地来自务工、商业、创业等途径；农民生活比较富裕，饮食种类更多，在外吃早餐比较常见，同时也逐渐具有了食品安全、饮食健康等科学观念，不再单纯追求大鱼大肉，转而重视膳食科学和营养搭配；新一代农民对服饰的时尚性、舒适度要求更高，更加强调展示个性，并且购物越来越依赖网络；农村住房基本实现普及楼房，中心村镇甚至出现商品房，农村居民从过去的相对分散居住向适度集中居住过渡，农民更倾向住在镇上、公路边等交通更为便捷的区域，很多农民特别是新一代农民具有在城镇购买住房的较强意愿，并且有些农民已实现这一目标。

第二，在社会民俗方面，于保留诸多旧俗的基础上更加趋近文明。如，婚庆礼俗呈现新旧结合、中西结合的特点，结婚自由、离婚自由成为普遍的社会观念，出现了网恋、闪婚等新的婚恋形式，在结婚仪式上则出现亦新亦旧、亦中亦洋的趋向，旧时普通婚俗虽有简化但仍然存在，中式婚俗与西式婚俗在同一婚礼的不同场合依次展现。生育观、教育观、择业观方面的变化也非常显著。如，男女平等的思想观念被较普遍地接受，优生优育的意识比较强烈，农村妇女普遍到医院生产，对子女的教育更加重视，教育相关投入更多，中青年一代农村居民更愿意到城市中寻找工作机会，等等。

第三，在精神生活民俗方面，于呈现复杂多样变化的同时面临一定危机。一方面，从时间的维度看，近代以来的一百多年间，乡村信仰民俗总体呈现成规陋俗、封建迷信观念及习惯逐渐减少，中华优秀传统民俗文化得以保留和发扬的良性态势，但千百年来的思维惯性中的陈腐、落后因素仍然不可能在短时间内全部消亡。改革开放以来，农村居民信仰呈现多元化样貌，主流意识形态固然占据着主导地位，但佛教、道教、基督教等宗教在乡村的广泛影响也不容忽视，甚至一些邪教也公开、半公开地活动在农村地区，当前乡村信仰民俗这一复杂局面，亟须我们重新思考新时代农村新文化建设的课题。另一方面，游艺民俗中一些优秀传统文化习俗面临失传、消失的危险。传统的乡村游艺民俗，与农村居民农耕渔猎的生产、生活密切相关，而随着农民经济生产和生活方式的变化，游艺民俗逐渐陷入失去生活营养的窘境。文化消费的快餐化、网络化和农村社会交往方式的疏离化，给农村民间口头文学、民间娱乐活动和民间游戏竞技带来严峻挑战，使来自田间地头、湖汊河道、邻里乡谊的游艺民俗失去鲜活生活的滋养。

6.1.2　民俗文化功能变迁

乡村优秀传统民俗文化具有凝聚社区共识、强化身份认同的价值，长期以来在我国乡村治理中承担着重要功能。近四十年来，由于各种原因，这种积极功能却呈现逐渐弱化的趋势，不仅凝聚认同功能有所降低，而且道德仪礼规范功能明显弱化，乡村民俗文化正在受到失序化和同质化的困扰。

第一，民俗凝聚认同功能降低，乡村内部呈现多样性。过去，与城市相比，乡村以血缘为基础和出发点，更重视血缘文化和长幼尊卑次序，乡村民俗文化对于促进村庄、宗族的凝聚认同具有重要意义。改革开放以来，不断扩大的市场化和流动性使走出传统村落的农民个体各自处于不尽相同的生活环境，社会边界扩大，传统文化边界被打破，原来的村社生活共同体意识减弱，基于乡村共同生活的乡村民俗的凝聚认同功能逐渐削弱，美国学者保罗·康纳顿所强调的"为村庄建构起一段绵延的社区历史，把价值和意义赋予那些操演者的全部生活"① 的民俗仪式，其在农民现实生活中的意义已大大降低。而进城务工、经商后返乡的农民，其秉承的民俗认同既与原来的乡村民俗有所差异，也与处于不同生活环境的乡邻不尽相同，由此造成乡村内部民俗认同的多样性。

第二，道德仪礼规范功能降低，乡村文化失序抬头。长期以来，乡村民俗文化在乡村治理中发挥着道德教化、仪礼规范的作用，有助于建构乡村的社会秩序。1949 年后，在中国共产党的农村基层组织领导下，乡村民俗文化的这些积极功能仍然发挥着一定作用。改革开放后，市场观念、功利主义、享乐主义等思想观念渗入乡村，使乡村民俗蕴含的优秀传统文化因子所具有

---

① ［美］保罗·康纳顿：《社会如何记忆》，纳日碧力戈译，上海人民出版社 2000 年版，第 14 页。

的正向教化功能受到削弱，作为乡村治理工具的乡村民俗文化日渐式微，其权威逐渐解构，乡村文化失序已显露端倪。

第三，民俗对外防御性功能减弱，城乡文化趋于同质化。虽然，民俗文化的时代变迁是不以人的意志为转移的，但是民俗文化的变迁必须具有价值判断。乡村民俗文化历经数千年的变迁积淀，是人类生产生活的文化痕迹，其主体是进步的、代表时代发展方向的。优秀民俗文化既有吸纳进步性文化习惯习俗的包容机制，也有拒斥落后性陈规陋俗的防御机制。当前，乡村民俗文化的困境不仅在于城乡文化的过度同质化，从而失掉了乡村文化的独特魅力和地域特色，而且在于乡村民俗文化对外防御性功能的减弱，使其在面临陈腐落后文化和异质文化的渗透时束手无策，由此也削弱了乡村振兴的文化根基，使乡村文化振兴面临更加复杂的局面。

6.1.3　民俗传承主体变迁

近四十年来，乡村民俗传承主体发生了巨大变迁，不仅传统的代际传承机制受到强烈冲击，而且父代与子代在民俗传承中的地位发生转移，最终促使乡村民俗传承的动力机制发生重要变化。

第一，民俗的代际传承发生断裂，出现传承危机。在稳定的乡村社会结构中，民俗文化一般是由父子相继实现代际传承。但是，乡村经济生活方式的变化和乡村人口流动性的增强，打破了传统意义上的民俗代际传承机制，代际传承链条出现了一定程度的断裂。随着中青年居民进城务工，中老年人群转而成为农业生产的主力，乡村游艺民俗不仅失去了创新的有生力量，也面临着后继乏人、难以传承的窘境。很多年轻人不愿意被束缚于土地和效益较低的农业生产领域，也对学习乡村的农业生产技术和手工业技艺缺乏兴趣，划龙舟、舞龙、舞狮子等一些需要一定技巧和力量、需要多人参与、集体性的民俗活动，由于缺乏年轻人的参与而难以正常举行，很多田地长期抛荒，一些富有特色的乡村民俗技艺面临失传危险。

第二，民俗传承中子代作用增强，父代影响相对减弱。在传统的农村社会中，父辈的权威不仅体现在农业生产、家庭经营等经济领域，而且贯穿于各类民俗的界定、执行之中。如父辈对于祭祖、家族、节庆等习俗的解读，即是晚辈必须遵奉之圭臬。随着农业生产在家庭经济中地位的下降和子代务工收入在家庭总收入中比重的上升，父代的权威包括对民俗的权威逐渐削弱，子代在民俗传承中的作用明显增强。如，过去很多子女对繁复的祭祀、家族仪礼虽不以为然，但也不得不严格遵守；现在，子代的意见则往往受到重视，很多农村家庭在举行祭祖、扫墓等仪式时，相关程序已大大精简；过去春节前的团年饭都有较为固定的时间和菜式，现在则受到自城返乡的子代的更多影响，不仅时间上变得更加灵活，而且菜品也更多地体现了城市文明的影响。

第三，民俗传承内生动力不足，外源因素的影响增强。改革开放以来的乡村社会，总体上是朝着更加开放、流动的方向发展。过去交通、通讯的落后，使处于地理环境和信息隔绝状态下的乡村民俗文化，长期在相对独立的社会环境中成长变化，因而呈现明显的地域性。改革开放带来的大规模社会流动和市场化，则使乡村成为更广泛联系的社会环境的一部分，乡村民俗文化因此受到更多外源性因素的影响。一方面，世界范围内思想文化交流交融交锋，使长期以来立足乡土中国的乡村民俗文化受到异质文化的较大影响，呈现脱域化特征；另一方面，本应是乡村文化建设生力军的青壮年大规模外流，使得乡村民俗传承的内生动力明显不足。

6.2 我国乡村民俗文化变迁的成因与趋向

近四十年来我国乡村民俗文化的巨大变迁，有着复杂的政治、经济、社会、文化、科技等方面的原因。在这些因素的综合作用下，未来的乡村民俗文化仍将继续处于建构—解构—重构的生成机制中，仍将与时代的发展变化同步同向。

6.2.1 民俗文化变迁的成因分析

近代以来特别是改革开放以来，我国乡村社会逐步从相对封闭的环境走向开放，并一步步整体纳入一体化的进程，政社互动较过去任何时候都更加频繁，政治、经济、文化、社会、科技等多重因素在乡村民俗文化的建构、解构与重构中产生重要影响，直接推动乡村民俗文化的巨大变迁。

　　第一，政治权力的干预与引导。在长期的乡绅治理架构下，乡村民俗文化的变化相对稳定和缓慢。鸦片战争以后，广大乡村被动卷入近代化大潮，现实政治力量对乡村民俗文化的渗透和影响与日俱增。特别是 1949 年后，各种新的思潮给广大乡村带来天翻地覆的变化，农村地区的很多陈规陋习被洗刷涤荡，到处充满新的风尚，乡村基层组织在破旧立新、建构乡村新风良俗中的作用得到充分发挥。改革开放以后，乡村基层组织的政治引导功能一度弱化，一些基层党组织软弱涣散，导致乡村民俗中的陈规陋习、封建迷信死灰复燃。近年来，乡村基层治理受到重视，基于实现乡风文明建设目标的乡村民俗文化的引导与重构再次提上议事日程，推进乡村治理体系更加完善成为新时代乡村振兴战略的主要目标任务。

　　第二，经济生活的发展与变迁。乡村的近现代化，首先是经济的近现代化。在乡村自然经济逐渐解体、商品经济逐渐发展的过程中，乡村民俗文化不可避免地发生重要变迁。伴随市场经济发展而来的大规模人口流动，导致农村家庭生产与生活方式发生空前变革，促使流动中的农村新生代劳动力以一种"子代主导"的家庭策略，直接推动或间接迫使乡村民俗文化出现适应性变迁①。改革开放后我国市场经济深入发展，使农村经济成为统一的市场经济的一部分，农村生产方式和家庭收入结构的决定性力量，逐渐从父代转移到思想更为活跃的子代，市场观念对长期板结的部分乡村民俗进行解构，同时以生活渗透的方式对乡村民俗加以重构，从而极大地改变了乡村民俗文化的内涵和表现形式。并且，经济发展对乡村民俗的解构与重构效应仍在继续。

　　第三，社会关系的流动与疏离。近四十年来的中国乡村，经历了中国历史上前所未有的人口转移，这种转移以候鸟式迁移为主，输出性转移为辅，绝大多数乡村人口的最终归宿仍然是乡村，而把城市作为他们暂时的驿站：

---

　　① 李磊、俞宁：《人口流动、代际生态与乡村民俗文化变迁——农村新生代影响乡村民俗文化变迁的逻辑路径》，《山东社会科学》2015 年第 11 期。

农闲进城，农忙回乡，或者春节在乡，平时在城。这种基于人口季节性迁徙的中国乡村被称为"半熟人社会"①，农民不断拉远与村庄的空间距离，疏离原有的村社人际关系，对乡村传统文化的认同感与归属感逐渐衰减，特别是农村文化精英大量外流，农村民俗文化的生活型代际传承体系遭到剧烈冲击，农村民俗文化不可避免地面临传承上的困境。同时，社会流动性的增强，也给长期板结的乡村民俗带来发展和活力，新的社会风尚通过大规模的人口流动，逐渐影响到乡村文化生活，从而催生出乡村新民俗。

第四，文化环境的交融与包容。近代以来的中国乡村，日益被纳入一个各种文化交织交融的开放环境中。频繁的革命运动，不断冲击着农村旧有文化体系；新式教育的普及，不断培养出具有求变求新思想意识的乡村先进知识分子；乡村的大规模人口流动和大范围经济交流，带来城市文化的融入、西方文化的渗透，乡村民俗文化的面貌呈现更为复杂和多样的特点。实际上，乡村民俗虽然不断吸纳着新的文化元素和因子，但始终保留了乡村文化的某些特质，从而表现出相对独立于社会文化变迁的某种文化韧性。这种韧性的守恒意义和追加意义，体现为农村民俗变迁中出现的传统与现代的并置与叠加，是农村社会应对社会变迁的一种生存策略②。

第五，科技条件的升级与交互。互联网技术的广泛应用和全球化的深入推进，使长期闭塞的乡村与城市同振、与世界同步，极大地改变了乡村民俗文化的面貌。过去，正月拜大年非亲自登门不可，即使天气恶劣，跋山涉水，亦要遵礼守信，如今电话、短信、微信、QQ 拜年则已成为时尚，社会交往方式从面对面变成了线连线。曾经的看戏、听书等民间娱乐，难以被崇尚便捷化、快速化、现代化生活方式的年轻人所喜爱和接受，其受众日益萎缩，越来越难以为继。当然，乡村民俗文化的变与不变是辩证的。互联网在解构乡村民俗文化中一部分生活方式、交往方式的同时，也在重新建构新的乡村民俗，如重视治理效率、遵守规则和规范、强调交往主体的平等互利

---

① 贺雪峰：《转型期中国农村社会的性质散论》，《云南师范大学学报（哲学社会科学版）》2013 年第 3 期。

② 吉国秀、李丽媛：《作为生存策略的农村民俗：变迁、回应与中国社会转型》，《民俗研究》2011 年第 2 期。

等，正在影响乡村的社会交往秩序和人际关系。

6.2.2　民俗文化变迁的趋向判断

在以上这些因素的共同作用下，近四十年来我国乡村民俗文化的变迁远远超出了我们的想象。当然，这种变化还远远没有结束。在我国加速进入经济、社会双转型的新时代，与经济、社会转型伴生的政治发展、社会发育、科学技术进步、意识形态、经济发展以及文化创造等因素，必将进一步诱发和推动乡村民俗文化产生新的发展变迁。

当前，我国乡村民俗文化的发展变迁呈现三个不同的趋向：一是进步、文明的发展趋向。习俗趋新，很多旧的落后的风俗习惯逐渐被摒弃，农村文化呈现新的气象，有利于国家政策的贯彻落实和农民的现代化、农村的现代化。二是复古、恋旧的发展趋向。在国家重视保护中华优秀传统文化的政策引导下，乡村优秀传统文化受到一定程度的保护与利用，一些优秀传统文化回归和受到人们的重视，同时由于基层文化治理的相对薄弱，一些地方也出现某些落后文化民俗的回潮，个别迷信、陈腐的民俗文化因素借势沉渣泛起。三是西化、洋化的发展趋向。一些西方文化习俗在农村地区有不同程度的影响，文化渗透应引起警惕。

进入新时代，乡村民俗文化的保护、传承与创新将面临重大机遇。一是国家文化发展战略中对包括乡村民俗文化在内的中华优秀传统文化的保护与重视。2017年1月，中共中央办公厅、国务院办公厅印发《关于实施中华优秀传统文化传承发展工程的意见》，提出加强新农村建设中的文物保护，加强历史文化名城名镇名村管理，实施中国传统村落保护工程，挖掘和保护乡土文化资源，形成良性乡村文化生态①。党的十九大提出我国社会的主要矛盾已经转化为人民日益增长的美好生活需要和不平衡不充分的发展之间的矛盾，要求加强农村基层基础工作，健全自治、法治、德治相结合的乡村治理体系。这意味着人民占主导的需求已经从满足物质生活需求为主，向主要满

---

① 《中共中央办公厅、国务院办公厅印〈发关于实施中华优秀传统文化传承发展工程的意见〉》，《人民日报》2017年1月26日，第6版。

足精神需求为主转型，乡村民俗文化在未来乡村治理中的作用将日益显著。2018 年 2 月，《中共中央国务院关于实施乡村振兴战略的意见》作为中央一号文件正式发布。《意见》提出到 2035 年，乡村振兴取得决定性进展，乡风文明达到新高度，乡村治理体系更加完善；强调坚持农民主体地位，要求挖掘乡村多种功能和价值，统筹谋划包括文化建设在内的乡村全面振兴；提出通过传承发展提升农村优秀传统文化、开展移风易俗行动等具体举措，繁荣兴盛农村文化，焕发乡风文明新气象①。

二是乡村文化自觉和文化自信的形成。从全国来看，我国经济总量已高居世界次席，经济发展进入新阶段，从追求数量到注重质量，人们在物质生活水平逐步提高的基础上，对精神文化的需求也不断提高，全社会对中华优秀传统文化的自信逐步增强。就农村而言，大量具有一定知识水平、相比父辈视野更为开阔的新型农民涌现，他们逐步意识到乡村民俗文化的经济和社会价值，开始形成关于乡村文化发展的一定意识和自觉，特别是一些古镇古村在保护与开发乡村传统文化资源方面已取得积极进展，获得显著回报，其典型示范效应将逐步扩展。

三是新时代乡村美好文化生活的需求更加迫切。改革开放四十年来，乡村的物质生活水平显著提升，精神文化需求的有效供给却明显不足，这一状况在近些年由于宏观文化发展环境的改善和农村文化意识的复苏而发生较大变化。目前，农村文化基础设施建设正进入快车道，也带动了文化软环境的改善需求，逐步引导和激活了农村文化消费潜力。新时代农民对美好文化生活的需求日益高涨，将为乡村民俗文化的传承与重构提供契机。

四是城乡良性互动逐渐形成。新时代乡村振兴的最大不同，在于城乡良性互动的条件逐渐成熟，城市人才、资金、技术、文化不仅具有支持与回流乡村的主观冲动，而且具有来自乡村方面需求的现实支撑。武汉市的"三乡工程"，是这方面的成功尝试，也代表了今后乡村文化治理的一个方向。随着国家鼓励社会各界投身乡村建设的系列政策的实施，城乡良性互动将越来

---

① 《中共中央国务院关于实施乡村振兴战略的意见》，《人民日报》2018 年 2 月 5 日，第 1 版。

越频繁。

因此，总体上看，我国乡村民俗文化变迁的基本趋向是，基于政治发展、经济发展、社会发育、技术进步、意识形态以及文化创造的民俗文化建构、解构与重构的发展变迁机制仍将继续发挥作用，其中城市的参与、农民的更生、社会组织的发达、进步文明的取向、优秀传统的回归、文化＋效应的外溢、文化治理与治理文化的双重意义，将是新时代乡村民俗文化变奏的主题词。

6.3 我国乡村民俗文化传承、创新的紧迫性与可行性

虽然乡村民俗文化的变迁不可逆转，变迁的总体趋势是向着现代化、文明化、开放化的方向发展，但同时也有一些农村优秀民俗文化正面临着后继乏人、即将失传的危机，很多农村的物质文化遗产也面临被毁坏的风险，农村的独特文化魅力正在褪色，我国农村民俗文化传承与创新的形势非常严峻，任务非常艰巨。一些地方在科学保护和合理利用农村传统民俗文化方面所进行的大胆探索和创新举措，则为农村民俗文化传承与创新提供了经验借鉴和可行性。

6.3.1 乡村民俗文化传承、创新的重要意义

民俗具有强化文化认同和情感纽带、维系村社共同体、加强社会一致性、教化和规制农村社会秩序等正向功能。正如钟敬文先生指出的，民俗"这种近乎神秘的民俗文化凝聚力，不但要使朝夕生活、呼吸在一起的成员，被那无形的纤绳捆束在一起"，还要"把现在活着的人跟已逝去的祖宗前辈连接在一起。"① 因此，农村民俗文化传承与创新具有重要意义。改革开放以来快速的城镇化，使我国广大农村的传统民俗文化被过度解构，一些优秀民俗文化面临行将消亡的风险，因而农村民俗文化的传承与创新形势严峻，

① 钟敬文：《民俗文化学：梗概与兴起》，中华书局 1996 年版，第 54 页。

其重要性和紧迫性日益凸显。

第一，物质形态的民俗文化遭到很大程度的破坏。据 2017 年 12 月发布的中国首部传统村落文化遗存与保护状况蓝皮书《中国传统村落蓝皮书：中国传统村落保护调查报告（2017）》披露，自 2000 年至 2010 年，中国自然村由 363 万个锐减至 271 万个，10 年间减少了 90 多万个，平均每天消失 80 到 100 个，其中就包含了大量传统村落。同月召开的第三届中国古村镇大会也指出，近 15 年来，中国传统村落锐减近 92 万个，并正以每天 1.6 个的速度持续递减。① 伴随传统村落减少的是，大量农村的古建筑、古民居、古街道等逐渐消失，其原因有多个方面：农村人口大量进入城市后造成农村"空心化"，原有建筑缺乏维护而加速毁坏；由于生产方式和生活方式的巨大变化，原有的一些物质形态的民俗文化出现功能性退化，久而久之也被毁弃，一些地方政府和农民片面认为，农村的未来就是"掀翻石板路，修起水泥路，拆了木头青砖老院子，盖起钢筋红砖洋房子"，把盖新房、住楼房作为农民提高生活质量的重要内容，由此大拆大建，拆旧建新，最后造成大量富有优秀民族特色和历史文化价值的传统建筑灭失，幸存的古建筑与新建的小洋楼极不协调，严重破坏了传统建筑文化艺术氛围；过度商业开发加速传统村落衰落，许多古建筑按照商业意愿被随意改造和拆毁，造成大量难以逆转的人为破坏；频繁发生的各种地质灾害、洪灾、火灾，也对传统村落建筑造成破坏。如，黄花涝目前保存下来的古建不多，亚元居、王氏宗祠、文家院、振兴屋等古建筑都被拆除，现存的古建夹杂于更多的现代建筑之中，传统居住民俗文化之美比较缺乏；川渝地区的一些少数民族村寨，建于清代到民国时期的木制干栏式建筑因村庄空心化严重，缺乏管理，有的房屋结构松动，倾斜明显，有的瓦面严重破损，一些精美的雕花家具掉落；2016 年 7 月，茶马古道滇藏线支线上的一个古村，因遭遇一场大火，老街 7 户房屋遭到严重毁坏。另如，据《海南日报》报道，以上情况在海南传统文化名村保护中也

---

① 参见：《胡彬彬：应尽快出台专门法规保护传统村落文化》，中国日报网。http：//hn. chinadaily. com. cn/2018 - 01/25/content_ 35578276. htm；王晶：《濒临消失的中国古村落：10 年间减少了 90 多万个》，央广网 http：//culture. china. com/expo/11171063/20171212/31796034_ all. html#page_ 2.

比较常见。其中，曾被列入海南四大文化名村的海口市上丹村，古牌坊、名人故居、青云桥等人文古迹大多被毁，村民自建的现代钢筋水泥建筑则取乡土建筑、旧式民居而代之，使慕名而来的游客"心凉"；海口市荣堂村的古民居虽然保存较好，但是从 120 户的大村，变成现在只剩 4 户、不到 10 人的空村，坍塌、废弃的老房子越来越多；海南唯一国家级非遗黎村东方市白查村的村民全都搬迁新村以后，村里 80 多间传统黎族船形屋全部人去屋空，面临着迫在眉睫的保护难题；中国历史文化名村三亚市保平村，5 年间已经有近十户百年古宅被拆或者倒塌。① 由于物质形态的民俗文化具有不可逆性，兼之很多地方缺乏充足的资金和相应的保护意识，其传承与保护实际上是与时间赛跑。

第二，非物质形态的民俗文化面临代际传承危机。从黄花涝调查来看，非物质形态的民俗文化正面临传承危机，不仅个体性的手工技艺处于传承断层、濒临失传境况，而且集体性的民俗活动，如舞狮子、舞龙、划龙舟、唱楚剧，也出现参与不足、后继乏人的窘境。由此推之全国，同样的情况在很多村落中不同程度地存在着。如很多农村地区曾经颇有市场的传统戏曲、传统美术、传统武术、传统医药、传统手工技艺等，在 20 世纪 90 年代以后曾经衰落得非常厉害，一些传统戏曲不仅没观众，演员也逐渐流失，皮影戏、木偶戏等一些地方小戏更是举步维艰，以前一个县有几十、上百个地方小戏剧团，几十、上百个戏剧本子，一年到头演出不断，逢年过节供不应求，但随着市场需求的减少越演越少，其基本的传承也面临断层，逐渐成了需要抢救的非物质文化遗产。2017 年，法国 24 小时电视台以《中国农村戏班子正面临消失》为题，对我国农村传统戏曲表演的困境进行了关注报道，其列出的具体表现包括：戏班子越来越难招收到新学徒，难以吸引和保住观众，看演出的多半还是老年人②。孝道曾是传统家族关系的基础，但在市场经济条件下传统孝道已日渐衰落，很多农村老人遭遇养老困境。究其原因，既包括

<hr>

① 况昌勋、邵长春、王欢欢：《声声哀叹古村落》，《海南日报》，2013 年 7 月 30 日。
② 《法媒：中国农村戏班子正在面临消失》，潘亮译，《环球时报》http：//oversea. huanqiu. com/article/2017 - 05/10606128. html.

家庭中代际关系和夫妻关系的格局发生深刻变化，传统的血缘主导逐渐让位于姻缘主导，也与市场理性逐渐侵蚀道德领域，家庭经济地位日渐下降的老人在家庭中的话语权和地位开始边缘化有关。实际上，传统孝道式微既是一个民俗文化领域的问题，也是社会学领域中的一个重要课题，是实施新时代乡村振兴战略绕不开的话题。以上种种非物质形态民俗文化所面临的代际传承危机，已不单纯是民俗文化层面的危机，而是伴随着更深远的社会层面的重要意义。长期以来，乡村中国一直是中国社会秩序的晴雨表。在乡村治理中，家族民俗、人生礼俗、精神生活民俗等传统民俗文化一直扮演着重要角色。当这些传统民俗文化在当代乡村日渐式微时，其内在的情感凝聚、文化认同和教化规制等正向功能也难以发挥作用，乡村治理的职责就全部落在基层组织身上，从而造成了基层组织责任过载，乡村治理不可避免地出现一些薄弱环节甚至是空白地带。

6.3.2 乡村民俗文化传承与创新案例分析及经验借鉴

传承性是民俗的一个主要特征，同时也由于文化发展条件的不同，而在不同的国家和地区呈现一定差异性。现代民俗学最早诞生于欧洲，美国、日本接受民俗学概念也比较早，因此这些国家和地区的民俗传承受到重视的程度远远高于其他国家和地区，它们在推进城乡古旧建筑、民俗文化活态化与产业化方面已有很多成功案例，在民俗传承方面的有益经验值得借鉴。

在英国，乡村传统文化保护是在对乡村凋敝进行反思后取得成效的，其基本经验是重视社会参与、立法规范与政府推动之间的良性互动。个体农民、社会团体最先意识到乡村文化和自然景观面临的威胁，他们先后成立了名胜古迹国民信托（1895 年）、自然保护地促进协会（1912 年）、英国乡村保护协会（1926 年）等社会团体，呼吁永久保护英国自然景观和历史名胜。在社会的推动下，英国政府于 1943 年成立自然保护地委员会，设立城市和乡村计划部，通过《国家公园和亲近乡村法案》，发起了"正确使用乡村的宣传运动"。20 世纪 80 年代，政府通过多部乡村文化保护法案，其中仅乡村旅游方面的立法即有 12 部以上，这些法案不仅明确了相关部门和相关主体在乡村文化保护中的职责，而且规定了确保乡村建筑保有传统的外观、在全社会营造维护乡村文化的氛围、奖励环境友好行为、对青少年进行亲近乡村文化的教育、促进政府部门同社会团体和企业合作等理念，从而使乡村文化运动成为英国重拾乡村文化精神的一次广泛社会运动。①

　　与英国相比，意大利的文化遗产保护从一开始就主要以政府的推动为特征。早在 20 世纪初，意大利议会就先后颁布了关于传统手工业保护、民间文化作品著作权保护等内容的法律法规。在其保护机制中，意大利文化遗产及文化活动部始终是代表国家履行遗产保护职能的最终责任人和文化保护资金的主要来源。同时，社会群体在保护文化遗产过程中的重要性也得到承认和重视，民众也积极以各种形式参与文化遗产保护工作。②

　　在美国纽约，有一个著名的 Loft（阁楼）保护和再造运动，其主要思路是，艺术家对一些房东愿意免费出租的、建造于 19 世纪中后期、因种种原因被弃置的 Loft，以一种新的艺术创作和展示方式加以修缮，并赋予其符合现代生活的功能，从而创造了一种城市更新模式③。

　　法国是文化大国，但法国乡村曾在"二战"后陷入人口骤减、功能单一、景观衰败及乡村文化边缘化等危机。在经过有效的政策干预后，法国乡村于 20 世纪 90 年代实现人口回流、功能产业多样、生态环境优越、乡村文化凸显等为特征的"复兴"。法国乡村文化复兴的策略包括政府主导的乡村特色保护与发展政策和社会多方参与的乡村特色保护与发展行动。其中，法国"最美乡村协会"（1982 年）的成立和建筑、城市与景观遗产保护区制度（1983 年）的建立，对维护和提升乡村历史文化遗产的品质，挖掘村镇乡土历史文化资源、塑造具有地方特色的文化意象，起到了积极作用。如，巴黎远郊小镇普罗万在 1965—1997 年间，充分利用"建筑、城市与景观遗产保护区"等文化遗产保护工具，加强历史文化遗产的保护，联合民间协会、专业公司推动基于当地历史遗存的文化项目的发展，通过年度"丰收节""中

---

①　肖宏宇：《英国乡村文化的发展与保护》，《学习时报》2013 年 4 月 22 日，第 9 版。
②　黎昕：《论城镇化进程中传统文化的保护与传承——以英国和意大利为参照》，《东南学术》2016 年第 1 期。
③　赵玉洁：《乡村公共文化空间的多元化实践》，《中华建筑报》2013 年 1 月 15 日，第 9 版。

世纪节""骑士传说""城墙之鹰"等文化节庆及日常表演活动吸引游客，促进了乡村文化复兴。①

　　德国是欧盟主要成员国之一，其乡村文化保护政策既受到欧盟共同政策影响，也具有德国自身特点。总体说来，德国乡村文化保护主要以乡村整治为政策工具，强调由联邦、州和地方政府联合社会团体、动员乡村社区村民参与的综合施策，并且乡村文化保护经历了一个逐步发展的过程。二战后的经济高潮，推动德国城市扩张，对速度的追求导致对乡村风貌特色的忽视，给城乡文化特色保护带来严峻挑战。特别是20世纪70年代出现的郊区化现象，使德国乡村地区面临开发过度、村庄特色和魅力丧失等问题。在这一背景下，德国社会出现了要求保护自然环境、维护乡村人文传统的思潮，并对政府的乡村发展政策产生重要影响。20世纪60年代初，德国联邦食物、农业经济和消费者保护部与德国园林建设协会以及有关各州不同部门合作，开始推动持续50多年的"美丽村庄"两年一度的竞赛活动。其基本理念包括：重视乡村发展中的地方特色、自身魅力、环境资源特点、历史文脉和聚落肌理的保护与延续；把历史村庄和遗产的保护与整修作为美丽乡村的重要内容；乡村建设实践中的生态、文化、旅游、休闲、经济等价值同等重要。1992年后，美丽乡村竞赛逐渐转向未来乡村建设，其理念也更多地体现为重视历史村落的生长结构、村庄文化和传统的保护与传承，尤其强调经济和文化发展对乡村整治的重要意义。②

　　在日本，原生态建筑保护、农业与旅游结合、民俗与旅游结合、民俗体验活动等成为乡村民俗传承保护利用的主题词，在世界范围内产生很大影响。其中，被誉为"日本传统风味十足的美丽乡村"的合掌村，在文化遗产保护和传承上具有世界领先水平，是日本传统民俗科学保护与利用的典型代表。合掌村沿袭并创造出一系列独特的乡土文化保护与开发措施，主要包括：第一，多种形式保护和展示原生态建筑。村民至今沿用历史延续下来的

---

① 李明烨、王红扬：《论不同类型法国乡村的复兴路径与策略》，《乡村规划建设》2017年第1期。

② 吴唯佳、唐燕、唐婧娴：《德国乡村发展和特色保护传承的经验借鉴与启示》，《乡村规划建设》2016年第1期。

茅草屋建筑样式，并继承和发扬了互帮互助共建茅草屋的历史传统；建立博物馆展示合掌村民俗文化，协会将一些村民移居城市后的空屋改造成合掌民家园博物馆，使之成为展现当地古老农业生产和生活用具的民俗博物馆。同时建立"合掌屋建造博物馆"，展示合掌村茅草屋建筑的结构、材料及建构方法的模型，两类博物馆形成了具有较高审美价值的乡村景观。第二，开展村落自然景观保护。村民自发成立"白川乡合掌村集落自然保护协会"，制定《住民宪法》《景观保护基准》等景观保护与开发规则，规定合掌村建筑、土地、耕田、山林、树木"不许贩卖、不许出租、不许毁坏"的三大原则，针对旅游景观开发中的系列行为也做了具体规定；与丰田汽车制造公司联合建立一所体验大自然的学校，吸引游客到学校里住宿、听课、实习和体验。第三，促进合掌传统文化旅游资源开发整合。把当地农副产品及加工的健康食品与旅游直接挂钩，使当地农业发展与旅游观光事业紧密结合，提高农业综合效益；适度开发利用合掌民居，在保持建筑外观不变的前提下对室内进行现代化改装，提高游客接待能力和民俗旅游体验；立足本地乡土特色创新旅游项目，充分挖掘以祈求神来保护村庄、道路安全为题材的传统节日——"浊酒节"，吸引游客观赏。第四，配套建设商业街。根据旅游发展需求，按照景观保护与开发规则建设商业街，店面合理分布，店面装饰充分利用当地的自然资源，体现了乡土文化特色、整体美的风格和方便游客。经过数十年的开发，现在合掌村里的"合掌造"仍有113栋，其中109栋被指名保护。由于在传统民俗传承保护利用方面的突出成就，合掌村于1995年12月入选世界文化遗产名录，其评语是：这里是合掌造房屋及其背后的严酷自然环境与传统的生活文化，以及至今仍然支撑着村民们的互助组织"结"的完美结合。[1]

　　在韩国，政府注重通过"教育＋民俗"推进民俗文化普及。韩国制定专门的规章制度，要求中小学生到国内的民俗村体验生活，现场学习和了解乡村风俗习惯、祭祀礼仪、民间器具、建筑民俗、服饰文化，并把这一经历作

---

① 顾小玲：《农村生态建筑与自然环境的保护与利用——以日本岐阜县白川乡合掌村的景观开发为例》，《建筑与文化》2013年第3期。

为学生升学、考评、毕业的重要依据①。与韩国类似，日本也在小学所设的
"综合性学习"中纳入当地民俗文化教育内容。如长野县当地小学于 2005 年
开始利用国家补助政策，对 4 年级以上的学生进行歌舞伎训练和乡土传统
"艺能"传承活动，当地的中学则早在 1975 年即成立了歌舞伎俱乐部，加强
后继者培养。

在挪威，政府非常重视民俗文化的"动态"传承。挪威民俗博物馆的工
作人员"住"在博物馆的老房子里，他们以中世纪花园中的闲聊、格子衫、
细麻布围裙、咖啡和刚烤好的面包，向参观者展现关于历史年代的历史文化
场景，从而增加博物馆的吸引力。

在乌克兰，人们同样用生活中的"活态"传承，保护和延续了具有悠久
历史的彼得里科夫卡民间装饰画。这种装饰画产生于 18 世纪 70 年代，是村
民用芦苇秆、树枝或手指蘸着红、黄、蓝等颜料粉刷房屋的外墙，并绘上当
地常见的花、鸟等自然生灵图案而形成的，2013 年被联合国教科文组织宣布
为"人类口头和非物质遗产代表作"。其"活态"传承的具体方法是，保证
彼得里科夫卡每个家庭至少有一位成员从事与这种装饰画相关的工作，让人
们的生活与工作都离不开装饰画，从而实现保护目的。

在匈牙利，有一座名为霍洛克的古村落，它于 1987 年被联合国教科文组
织列为世界文化遗产，是世界上最早进入世界文化遗产名录的村庄之一。霍
洛克的最大优势是虽然历经变乱却仍然保留了大量传统民居和悠久的民俗，
是匈牙利面积最久、保留最完整的历史遗迹和传统民族文化保护区，因此成
为生活体验型民俗旅游的绝佳目的地。霍洛克村的建筑遵循着 10 世纪的构
造风格，民居屋顶覆盖大约半米厚的茅草，以一种白石头砌筑而成，仍然保
留着 15 世纪匈牙利农村的原始风貌，其中的大多数建筑已经具有上百年的
历史。村庄也仍然保留着完好的民俗，圣母显灵的传说、欧洲古典屈膝礼、
绣花白头巾、红蓝印花套裙等构成富有魅力的欧洲中世纪乡村生活风尚。世
界遗产委员会对霍洛克村的评语是：霍洛克是被精心保护下来的传统民居的

---

① 马驰：《文化遗产的保护与历史文脉的传承———对韩国文化遗产保护经验的思
考》，《广西师范大学学报（哲学社会科学版）》2009 年第 1 期。

一个典型范例，这个村落主要发展于 17 和 18 世纪，是 20 世纪农业革命前乡村生活的一幅生动图景。由此可见，原汁原味的传统民俗文化，仍然是乡村文化建设中最可宝贵的核心资源。

乡村民俗文化保护与传承是东西方文化发展中的共同课题。与欧美发达国家相比，我国农村民俗文化保护传承在观念、资金、技术、社会支持、机制等方面尚有很大差距，所面临的形势也更加严峻，因而创新农村民俗文化保护与利用机制更加具有紧迫性和重要性。当然，在我国经济发展到一定阶段以后，越来越多的人意识到文化建设的重要性和保护中华优秀传统文化的紧迫性。在认识提高的基础上，更多地方政府也开始把创新优秀传统民俗文化保护利用机制纳入议事日程和重点工作，在资金、技术、人才等方面加大支持，涌现出一大批成功案例。

关于古村落民俗文化的开发利用，华东地区走在全国前列，积累了丰富经验。江苏省苏州市的周庄、同里、角直古镇和浙江省西塘、乌镇、南浔古镇，是全国最早开发旅游并取得成功的江南六大古镇，其基本开发模式是：立足古村落中的居民古旧老宅等原始建筑景观和名人故居等人文风貌，向游客展示最传统的乡村民俗文化元素和文化价值，属于文化观光型的民俗文化开发利用模式①。其他如位于苏州"太湖第一古村落"陆巷村的经验是，发挥政府、社会、村民三方积极性，通过三方共赢实现保护目的。其具体做法是，政府完善古村基础设施，对价值较高的古建筑进行修缮，并以此作为资本入股，吸引社会资金参股成立旅游股份公司，村民按其古建筑的评估价值入股，参与景区盈利分红。与苏州类似，浙江也注重鼓励多元参与加强民俗文化保护，其具体做法是，政府通过政策引导和资金支持，鼓励民营企业、个人等民间力量加入民俗展览馆建设，宁波市按照这一思路先后建成 40 多家民俗展示馆，从而把促进社会参与和突出民俗特色紧密结合起来，较好实现了保护传承目的。

进入 21 世纪以来，单纯文化观光型的古村落民俗文化开发利用模式面

---

① 任国才、韦佳：《古镇古村的三代旅游开发模式》，《中国旅游报》2015 年 1 月 28 日，第 11 版。

临日趋激烈的竞争，一种尝试增加游客停留时间、丰富旅游消费供给的休闲度假型旅游开发模式异军突起①，其代表包括浙江乌镇西栅、云南丽江大研古镇、四川洛带古镇和黄龙溪古镇、贵州西江千户苗寨、福建厦门山重村等。这种模式是将静态的古村落历史文化遗存与休闲商业性质的餐饮、住宿、娱乐等业态相结合，从而提高民俗文化旅游的吸引力和消费能级。以浙江省为例，2014 年，杭州出台《杭州市发展农村现代民宿业和农村运动休闲业扶持资金管理办法》，每年拿出一定资金，专门扶持推动农村现代民宿业和农村运动休闲业的发展。如对租赁经营民宿的企业每张床位补助 2000 元（补助总额不超过 10 万元），对民宿示范村补助 15 万元，对每个农村休闲驿站和漂流点补助 8 万元。在这个政策的激励下，桐庐县挖掘乡村古樟、古桥、古银杏、古民居和现代景点元素，推广传统民居芦茨土屋民宿产业，着力打造环溪"一家人"民宿特色集聚区，形成了市场认同度很高的民宿品牌②。浙江省义乌市何斯路村则通过整合本村历史文化遗迹，修缮明代古民宅、中国汽车制造第一人何乃民故居、何家祠堂和新四军旧址、燕子坳旧村等历史文化资源，推进墙体文化建设，举办每年一届的何氏家酿曲酒节，传承村落历史文化，较好地实现了民俗文化的传承与保护。

　　安徽省在古村落民俗文化保护利用方面也颇有成效，荣膺世界文化遗产和国家 5A 级旅游景区的西递、宏村已成为古民居开发保护的经典案例。其他如黄山市碧山村的"碧山计划"③，则是通过将古徽州乡村古民居改造成酒吧、旅店，举办碧山丰年庆（中国传统农耕社会的祭祀仪式），恢复渔亭糕等当地传统食物，开展乡土建筑保护调研夏令营等方式，试图将当地乡村文化艺术的某些质素转换成当代建筑和设计的语言及形态，吸引当地民众参与公共文化生活，吸引外地游客，这一探索通过建设"文化共同体"、加强

---

① 任国才、韦佳：《古镇古村的三代旅游开发模式》，《中国旅游报》2015 年 1 月 28 日，第 11 版。

② 方向东、俞陆平：《现代民宿，环溪村最佳》，《钱江晚报》2014 年 4 月 18 日，第 5 版。

③ 赵玉洁：《乡村公共文化空间的多元化实践》，《中华建筑报》2013 年 1 月 15 日，第 9 版。

徽州古村古镇保护利用的发展模式已取得积极成效。

上海、广州、陕西在加强民俗文化保护利用方面具有一些共同点，其基本经验是发挥多元主体积极性，立足村落活化，形成传统民俗的传承与科学开发。① 如上海市浦东新区三林镇抓住文化空间建构这个关键，通过政府打造的"三月半"圣堂庙会和民间性的西城隍庙庙会等民俗节庆，丰富了公共文化内涵，延伸了文化传承空间，激发了文化创造活力。

广州市黄浦区深井村尝试自下而上、多方参与、共商共建共享、多渠道筹资的"工作坊"方式引导古村落活化改造，创造了以多主体参与和自我更新为核心的深井村微改造经验。与上海、广州都不同的是，陕西地处内陆，虽然古村落众多，但是声名鹊起的礼泉县袁家村却并非古村、名村，其主要做法是"借"文化、"聚"民俗进行民俗文化再创造，以文化糅合的方法着力聚集关中民俗文化精华，促进静态民俗与动态民俗、物质文化与非物质文化紧密结合，从而成为展示关中民俗的"第一村"。袁家村经验作为乡村民俗旅游的成功样本，引起理论界的强烈关注。

我国台湾地区在利用老旧建筑发展民宿产业方面处于世界前列，其发展经验对大陆具有重要的参考价值。台湾民宿可追溯至 20 世纪 80 年代，当时台湾地区一些原住民利用空屋与当地特有环境经营民宿，增加原住民收入。2001 年台湾地区正式颁布《民宿管理办法》，此后民宿迅速发展并出现两极分化，一些精品民宿脱颖而出。这些精品民宿的一个重要经验是，挖掘自身文化魅力增添民宿吸引力，以自身动人故事与个人魅力，塑造出一个独特的主题作为主体文化②。如金门"国家公园"管理处自 2005 年起，将修复后的传统建筑作为经营民宿使用，深受游客喜爱。

总体来看，我国在古村落民俗文化保护利用方面还处于起步阶段，无论

---

① 参见：黄江平：《社区文化空间的多元建构——以上海市浦东新区三林镇为例》，《上海文化》2013 年第 12 期；何姗，黄婷，莫冠婷：《广州第一个自下而上、公众参与的古村微改造："深井实验"或成广东古村活化标杆》，《新快报》2017 年 11 月 7 日，第 A09、A10 版；李玉洁，张栋平：《陕西袁家村：提升文化创造力》，《中国文化报》2015 年 10 月 17 日，第 6 版。

② 许静、陈才：《基于生活美学产业视角的台湾精品民宿经营模式探讨》，《台湾农业探索》2017 年第 3 期。

是数量还是质量，都与发达国家和地区存在较大差距。据统计，在我国 2000 多个传统村落中，已经开发的比例偏低，开发成功的更少。如传统村落数量最多的云南（502 个），进行旅游开发的古村落比例不足 10%，开发效果尚可的不到 1%；贵州 426 个传统村落中，进行旅游开发的比例不超过 5%。目前困扰绝大多数古村落开发的主要因素包括：交通闭塞，在途时间成本高，旅游舒适性不佳；保护和修复前期资金投入大，开发经营不确定性较强；专业人才缺乏，旅游开发层次较低；复杂的产权关系与不规范的营商环境，造成"交易成本"偏高。① 即便是国内一些比较成功的古村落开发案例，也在促进传统民俗文化的有效保护与科学利用的相互结合方面，在一定程度上存在着顾此失彼的现象。如，一些古村古镇开发中引入商业模式，虽给民俗文化带来新活力，但又面临高度商业化对文化的过度侵入，造成原生文化的同质化、空心化。

以上国内外民俗文化案例是在长期的探索与实践中逐渐形成、发展和成熟的，虽然其时代条件、文化背景、地域特征和具体措施不尽相同，但亦具有一定的普遍意义，它们的探索对于思考和推进新时代农村民俗文化传承与创新具有重要借鉴意义，其基本经验和启示主要有八个方面：

其一，政府推动在民俗文化保护中具有决定性作用，政府责任无法推卸。民俗文化保护需要依赖政府的政策、资金和技术的支持，即使如英国这类市场经济和社会组织发达的国家，虽然有社会层面的反复呼吁，在政府没有真正意识到保护乡村民俗文化的重要性和制定实际的政策之前，乡村民俗文化的保护只能是不完全的。国内的民俗文化保护，相比发达国家更加依赖政府的政策引导和财政支持。政府的这种决定作用，一方面表现为政府可以为合理利用传统民俗文化提供基础设施、产业政策和资金支持，另一方面也表现为政府具有相对更高的权威来确保乡村传统民俗文化资源免于遭到人为破坏。

其二，尊重村民的主体性、积极性和创造性，有利于促进民俗文化保护的可持续性。坚持村民的主体性，是西方发达国家推动乡村文化发展的一条

---

① 任国才：《古村落开发难在哪？》，《中国文化报》2015 年 4 月 11 日，第 5 版。

重要经验。如德国乡村发展中，即始终坚持以充分调动和发挥村民的积极性为核心原则，采取各种措施使更多村民参与到乡村整治的过程中来，以推动乡村的发展转型。重视人的因素，尊重人民群众的首创精神，这是我国的政治优势。乡村文化振兴最大的受益者是农民，最大的力量源泉是农民，最终的评价者也是农民。民俗文化保护中，虽然必须引入外来创新力量，但是归根到底必须依靠村民，充分发挥村民的积极性和创造性，从而不断激发乡村文化振兴源源不竭的内生动力。任何排斥村民、忽视民俗商业开发与原住民共赢关系建构的保护利用模式，注定不能长久。推进乡村民俗文化保护，既应重视村民意愿，努力动员和吸引更多的村民参与到民俗文化保护中来；也应通过乡村民俗文化保护，改善和提升村庄人居环境，提升村民文化素质和文明素养，努力把更多的村民变成自觉的民俗文化传承人。只有这样，乡村文化振兴才能真正见成效和可持续。

其三，发动社会力量广泛参与，有利于实现农村民俗文化大保护、大传承。乡村民俗文化的保护与利用，既需要政府扶持，也需要村民参与，还需要社会支持，三个方面的力量相结合，才能真正实现科学保护与合理利用。从国内外相关案例分析，社会支持主体主要包括商业机构、公共组织、科研机构等，主要提供的则是乡村民俗文化保护意识的唤起以及资金、技术与创意的注入。国内如广州市深井村活化改造中，由中山大学、广州市城市规划勘测设计研究院等提供的创意和技术支持至关重要；上海市三林镇在完善社区文化空间中，由民间力量举办的西城隍庙庙会发挥了积极作用；在江苏、浙江的古村落民俗文化开发利用中，民营企业则居功厥伟。在西方发达国家的乡村民俗文化保护中，社会多元主体参与表现得更为明显。英国政府的乡村传统文化保护政策及其实践，是在英国乡村保护协会等社会团体的直接推动下才启动和实施的；德国乡村衰败所引发的要求保护自然环境、维护乡村人文传统的社会思潮，对政府的乡村发展政策产生重要影响；法国"最美乡村协会"的成立及其活动，促进了政府维护和提升乡村历史文化遗产品质的系列政策实践；美国纽约的阁楼保护和再造运动，则展示了个体艺术家在城市更新中的重要作用。由此可见，在尊重村民意愿的基础上建构多元主体参与机制，对于乡村文化振兴具有重要意义。

其四，农村民俗文化保护具有历史性和阶段性。农村民俗文化作为思想上层建筑的重要内容，建立在一定的经济基础之上并受到经济发展水平的制约。在西方发达国家，虽然民俗学早在 19 世纪末即已作为一门学科被欧美各国普遍接受，但其乡村民俗文化受到真正重视和保护却是在二战以后。以德国为例。总体来看，德国乡村文化发展受到整个德国经济社会发展阶段影响的特征非常明显。在二战后持续近二十年的"黄金时代"，德国经济高速发展，对经济发展速度的追求导致对乡村文化风貌特色的忽视和破坏。20 世纪 70 年代石油危机之后，经济增长速度趋缓，乡村历史文化特色保护的重要性才逐渐引起政府和社会各界的重视。其后，德国开始了乡村整治的规划及其实施。我国乡村民俗文化在 20 世纪六七十年代的政治运动中受到巨大冲击，一些优秀传统民俗文化被无序解构，在改革开放以后又进一步受到市场经济大潮的冲刷，很多乡村风貌损毁比较严重。进入新世纪后，随着生活水平提高和经济增速放缓，人们对发展、生活质量和精神文化生活的需求逐步提高，乡村民俗文化保护日益成为政府和公众层面的共识。当然，农村民俗文化保护总体意义的历史性和阶段性特征，并不必然排除其跳跃性。由于我国地区发展的不平衡，经济发达的东部地区乡村民俗文化保护意识形成更早，其成功经验的示范效应极易与中西部地方政府的经济增长追求达成一致，从而使中西部地区的乡村民俗文化保护跨越发展阶段的限制。近几年，陕西、贵州、云南等地非常成功的古村古镇开发案例，即是这一特征的例证。

其五，静态展示与动态传承、活态保护的相互结合至关重要。乡村民俗文化既包括物质形式的历史遗存与传统建筑风格，也包括非物质形式的传统人文生活景观和文化遗产，其保护利用的模式应根据实际情况有所区别。如对于具有历史价值、不可复制的历史遗存和文物以及村落的传统文化风貌，应坚持原生态保护，切忌先拆真文物，再造假文物。对于一些与生活关联性较强的民俗文化形式，如传统居住形式，可尝试采取动态性保护、创造性保护的途径实现更新与保护目的。有些古民居如海南黎族茅草屋确实有保护价值，但是其维护成本高企，居住功能和舒适度相对现代建筑又大大逊色，很多由于长期空置年久失修，濒临损毁。解决这个保护难题，就必须通过开发民宿、保留外在建筑形式与提升内部功能等途径进行创造性保护，促进古镇古村生活方式与现代生活、休闲方式有机接轨，让村民从传统生活方式中获利，从而提高村民保护积极性。日本合掌村乡土文化保护的成功之处，即在于以多种形式保护和展示原生态茅草屋建筑样式，并适度开发利用合掌民居。对于一些非物质文化遗产特别是传统手工技艺，可探索通过生产性保护模式实现传承与利用。近几年，《我在故宫修文物》《了不起的匠人》《本草中国》《手造中国》《百心百匠》等非遗技艺纪录片大热，表明传统手工技艺的动态展示更能引起人们特别是年轻人的兴趣。因此，依托古村落传统手工技艺复原传统手工艺制作流程，为游客提供观赏、体验、购买的生动文化生活场景，将是乡村民俗文化动态传承与活态保护的一个可期待的有效途径。

其六，传统民俗文化保护策略和政策工具应坚持差异性。不同的国家和地区由于历史习惯、文化传统和制度安排不尽相同，在制定传统民俗文化保护策略和选择政策工具时，往往体现出一定差异性。如，英国乡村传统文化保护的基本经验是以立法规范的形式强化政府推动，并重视政社良性互动；意大利虽然也注意发挥民众积极性，但政府推动始终是主要特征；法国传统民俗文化保护的政策目标是实现乡村文化复兴，其基本策略包括以乡村特色保护与发展政策为基础的政府主导和社会多方参与；德国乡村文化保护主要以乡村整治为政策工具，具体措施则是"美丽乡村"竞赛和"未来乡村"建设；日本的主要经验则是原生态建筑保护、民俗与旅游结合、民俗体验活动、民俗文化教育等；挪威、乌克兰等国家，更为重视民俗文化的"动态"和"活态"传承。我国广大乡村的具体情况千差万别，民俗文化保护策略选择应取决于当地文化遗存和历史文化资源的现实状况，特别是应立足特色和发挥比较优势，以提高保护和利用效果。从目前国内的相关案例看，有些地方简单复制其他地方的做法，却"画虎不成反类犬"，其原因就是脱离了自身特色优势。同时，在选择保护利用策略时，应把本地特色和比较优势与受众消费偏好、市场发展趋势等因素结合起来，积极推动民俗文化保护从静态展示阶段向活态传承、动态体验阶段转变。

其七，传统民俗传承意识与内在文化自觉的培育具有决定性的意义。如果把传统民俗比作鸡蛋，要使鸡蛋孵出小鸡，不能单纯依赖从外部去打破它，而必须依靠具有从内打破鸡蛋壳的生命力，因为从内打破才是成长，才是接续。乡村民俗文化是在长期的生产生活中逐渐积淀而成，同时也仍然处于不断的重构之中。传统民俗文化的传承，从来都是存优去劣的历史过程。乡村民俗文化传承与创新的目标，是形成优秀传统民俗文化代际传承的健全机制。然而现实的困窘在于，过去那种基于农耕模式和血缘关系的生活型代际传承体系已遭到严重冲击——父代与子代生活空间不一致，父代与子代之间的权威发生转移，处于主导地位的子代受到城市文化的影响更大。在这种情况下，要唤醒乡村内在力量的文化自觉，就必须积极建立学习型民俗文化代际传承体系。可以通过学校教育的介入和发展民俗体验游，提高少年儿童对乡村民俗文化的认知，培育他们继承传统民俗文化的意识。还可以通过民俗文化开发和民俗文化社会宣传，激发社会公众对乡村民俗文化的了解和参与保护的热情。如日本、韩国政府都非常注重民俗文化教育和保护意识培养，其中，日本在中小学开设当地民俗文化教育课程和开展乡土传统"艺能"传承活动，韩国以规章制度强制要求中小学生必须具有学习和体验国内乡村民俗的经历。近年来，国内也日益重视民俗文化意识培育，出现了一些效果较好的传习案例。如 2017 年 10 月非遗技艺纪录片《寻找手艺》上线后，首月网络播放量即突破 200 万，既扩大了民俗的传承范围，提高了民俗文化的影响力，也创造了可观的收入，表明形式活泼、制作精良的民俗文化传播作品，完全可以在帮助公众了解传统文化和重拾文化自信、发挥社会功能与获得市场认可、创造经济效益这二者之间实现平衡。

其八，传统民俗文化保护必须绵绵用力，久久为功。农村民俗文化是在长期的历史积淀中逐渐形成的，要在现代条件下传承和保护好农村民俗文化，也必须有"持久作战"的思想准备。实践证明，很多经典的民俗文化保护案例，都是在几十年如一日的持续努力下才最终取得成果的。如德国的"美丽村庄"运动和法国的乡村文化复兴运动都持续了 50 多年，日本合掌村的保护开发从二战前即已开始启动，并且直到现在其保护策略和政策工具仍然在不断改进之中。

以上八个方面的经验和启示来自于国内外乡村民俗文化保护利用的生动

实践，而且被实践证明具有实际效果，因此应该成为新时代推进我国农村民俗文化传承与创新的重要借鉴。

6.4 新时代我国乡村民俗文化传承与创新的路径

文化振兴是新时代乡村建设的灵魂，合理利用乡村传统民俗文化并发挥其良性功能，有利于实施乡村振兴战略，有利于实现农村可持续发展和成长。在这个大背景下，探讨新时期农村民俗文化传承与创新尤为重要。为奠定新时代农村精准脱贫、全面建成小康社会和城乡融合发展的思想文化基础，应重点从四个方面推进农村民俗文化的传承与创新。

6.4.1 完善村级协同治理体系，把握乡村文化建设的正确方向

从近代以来农村民俗文化的变迁历程看，农村文化的发展方向始终受到农村基层治理权力的直接影响。近代时期，农村处于封建地主、乡绅的掌控之下，农村民俗中存在大量的陈腐、落后因素，这些因素在 1949 年后大部分被涤荡，农村社会呈现社会主义的新风尚。改革开放以来，一些旧的甚至愚昧、迷信的民俗陋习在农村沉渣泛起，一些西方文化因子逐渐渗透到农村社会，甚至某些邪教也乘虚而入，使农村文化建设面临前所未有的复杂局面和繁重任务，究其原因，实际上与很多农村基层组织的软弱涣散、因而未能有效发挥相应作用密切相关①，也与村民自组织的数量不足、质量不高，农村多元协同治理体系不够健全、无法形成文化治理合力密切相关。

党的十九大报告关于乡村治理体系的论述，凸显了乡村民俗文化在推进自治与德治相结合过程中的重要作用。各地的实践也证明，农村基层组织是否过硬，治理体系是否健全，治理能力是否完善，直接决定治理成效。因此，传承和创新农村民俗文化，首先应从完善村级治理体系、加强农村基层

---

① 马永强：《重建乡村公共文化空间的意义与实现途径》，《甘肃社会科学》2011 年第 3 期。

组织建设入手，抓好农村文化建设的领头雁和带头人，使社会主义先进文化在农村真正扎下根，使社会主义核心价值观在农村真正落细落实落地。为此，应提高农村党支部书记、村委会主任的知识储备和文化意识，使他们善于从优秀传统民俗文化着手抓好基层组织建设，抓好农村经济社会发展。特别是应着力提高村级自治组织的文化治理能力，善于用文化意识抓文化建设，善于用文化资源抓文化创新，善于用市场思维促进乡村文化资源产品化、市场化和品牌化，还要善于用农村优秀传统民俗文化成风化人，提升新时代农民精神风貌和个人素养，培育文明乡风、良好家风和淳朴民风。

在农村基层组织的领导下，还应充分发挥村民自组织、新乡贤的协同治理作用。黄花涝的调查表明，在黄花涝民俗文化的传承与创新中，在村级基层组织而外，村里的业余剧团、舞蹈队等农村文化社团和新乡贤，发挥了巨大作用。文博馆、书画院、文化墙、楚剧表演等文化景点和活动，与黄花涝的历史文化遗存一起，正在成为吸引游人、提高古镇知名度的重要品牌。由此推而广之，我国的广大乡村在新时代应积极培育农村社会组织和新乡贤文化，培育挖掘乡土文化本土人才，充分发挥村民议事会、红白理事会、文化社团等村民自组织和农村优秀基层干部、文化热心人、道德模范、身边好人等新乡贤的监督示范引领作用，以遏制乡村陈规陋习、焕发乡村文化活力、涵育文明新风良俗①。

6.4.2　坚守乡村文化根脉，抓好优秀民俗文化的挖掘与整理

中国农村尤其是农村文化有自己的特殊性，其独具韵味的乡村格调和文化韧性，已经在数千年的历史进程中得到了反复验证。改革开放四十年来，我国城镇化的规模和速度超过了历史上的任何时期，但是城镇化的规模越大，速度越快，就意味着在短时间内从农村进入城市的人口越多，他们中的大部分人季节性奔忙于城乡之间，因而仍然处于城市与乡村的二元场域中，故乡仍然是他们经常挂在口头和想在心头的精神寄托。因此，城镇化进程虽

---

① 王军：《如何实现乡村文化兴盛？》，求是网，http：//www.qstheory.cn/wp/2018 - 01/23/c_ 1122303376.htm.

然不可逆转，但绝不会消灭广大乡村，这就是为什么人们尽管身在现代化的城市，却仍在挂念"美丽的乡愁"的原因。农村民俗文化作为中国传统文化的重要组成部分，是农村的文化根脉，也是农村新文化建设的基石。离开这个基础的"新文化建设"，将变得空洞无物，也无法获得农村居民的真正认同。因此，必须在正确把握农村文化建设方向的前提下，抓紧挖掘与整理农村优秀民俗文化，既保护利用好古镇古街、祠堂老宅、古树名木、宗教建筑等物质文化遗产，也发掘整理好民俗风情、民间传统技艺、民间文学、民间娱乐等非物质文化遗产，使各具地域、民族特色的经济、社会、信仰、游艺等民俗，以文字、影像、活动等形式记载、保留和传承下来。在挖掘与整理乡村优秀民俗文化资源的过程中，应坚持三点原则：

一是坚持突出特色，划定乡村建设的历史文化保护线，重点挖掘体现本地独特文化魅力的民俗。特别是抓住农耕渔猎文化这一农村民俗文化的特质，保护好文物古迹、传统村落、民族村寨、传统建筑、农业遗迹、灌溉工程遗产等物质遗存，整理好优秀戏曲曲艺、少数民族文化、民间文化、传统手工技艺等优秀非物质文化遗产，深入挖掘其蕴含的优秀思想观念、人文精神和道德规范。以传统手工艺为例。曾经受到工业文明强烈冲击的传统手工艺，其审美价值和文化政治功能日益受到重视，新时代应深入挖掘其内在价值，推动现代转型，实现乡村振兴与传统手工艺复兴的高度契合。

二是坚持创新形式，探索以课题研究、非物质文化遗产申报、举办民俗节庆、发展民俗旅游等形式，扩大农村民俗文化的影响，实现保护传承与创造性转化、创新性发展的协调统一，推动优秀文化遗产合理适度利用，加强农村民俗文化保护的资金保障与社会支持。

三是坚持以人为本，充分尊重农村居民的真实意愿和首创精神，发挥他们在农村民俗文化传承、利用与创新中的主动性与创造性，积极寻找和培养农村优秀民俗文化项目传承人。很多学者已意识到农村的少子化和空心化对民俗文化传承产生的冲击，为此，应积极完善乡村非物质文化遗产保护的政策激励、产业促进、多方参与等关键机制，通过激活民俗文化资源，探索吸引农村青年参与乡村文化建设的有效途径，特别是加大对他们发现、培养乡村民俗文化项目传承人的政策、技术和资金支持，努力解决乡村民俗文化传承断档的难题。

6.4.3　开发乡村文化资源，推进农村民俗文化的创新与发展

借助新型城镇化发展机遇和信息化条件，科学开发农村民俗文化资源，特别是优先开发近郊型农村民俗文化资源，盘活农村文化存量，积极把农村民俗文化转化为独特文化景观和现实生产力，促使民俗文化更好地为农村经济社会发展和人的全面发展服务。

一是在坚持文化为民服务理念和张扬农村文化个性的原则指导下，努力挖掘与整理优秀民俗文化，因地制宜地加强农村民俗文化发展总体规划。特色民俗文化，是古镇古村吸引力的核心，也是古镇古村开发利用的核心资源。乡村民俗文化旅游的热潮，既是经济发展到一定阶段后文化消费需求不断增加的表现，也是人们厌烦城市文化同质化、追求乡村原味特色文化的心理反映。因此，农村民俗文化资源要充分盘活和行稳致远，就必须着力挖掘和张扬其中的文化个性，并围绕这些个性，在正确处理原住民利益与村落保护开发、本地传统文化传承与外来时尚创意文化之间关系的基础上，既不破坏本地的历史人文脉络和传统生活方式，保留和发挥自身独特气质，又通过低调引进时尚创意文化增加文化传承发展的生命力，由此制定出农村民俗文化保护与发展的总体规划。

二是实施"农村文化+"发展战略，探索民俗文化+旅游、民俗文化+科技、民俗文化+村庄规划建设、民俗文化+互联网、民俗文化+教育等有效形式，实现农村传统民俗文化活化、美化与永续传承。借助农村传统民居、文化遗存、民俗节庆、特色美食等载体，发展民俗文化体验、休闲旅游，促进民俗文化活态化①；合理利用农村非物质文化遗产，加强其生产性保护，发掘其经济价值，提升其文化价值；借助各类科学技术手段，推进农村民俗文化信息数字化，促进民俗文化资源互通共享；利用新农村建设和新型城镇化发展契机，按照突出地域民俗文化特色的思路，对农村道路、房屋

---

① 秦宏平、李鹏飞、邢兆远、李建斌：《老城的文化记忆如何留存——山西晋城阳阿古城采访见闻》，《光明日报》2015年10月29日，第5版。

和山水园林田等农村地理资源进行科学规划和建设，彰显农村村落和风貌建设的文化美感和民俗魅力；借助互联网，加强农村民俗文化宣传、推介，特别是探索通过非遗技艺纪录片等形式，展示优秀传统民俗，帮助社会公众了解、认识传统民俗，寻根传统文化，树立文化自信；通过地方民俗文化进课本、进课堂，加强中小学乡土民俗文化知识教育培训，帮助青少年树立民俗文化保护意识，强化学习型民俗文化传承体系。

三是通过开展文化结对帮扶，推进"市民下乡、能人回乡、企业兴乡"工程等形式，大力引进社会力量参与民俗文化开发利用，引导社会各界人士投身乡村文化建设。发达国家乡村文化复兴的经验表明，在经济发展到一定水平后，人们对精神文化生活的需求和意识将逐步增强，社会各方面对乡村文化发展的关注度也将明显提升，乡村民俗文化保护利用的多元参与机制也就具有了可能性，在有些地方这种可能性则会变成现实性。如一群文化爱好者通过"文化共同体"计划，成功地将安徽省黄山市碧山村变成了国内乡村民俗文化生活体验型开发模式的先行者。武汉市黄花涝村的民俗文化保护，同样正在经历着"独唱"到"合唱"：从21世纪初只有极少数的原住民文化爱好者力所能及地进行保护宣传，更多地从静态层面着力；到2014年11月2日，黄陂区政府召开黄花涝古镇保护与传承研讨会，明确表示将对黄花涝现有历史古迹进行保护，并结合黄花涝实际情况进行规划，政府开始逐步介入黄花涝古镇民俗文化保护与传承工作；再到2017年，卓尔文旅集团开始参与黄花涝文旅古镇打造，并形成了黄花涝古镇规划初步方案，企业的介入使乡村民俗文化保护利用的多元共建机制逐步健全。

在新时代的乡村振兴战略实施过程中，应准确把握乡村民俗文化发展与创新的供需状况，加快建立健全有效的乡村民俗文化供需端对接机制，通过研究制定鼓励引导工商资本、城市专业人才参与乡村文化振兴的相关政策，畅通文化人才下乡通道，充分发挥文化反哺、资金支持、人才回流、政策下乡、管理升级、市场接入等文化发展支撑因素的综合效应，在尊重农村居民意愿和坚持其主体性的前提下，最大限度地放大文化爱好者、社会团体、市场主体、社会资金等外源性创新元素的作用。当前，尤其应创新农村文化建设投融资机制，运用市场机制和市场规律，提高资金效用和文化项目效益，从而真正盘活农村文化资源①。

6.4.4　建设乡村公共文化空间，增强农村民俗文化的活力

随着新时期农村政社结构和生产方式的变化，市场价值观念逐渐渗透到农村的生产、生活之中，大批农民特别是青壮年农民流向城市，农村公共文化空间或者在形式上不复存在，或者逐渐发生了功能转换，农村地区传统特色文化活动无法有效开展，农村传统民俗文化的生存与发展面临严峻挑战，农村社区实际上面临着重构政治、经济、文化和社会秩序的重任。在这一重构过程中，政治、经济和社会秩序受到更多重视，而文化建设一度发展不够，在经济等功能优先思维的主导下，很多传统村落的历史建筑、文化空间被毁坏、废弃，传统村落风貌遭到破坏，传统民俗文化传承面临难以为继的窘境。

2005 年 10 月，中共十六届五中全会提出要按照"生产发展、生活宽裕、乡风文明、村容整洁、管理民主"的要求，扎实推进社会主义新农村建设的任务。此后，在加强农村公共文化建设的基础上开展多种形式的、体现农村地方特色的群众文化活动，丰富农民群众的精神文化生活，成为新农村文化发展的重要内容，农村民俗文化保护受到应有重视。进入新时代，随着乡村振兴战略的提出，在经济新常态、新型城镇化和农村全面深化改革的背景下，农村交通通讯条件和基础设施逐步提档升级，农村将逐步进入人才回流的新时期，其中既包括从农村走出去、具有新的视野、知识体系和思维的新一代青年人群，也包括来自城市的知识界、企业界等人士，他们是农村文化振兴的重要创新性力量。此外，根据发达国家乡村文化复兴的一般经验，在经济增长进入相应阶段后，乡村传统文化的保护意识将逐步苏醒，乡村传统文化需求将不断凸显。这些都将给农村焕发传统民俗文化活力、重建公共文化生活提供不可多得的契机。

为此，应积极建设农村公共文化空间，通过组织集体性文化娱乐活动

---

① 徐双敏，宋元武：《当前农村公共文化服务供需契合状况实证研究》，《学习与实践》2015 年第 5 期。

（村委会组织和农民个人、农村自组织），增加农村社会的公共交往和再造农村集体性文化活动，从而重建紧扣农民生产生活方式、体现农民生活主体性价值的农村文化生活。① 其中的农村公共文化空间，既可以突破一般的建筑学意义上的"空间"概念，也可以大大突破硬件意义上的空间范畴，从而涵盖业已制度化的农村社会关联形式和人际交往结构方式，向生活型、休闲型、事件型、项目型和组织型等多元公共文化空间形态延展②。实际上，这与传统中国农村的文化生活格局相符。在实际的农村生活中，祠堂、土地庙、打谷场、汲水处、小商店、小饭馆、集市甚至田间地头，红白喜事、民俗节庆等集体参与性较强的具体事件，都可能成为村民文化生活与休闲的重要场域，也是农村民俗文化产生、发展、传承的重要载体。农村民俗文化的持久生命力，不在于静态的民俗资料与展览如何丰富，而在于活态的民俗文化活动如何更好地吸引群众参与。因此，新时代传承与创新农村民俗文化，关键是通过建设农村党员群众服务中心、农家书屋等组织型公共文化空间，恢复集市、广场等生活型公共文化空间，激活民俗节庆等事件型公共文化空间，不断丰富乡村公共文化生活的内涵与形式，不断增强农村民俗文化活动的吸引力和凝聚力。

---

① 章丽华：《以农村文化礼堂的建设促进农村公共文化空间的重构——以富阳市农村文化礼堂建设为例》，《中国集体经济》2014 年第 16 期。

② 李小云、孙丽：《公共空间对农民社会资本的影响——以江西省黄溪村为例》，《中国农业大学学报（社会科学版）》2007 年第 1 期。

附　录

附录一　黄花涝民俗文化调查问卷

本调查问卷旨在了解黄陂黄花涝农村民俗文化的发展、变迁与传承、利用现状及村民对相关问题的认知状况，调查结果仅用于《黄花涝民俗文化调查》研究报告撰写，不作其他用途。请您真实回答，谢谢您的合作。

（一）背景调查

1. 年龄

A. 35 岁以下　　　B. 36—45 岁　　　C. 45—60 岁　　　D. 60 岁以上

2. 文化程度

A. 小学及以下　　B. 初中（高小）　　C. 高中　　　　D. 大学及以上

3. 职业

A. 在家务农（渔业生产）　　　　　B. 外出务工

C. 做生意　　　　　　　　　　　　D. 其他

4. 您的年收入

A. 5000 以下　　　　　　　　　　B. 5000 ~ 20000

C. 20000 ~ 40000　　　　　　　　D. 40000 以上

5. 在农村居住时间

A. 1 年以下　　　B. 1 ~ 3 年　　　C. 3 ~ 5 年　　　D. 5 年以上

（二）农村民俗调查

6. 您认为近些年来农村民俗有什么变化？

A. 变化很明显，受到城市文化、西方文化的很大冲击

B. 变化较大，在某些方面受到城市文化、西方文化的冲击

C. 没有明显变化

D. 没注意

7. 您如何看待外来文化对农村民俗文化的影响？

A. 赞成，文化融合有利于农村文化发展

B. 反对，外来文化"侵入"不利于农村民俗文化保持原生态发展

C. 外来文化对农村文化的影响，既有好的一面，也有不好的一面

D. 不了解，没什么看法

8. 您认为农村的民俗习惯有没有必要继承和发展？

A. 很有必要

B. 有一定合理性，可以选择性继承

C. 没必要

D. 无所谓

9. 您对当前农村传统民俗文化的传承是否感到危机？

A. 经常感到   B. 偶尔想到

C. 很少感到   D. 觉得与我无关

10. 您如何看待农村民俗文化与商业联系起来的现象？

A. 赞成，将民俗文化融入现代商业，促进民俗文化发展

B. 反对，商业会侵蚀民俗文化

C. 中立，既有好的一面，也有不好的一面

D. 不了解，没什么看法

11. 您对日常饮食有什么偏好？

A. 喜欢重盐多油的农家菜

B. 喜欢清淡饮食

C. 无所谓

12. 您是否经常参与相关民俗活动（如拜年、划龙舟）？

A. 经常参加　　　　　　　　　　B. 偶尔参加

C. 很少参加　　　　　　　　　　D. 没参加过

13. 您如何看待家乡的民俗禁忌？

A. 了解并遵守

B. 了解但不愿意遵守

C. 无所谓

D. 不知道家乡的民俗禁忌

E. 其他，请注明_____

14. 您更喜欢过民族传统节日（如春节）还是西方节日（如圣诞节）？

A. 民族传统节日　　　　　　　　B. 西方节日

C. 都喜欢　　　　　　　　　　　D. 都不喜欢

15. 您能说出多少个中国传统节日？

A. 1 – 2 个　　　　　　　　　　B. 3 – 5 个

C. 6 – 10 个　　　　　　　　　　D. 10 个以上

16. 您认为春节来临时是否应该祭拜祖先？

A. 应该，祈求来年的平安

B. 这是老辈人的事，与我无关

C. 无所谓

D. 不知道

E. 无神论，我不信神鬼之说

17. 您向亲友拜年的主要方式是：

A. 登门　　　B. 电话　　　C. 短信　　　D. 网络　　　E. 其他

18. 近几年您更喜欢和谁在一起过春节？

A. 父母　　　B. 亲戚　　　C. 朋友　　　D. 同事　　　E. 其他

19. 过节时您最喜欢干什么？

A. 聚餐　　　B. 走亲戚　　　C. 找朋友玩　　　D. 看电视

E. 打牌　　　F. 其他

20. 您所在农村地区有没有基督教等传教活动？

A. 有　　　　　　B. 听说过　　　　　　C. 没有　　　　　　D. 不太清楚

21. 您对基督教等西方宗教在农村地区的传播活动怎么看？

A. 正常的

B. 西方文化的渗透，应该警惕

C. 不清楚

22. 您对婚前性行为的态度

A. 赞成，是时代潮流

B. 不合适，有伤风化

C. 无所谓

23. 您更喜欢哪种结婚形式？

A. 中式婚礼（旗袍唐装）

B. 西式婚礼（婚纱西装）

C. 中西合璧，两者兼顾

D. 无所谓

24. 您觉得什么才算结婚?

A. 领了结婚证　　　　　　　　B. 办过婚宴

C. 住到一起就算结婚　　　　　D. 不清楚

25. 您更愿意在哪里摆结婚喜宴？

A. 家里　　　　B. 酒店　　　　C. 不摆喜宴　　　　D. 无所谓

26. 您怎么看待农村地区的闹洞房？

A. 接受，很喜庆

B. 不怎么接受，有的闹法太不文明

C. 不接受，应该移风易俗

D. 无所谓

27. 您觉得年轻人结婚后应该住在谁家里？

A. 男方家里　　　B. 女方家里　　　C. 单独住　　　D. 无所谓

28. 您觉得小孩应该由谁带？

A. 爷爷奶奶　　　B. 外公外婆　　　C. 父母　　　D. 其他

29. 您更喜欢什么工作？

A. 在家务农　　　B. 渔业生产　　　C. 外出打工

D. 做生意　　　　E. 不干活　　　　　F. 其他

30. 您怎么看待农村的人情往来？

A. 很好，说明有面子　　　　　B. 人情往来太多负担重，应该少点

C. 没有人情往来也可以生活很好　　　　D. 说不清楚

31. 您更喜欢住在哪里？

A. 住在农村砖瓦平房　　　　　　B. 住在农村楼房

C. 住在城镇商品房　　　　　　　D. 无所谓

32. 您如何看待"养儿防老"？

A. 多子多福，儿子养老更靠谱

B. 生儿生女一个样，女儿也可以养老

C. 不知道

33. 您觉得生几个孩子最合适？

A. 1 个　　　　　B. 2 个　　　　　C. 3 个以上　　　D. 不愿意生孩子

34. 您怎么看待农村的离婚现象？

A. 很正常，没什么大不了的

B. 离婚是一件没面子的事情

C. 要看具体情况，不能一概而论

D. 说不清楚

35. 您觉得采用什么方式能够使更多人了解并接受传统民俗文化呢？〔可多选〕

A. 利用网络、电视、报纸、杂志、书籍等加大宣传

B. 开展有关活动重拾古人过节传统，如中秋赏月、清明祭祖等

C. 在学生的教科书上增加相关内容

D. 开展有关商业活动，如节日促销等

36. 你如何看待开发农村民俗旅游？

A. 很有必要，可以很好发展农村经济

B. 有必要，对发展农村经济有一定帮助

C. 没有必要，农村民俗旅游弊大于利

D. 说不清楚

附录二　黄花涝民俗文化问卷调查分析报告

　　为了解改革开放以来黄陂农村民俗文化的发展、传承与变迁状况，笔者于 2017 年元月份在武汉市黄陂区盘龙城经济开发区黄花涝村开展农村民俗文化问卷调查。本次调查在黄花涝社区党支部和居民委员会的协助下，共发放问卷 100 份，收回问卷 91 份，其中有效问卷 87 份①，有效回收率为 87%，现基于问卷统计结果简要分析如下。

一、调查样本构成

　　本次调查对象在黄花涝村民中随机抽取，主要采取现场不记名作答形式填写问卷，受访者基本背景包括年龄、文化程度、职业、收入水平及在农村居住时间五个方面。

　　年龄结构上，兼顾各个年龄层次，分布比较均衡，有利于全面反映当前各个年龄段村民对农村民俗文化的真实态度。其中，35 岁以下占总样本量的 32.18%，36—45 岁年龄段占比 26.44%，45—60 岁占比 24.14%，60 岁以上占比 17.24%。

　　文化程度方面，各个学历层次兼有，而以初等学历为主，其中，小学及以下占 32.18%，初中（高小）占 41.38%，高中占 21.84%，大学及以上占 2.30%，另有 2.30% 的受访者未填选自己的学历状况。这一分布也比较契合农村当前的教育水平。

---

　　① 回收问卷中，有部分问卷存在少量漏答、单选多答等情况，在不影响问卷调查客观真实的前提下，对于漏答不超过 2 题、单选多答中所选选项相互不冲突矛盾的部分问卷，认定为有效问卷。

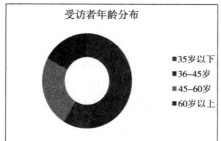

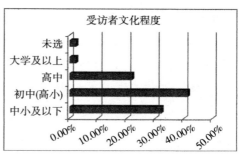

职业方面，50.57%的受访者在家务农或从事渔业生产，占比最高，其次为外出务工（占25.29%），做生意（占16.09%），其他（占4.60%），另有3.45%的受访者未表明自己的职业状况。

收入水平方面，年收入在5000～20000元之间的受访者最为集中，为33.33%，其次是5000元以下（占比31.03%），20000～40000元（占比25.29%），40000元以上（占比6.90%），另有3.45%的受访者未表明自己的收入水平。

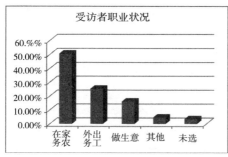

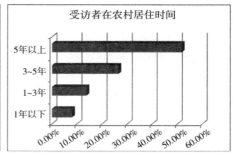

在农村居住时间越长，往往对农村民俗文化更加熟悉和了解。本次调查对象中，超过半数的受访者已在农村居住超过5年（占比51.72%），这就使调查的有效性大大提升。在农村居住3～5年的受访者占26.44%，1～3年的占13.79%，只有8.05%的受访者在农村居住时间不满1年。

二、对农村民俗文化的总体认知

改革开放以来，市场经济、城镇化、全球化、信息化给农村带来的影响有目共睹，农村民俗文化发生数千年来未有的巨大变迁，农村很多优秀传统民俗文化面临不同程度的传承危机。对此，受访的农村居民深有体会。

调查显示，绝大部分受访者对近些年来农村民俗的变化印象深刻，其中，26.44%的人认为"变化很明显，受到城市文化、西方文化的很大冲击"，52.87%的人认为"变化较大，在某些方面受到城市文化、西方文化的冲击"，两项相加接近八成。只有19.54%的受访者认为"没有明显变化"，另有1.15%的人"没注意"到这种变化。关于造成这种变化的具体外源性因素，超过六成的受访居民（占比62.07%）充分肯定文化融合对农村文化发展的积极影响；同时，13.79%的受访者对评价"外来文化对农村文化的影响"时保持了足够理性，认为这种影响"既有好的一面，也有不好的一面"；问卷中设定的"外来文化'侵入'不利于农村民俗文化保持原生态发展"这一选项，没有受访者选择，表明当代农村居民对农村民俗文化发展认识比较客观，对外来文化保持开放、包容的心态，这非常有利于为新时代乡村文化振兴创造宽松的社会舆论环境。此外，仍有25.29%的受访者对"外来文化对农村民俗文化的影响"这一设问，未表明具有明确指向的看法，说明部分农村居民对外来文化与农村民俗文化相互关系的认识和理解并不十分清晰。

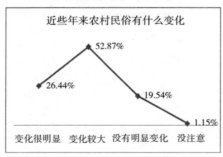

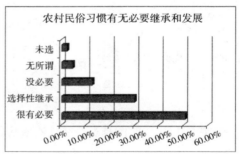

农村传统民俗文化保护与传承是当前和未来较长时期乡村文化建设中的一个热点，绝大部分受访农村居民亦对此保持较高关注度。调查显示，16.09%的受访者"经常感受到"当前农村传统民俗文化的传承危机，"偶尔想到"的占比则为54.02%，两项合计达到70%，表明农村传统民俗文化的传承危机客观存在，并成为大多数当地居民的统一认识；认为"很少感到"

危机和"与己无关"的比例分别为14.94%和4.60%，未明确表明态度的占比为10.34%，总占比不足三成。调查中，绝大多数农村居民对继承和发展农村民俗习惯的必要性表示充分认同，其中，选择"很有必要"和"有一定合理性，可以选择性继承"的比例分别为50.57%和29.89%，总占比超过八成；认为"没必要继承和发展"、"无所谓"的比例分别为12.64%和4.60%，未明确表明态度的占比2.30%，总占比不到两成。在"35岁以下""36—45岁""45—60岁"和"60岁以上"四个年龄段的受访者中，关于继承和发展农村民俗习惯的必要性的认知具有广泛一致性。其中，认为"很有必要"的比例分别为46.43%、60.87%、47.62%和46.67%，"36—45岁"年龄段占比略高；认为"有一定合理性"的比例分别为32.14%、26.09%、38.10%和20.00%，"45—60岁"年龄段占比略高；认为"没必要继承和发展"的比例分别为14.29%、13.04%、9.52%和13.33%，"45—60岁"年龄段占比略低；认为"无所谓"的比例分别为3.57%、0.00%、4.76%和13.33%，"60岁以上"年龄段占比较高。调查表明，人们对农村民俗文化保护与传承必要性的总体认知已经具有广泛共识，而受年龄差异的影响不大，因此当前推进农村优秀传统民俗文化的保护、传承与利用具有良好的社会基础。

三、农村物质生活民俗的变迁

改革开放以来，农村物质生活发生天翻地覆的变化，农村居民生活水平快速提高，物质生活民俗也因此发生着巨大变迁，总体上与城市趋同，向现代化、文明化、健康化、市场化趋近，这一发展趋势在调查中得到了很好印证。

调查显示，随着农村居民收入的提高，鱼肉禽蛋摄入量大幅增加，越来越多的人在日常饮食上更"喜欢清淡饮食"（占比64.37%），只有18.39%的受访者"喜欢重盐多油的农家菜"，另有13.79%的人对此"无所谓"，3.45%的人未表明自己的日常饮食偏好。

三十多年来，农村居住环境改善非常明显，农村居民的居住状况呈现多样、分化特点。调查显示，超过半数的受访者喜欢"住在农村楼房"（占比

55.17%），29.89%的人则喜欢"住在城镇商品房"，只有3.45%的人更喜欢"住在农村砖瓦平房"，结合入户访谈的情况看，这一部分人更多的是老年人。此外，认为住在哪里"无所谓"和未明确表明态度的受访者分别占3.45%和8.05%。

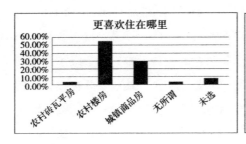
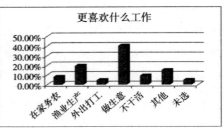

改革开放加深了农村与城市、市场的联系，也拉近了城乡之间的物质和精神距离，越来越多的农村居民涌入城市，并日益受到城市择业观的影响。在关于"更喜欢什么工作"的调查中，更多的受访者选择了"做生意"（占比40.23%），坚持"渔业生产"和"在家务农"的占比分别为19.54%、8.05%，更喜欢"外出打工"的占4.60%，9.20%的受访者则更喜欢"不干活"。此外，19.54%的受访者未明确表明自己的择业喜好。

四、农村社会生活民俗的变迁及其认知

问卷调查中，笔者围绕婚姻观念、婚俗、生育观念、家庭礼俗、节日民俗等方面设问，从统计结果看，在市场化、全球化、信息化条件下，农村社会生活民俗的变化确实超出想象，主要表现为：人生礼俗趋向简约、文明，家庭礼俗从血缘重心转向姻缘重心，岁时节日民俗的乡土特质逐渐流失和空洞化。

农村婚嫁仪礼的程序较过去大大简化，形式更加多样化，婚俗趋向文明化。在关于"什么才算结婚"的调查中，认为"领了结婚证"才算结婚的比例为50.57%，超过半数，表明当代农村婚姻中法律观念的增强；认为"办过婚宴"才算结婚的比例为35.63%，表明农村婚俗中的习俗惯例仍在发生作用；另有12.64%的受访者认为"住到一起就算结婚"，这无疑是对长期以

来约定俗成的农村婚俗的"离经叛道",但也从侧面表明农村婚俗的日益开放包容。过去,婚宴多在家里举行,现在则有明显变化。调查显示,虽然仍有54.02%的受访者"更愿意在家里摆结婚喜宴",但"更愿意在酒店里摆结婚喜宴"的比例也达到32.18%,选择"不摆喜宴"的比例为6.90%,而选择"无所谓"的受访者占比5.75%。结合上一调查可以发现,是否举办婚宴在多数农村居民观念中,已不再是"婚姻合法化"的必要前置条件,因而婚宴地点也就不再局限于"家里"了。在结婚仪式的调查中,56.32%的受访者更喜欢中式婚礼,19.54%的人更喜欢西式婚礼,13.79%的人更喜欢中西合璧、两者兼顾,选择"无所谓"的比例为10.34%,表明当代农村婚俗在仪式上的总体特点仍然是"中西兼顾、中体西用"。在关于"怎么看待农村地区闹洞房"的调查中,选择"接受,很喜庆"和表示"无所谓"的受访者比例分别为24.14%、9.20%,虽然超过三成,但是明确表示"不接受",认为"有的闹法太不文明"、"应该移风易俗"的比例达到64.36%,远远超过"接受"的比例,表明婚俗文明化、现代化的观念已逐渐在农村地区确立。

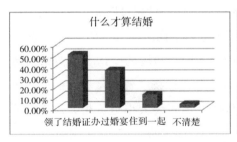

什么才算结婚

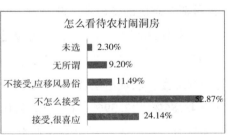

怎么看待农村闹洞房

改革开放以来,农村家庭规模普遍缩小,核心家庭越来越多,子代的独立性大大增强。调查中,在回答"年轻人结婚后应该住在谁家里"这一设问时,选择"男方家里"的受访者达到48.28%,虽然仍居首位,但是选择"单独住"的比例达到35.63%,表明子代的独立倾向增强。同时,有12.64%的受访者愿意"住在女方家里",2.30%的受访者表示"无所谓",另有2.30%的受访者未明确表示自己的倾向,这组数据表明当代农村家庭中的血缘基础虽然仍占主导地位,但姻缘关系的地位和作用也在悄然上升。关于"小孩应该由谁带"的调查,可从另一个角度对此加以注解。调查显示,认为应由父母"带小孩"的占比达到52.87%,处于绝对多数,说明更多的受访者倾向于小家庭的独立自主,同时也隐含有父代与子代在育儿观念上的冲突;认为应由爷爷奶奶、外公外婆"带小孩"的比例分别为21.84%、12.64%,两者较为接近,说明父系与母系亲属在家庭礼俗中的地位与作用已较为接近。

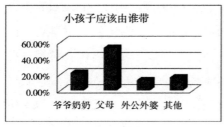

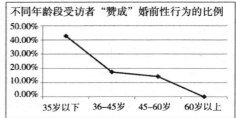

过去四十年来农村社会生活观念发生的显著变化,也在调查中获得实证支持。在关于"对婚前性行为态度"的调查中,认为"不合适,有伤风化"的受访者占比52.87%,"赞成"、认为"是时代潮流"的占比21.84%,持"无所谓"态度的受访者比例为24.14%,后两项合计超过四成半,说明当代农村社会对婚前性行为这一社会现象已日趋包容。同时,"35岁以下""36—45岁""45—60岁"和"60岁以上"四个不同年龄段的受访者"对婚前性行为的态度"表现出显著差异。其中,四个年龄段持"赞成"态度的比例分别为42.86%、17.39%、14.29%和0.00%,与年龄大小呈负相关;认为婚前性行为"不合适"的比例分别为32.14%、52.17%、57.14%和86.67%,与年龄大小呈正相关。这一结果表明老年人对婚前性行为的态度更为保守,而年轻人则更为开放。

农村居民对离婚现象的看法也呈现多样化和理性化特征。调查显示,虽然仍有25.29%的受访者认为"离婚是一件没面子的事情",但更多的人对此比较客观理性,其中,39.08%的受访者认为"很正常,没什么大不了的",26.44%的人强调"要看具体情况,不能一概而论"。在"35岁以下""36—45岁""45—60岁"和"60岁以上"四个年龄段中,认为离婚"很正常"的受访者分别占比46.43%、43.48%、28.57%和33.33%,基本上与年龄大小呈负相关；认为"离婚是一件没面子的事情"的比例分别为 10.71%、17.39%、38.10% 和 46.67%，明显与年龄大小呈正相关，而且以 45 岁为分界点差异较大，60 岁以上的受访者占比超过 35 岁以下受访者的四倍。这一数据表明，年龄仍是人们对离婚现象进行价值判断时发生分野的主要因素，年轻人的婚姻关系更少受到传统伦理观念的制约。

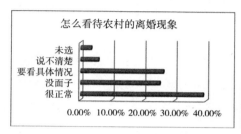

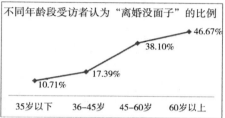

"养儿防老"曾经是在农村实行计划生育政策的主要阻力，当前这一思想观念障碍已大大削弱。在关于"如何看待'养儿防老'"的调查中，虽然仍有 27.59% 的受访者抱定"多子多福，儿子养老更靠谱"的陈旧观念，但是更多的受访者则认为"生儿生女一个样，女儿也可以养老"（占比 57.47%），表明男女平等的观念在农村已被多数人所接受。同时，不同年龄段的受访者对"养儿防老"观念的认识存在一定差异。其中，在"35 岁以下""36—45 岁""45—60 岁"和"60 岁以上"四个年龄段中，分别有 21.43%、17.39%、23.81% 和 60.00% 的人赞同"多子多福，儿子养老更靠谱"的观点，60 岁以上老年人的赞成占比接近 35 岁以下年轻人的三倍；认为"生儿生女一个样，女儿也可以养老"的占比分别为 57.14%、69.57%、66.67% 和 26.67%，以 60 岁为分界点呈现出显著差异。调查表明，年轻人更加认同男女平等和现代养老的观念，这也预示着随着老一辈人的故去，养儿防老、多子多福等陈旧观念将逐渐被摒弃，新时代农村的养老观念将进一步与城市接轨，进一步趋向现代化和文明化。

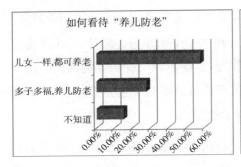

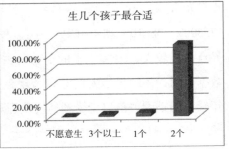

　　农村生育观念也在静悄悄地发生着变化。在关于"生几个孩子最合适"的调查中，选择"3个以上"仅占2.30%，选择"2个"的占比达到93.10%，超过九成，甚至还有4.60%的受访者选择"1个"。按照不同年龄层次进行分析，虽然选择"生2个孩子"的比例均超过九成，但"60岁以上"年龄段的受访者仍与其他三个年龄段表现出一些不同，该年龄段无人选择"1个"，6.67%的人选择了"3个以上"，表明年老者仍然倾向于生育更多的孩子，在文化心理上依然残留着多子多福的过时观念。当然，从发展趋势看，少生优生、生儿生女一个样等现代生育文明观念正加速在农村地区树立和普及。

　　黄花涝人信奉"辛苦做、快活吃"，"人有三出戏，到老不怄气。"他们物质生活和精神文化娱乐的享受，往往集中于各个节庆。过去，这些节日既承载闲暇之余放松休闲的功能，也承担凝聚家族、融洽亲情、联络亲戚情感的功能。现在，这些功能有的被其他事件、空间、载体所分担，有的则通过新的形式加以呈现、表达。调查中，64.37%的受访者"更喜欢过民族传统节日"，9.20%的人"更喜欢过西方节日"，选择"都喜欢"的占8.05%，另有8.05%选择"都不喜欢"，10.34%未明确态度。而在被问到"能说出多少个中国传统节日"时，57.47%的受访者表示能说出3—5个，18.39%能说出6—10个，11.49%能说出10个以上，另有10.34%的受访者只能说出1—2个。在不同的年龄段，受访者对民族传统节日和西方节日的喜好程度呈现明显差异，其中"35岁以下""36—45岁""45—60岁"和"60岁以上"四个年龄段"更喜欢过民族传统节日"的比例分别是42.86%、69.57%、71.43%和86.67%，与年龄增长呈现正相关；四个年龄段"更喜欢过西方节日"的比例则分别为21.43%、8.70%、0.00%和0.00%，与年龄增长呈现负相关，显示年龄越大，对民族传统节日的情感和眷恋越深。

　　以上两项调查结果表明，虽然民族传统节日仍然是农村节日的主体，但是这一地位已受到西方节日的进入、年青一代对传统节日的疏离等因素的挑战，特别是民族传统节日内部的分化明显，春节、元宵节、清明节、端午节等节日仍然受到重视，其他传统节日特别是具有地域特色节日的影响逐渐下降，在年青一代中的知晓率和受重视程度下降明显。

　　围绕春节这一最为重要的民族节日，笔者分别选取祭祖、拜年、过节三个主题词开展问卷调查。调查中，62.07%的受访者认为"应该在春节来临时祭拜祖先"，以"祈求来年的平安"，表明在大多数人的认知中，祭祀祖先与欢度春节仍然具有天然的联系，这种家族礼俗与岁时节日民俗的紧密结合直到今天仍是农村社会生活民俗的一个重要特点。同时，对祭祖"无所谓"的受访者占13.79%，"不知道"是否应该在春节来临时祭拜祖先的受访者占16.09%，还分别有2.30%和3.45%的人以祭祖"是老辈人的事，与我无关""不信神鬼之说"为由，否定了自己参加祭祖的必要性。在不同年龄段，对祭拜祖先的态度则有一定差异。其中"35岁以下""36—45岁""45—60岁"和"60岁以上"四个年龄段，认为"应该在春节来临时祭拜祖先"的比例分别为50.00%、69.57%、71.43%和60.00%，基本上与年龄呈现正相关关系，相对而言，年轻人对祭拜祖先的态度不如年长者坚决；四个年龄段对祭拜祖先"无所谓"的比例分别为14.29%、17.39%、9.52%和13.33%，虽然差别并不大，但以45岁为分界点，前后两个年龄段仍有一定差异，更多的年轻人认为是否祭拜祖先"无所谓"；四个年龄段的受访者"不知道"应否祭拜祖先的比例分别是32.14%、13.04%、0.00%和13.33%，35岁以下的年轻人对应否祭拜祖先的态度更加不明确。调查中的一系列数据表明，祭祖这一传承久远的传统习俗在代际传承上确实存在逐渐淡化的趋势。

　　在关于"向亲友拜年的主要方式"的调查中，按照从多到少的顺序排列，分别是"登门"（57.47%）、"电话"（24.14%）"网络"（17.24%）和"短信"（5.75%），其中通过电话、网络、短信拜年的比例合计达到47.13%，非常接近传统的登门拜年，足见信息化已在很大程度上改变了岁时节日民俗中的感情联络方式。同时，不同年龄段的受访者"向亲友拜年的主要方式"也表现出差异性，其中"35岁以下""36—45岁""45—60岁"和"60岁以上"四个年龄段登门拜年的比例分别为43.33%、60.87%、58.33%和60.00%，35岁以下的年轻人明显低于后三个年龄段的受访者；四个年龄段的受访者通过电话、短信、网络拜年的比例分别为53.33%、39.13%、41.67%和40.00%，35岁以下的年轻人明显高于后三个年龄段的受访者，前两个年龄段通过网络拜年的比例分别为30.00%和21.74%，45岁以上的受访者则没有网络拜年的习惯，表明信息技术对节庆习俗的改变呈现年龄差异。

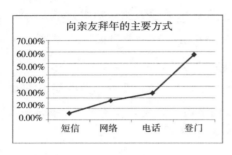

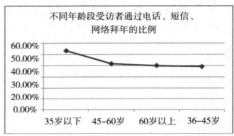

近几年欢度春节时，58.62%的受访者"更喜欢和亲戚在一起"，16.09%的受访者"更喜欢和父母在一起"，两项相加比例接近七成半，表明在大多数人的认知中，春节最重要的功能仍然是为家人、亲戚团聚提供契机。此外，分别有24.14%、2.30%的受访者选择与朋友、同事"一起过节"，说明春节的功能随着时代发展也在稳步扩展。

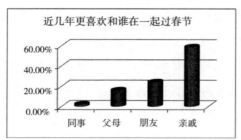

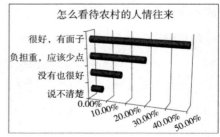

　　人情往来是黄花涝农村社会生活中的重要习俗。过去，人们认为"礼多人不怪"，在新的社会条件下这一观念正在发生变化。在关于"怎么看待农村的人情往来"的调查中，虽然仍有49.43%的受访者认为"人情往来很好，说明有面子"，但是也分别有28.74%、16.09%的受访者认为"人情往来太多负担重，应该少点"，"没有人情往来也可以生活很好"，两项相加达到44.83%，说明相当一部分人对人情往来带来的过重负担深有体会，也体现出人们在社会交往方面的认识更加理性。同时，不同年龄段的受访者对人情往来的认识存在明显差异。据统计，"35岁以下""36—45岁""45—60岁"和"60岁以上"四个年龄段中，认为"人情往来很好，说明有面子"的比例分别为64.29%、56.52%、42.86%和20.00%，与受访者的年龄大小呈负相关关系；认为"人情往来太多负担重，应该少点"的比例分别为21.43%、26.09%、33.33%和40.00%，与受访者的年龄大小呈正相关关系；认为"没有人情往来也可以生活很好"的比例分别为10.71%、17.39%、19.05%和20.00%，与受访者的年龄大小呈正相关关系。这一调查数据表明，当前农村的人情往来确实存在过于频繁、负担过重等现实困扰，对经济收入相对单一的年龄偏大农村居民造成较大压力，从而倒逼改变他们对社会生活习俗的认识；同时，调查也从另一方面说明，农村新一代年轻人的社会交往意识更强，经济收入相对更高，对人情往来的经济负担承受力更大，因而对人情往来给予更多的正面评价。

五、农村精神生活民俗的变迁及其认知

　　本次问卷调查关于农村精神生活民俗的设问，主要包括民俗活动的参与频度、节庆娱乐的具体内容、对民俗禁忌的认识、对农村宗教信仰的了解及评价等。从统计结果看，改革开放以来农村精神生活民俗的变迁呈现三个趋向：一是现代、进步、文明的总体趋向，习俗趋新；二是复古、恋旧的发展趋向，民间文学、民间娱乐、民间竞技等优秀传统民俗居于主流，但亦有一些迷信、陈腐的民俗文化因素沉渣泛起；三是西化、洋化的发展趋向，一些西方文化习俗在农村有不同程度的影响。三种趋向中，现代、进步、文明的发展趋向仍是主流。

　　划龙舟等民间竞技活动和春节等节庆活动，都是农村精神生活民俗的重要空间和载体。调查中，分别有 17.24%、52.87% 的受访者"经常参加"或"偶尔参加"相关民俗活动，完全没参加过的仅占 2.30%。在春节等节庆中，往往包含丰富多样的民间娱乐活动，改革开放以后其娱乐形式更加多元。在关于"过节时最喜欢干什么"的调查中，按照从多到少顺序排列的选项分别是："找朋友玩"（31.03%），"走亲戚"（24.14%），"聚餐"（17.24%），"看电视"（16.09%），"打牌"（11.49%），表明民间娱乐形式已从传统的走亲戚、聚餐等家族联系延伸到找朋友玩等社会交往活动，并涵盖了物质消费、文化消费等不同领域。

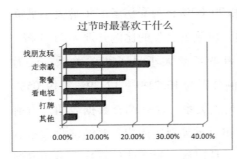

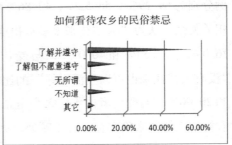

　　民间禁忌是农村精神生活民俗的重要内容，旧时非常森严的禁忌在改革开放以后有所松动，特别是在年轻人中的权威性和约束性有所降低。调查显示，"了解并遵守"家乡民俗禁忌的受访者比例为 56.32%，超过半数，表明民俗禁忌在农村仍具有权威性；"了解但不愿意遵守"和"无所谓"的比例分别为 14.94%、12.64%，表明民俗禁忌在一定程度上出现权威的解构；此外，尚有 12.64% 的受访者"不知道家乡的民俗禁忌"，这一结果则显示千百年来相沿成习的民俗禁忌，其传承正面临着来自城乡之间不对称性社会流动带来的挑战：越来越多的年青一代长期离乡离土，从而日渐疏离农村传统精神民俗的环境与场域，由此形成对民俗禁忌在内的农村传统精神民俗的隔膜和无感。分年龄段的统计结果有力地支持了这一结论。调查表明，最年轻的受访者对家乡民俗禁忌的了解程度最低，遵守民俗禁忌的意愿也最低。其中，"35 岁以下""36—45 岁""45—60 岁"和"60 岁以上"四个年龄段中，"了解并遵守"家乡民俗禁忌的受访者比例分别为 39.29%、73.91%、

57.14%和60.00%，"35岁以下"与其他年龄段相比，比例最低，而且至少相差近20个百分点；"不知道家乡的民俗禁忌"的受访者比例分别为25.00%、4.35%、4.76%和13.33%，"35岁以下"年龄段占比最高，接近占比次高的年龄段受访者的近两倍；"了解但不愿意遵守"的比例分别为28.57%、0.00%、14.29%和13.33%，"35岁以下"受访者占比最高。

在日渐开放的环境下，西方文化习俗逐渐进入广大农村尤其是近郊型农村地区，在"如何看待基督教等西方宗教在农村地区的传播活动"的问卷调查中，超过半数的受访者（占比55.17%）认为是"西方文化的渗透，应该警惕"，29.89%的受访者认为是"正常的"，另有14.94%的受访者未明确表态。调查表明，虽然多数农村居民对西方文化的渗透保持相应警惕，但西方宗教在农村地区的传播仍有一定市场。

六、对农村民俗文化传承、保护与利用的认知

问卷调查统计结果显示，农村居民比较关注自己所在村庄民俗文化传承、保护与利用的进展，对相关措施积极支持，表明新时代加强农村民俗文化传承、保护与利用，促进乡村振兴，具有广泛的群众基础和深厚的力量源泉。

调查中，受访者普遍希望通过多种方式使更多人了解并接受传统民俗文化，其中，43.68%的受访者认为，通过开展中秋赏月、清明祭祖等有关活动，重拾古人过节传统，可以促进传统民俗文化更好传承；32.18%的受访者强调，可以利用网络、电视、报纸、杂志、书籍等加大传统民俗文化宣传；14.94%认为在学生的教科书上增加相关内容，可推动传统民俗文化代际传承；另有3.45%的人提出，通过引入市场机制，如开展节日促销等有关商业活动，扩大传统民俗文化的社会影响力。

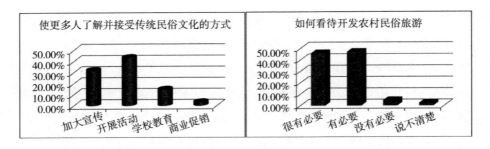

对于目前正在推进的农村民俗旅游，绝大多数受访者持肯定态度，其中，45.98%的人认为"很有必要，可以很好发展农村经济"，47.13%的人认为"有必要，对发展农村经济有一定帮助"，两项相加超过九成，只有4.60%的人认为"农村民俗旅游弊大于利"，另有2.30%的人认为农村民俗旅游的利弊"说不清楚"。从不同年龄段来看，人们普遍对农村民俗旅游的意义评价比较积极，而几乎没有受到年龄差异的影响。其中，"35岁以下""36—45岁""45—60岁"和"60岁以上"四个年龄段中，认为农村民俗旅游"很有必要"的比例分别为50.00%、39.13%、52.38%和40.00%，"35岁以下"和"45—60岁"两个年龄段较高；认为农村民俗旅游"有必要"的比例分别为35.71%、60.87%、42.86%和53.33%，"36—45岁"和"60岁以上"两个年龄段较高；如果把两项合并统计，占比则分别为85.71%、100%、95.24%和93.33%，四个年龄段的差别不是很大。值得注意的是，有14.28%的35岁以下受访者对农村民俗旅游的利弊有自己的独立思考，这一比例大大高于其他三个年龄段的受访者，这可能与这一年龄段的年轻人知识水平较高、独立自主意识较强等因素有关。

以市场机制促进农村民俗文化产业化，是加强农村民俗文化科学利用、推进乡村文化振兴的重要途径。西方发达国家的经验表明，通过适当引进市场机制，可以有效推进乡村文化发展。近年来，国内也涌现出很多传统村落民俗文化保护与开发方面的成功案例。当然，实践中也有一些不成功的开发案例。调查中，受访者对将农村民俗文化与商业联系起来的发展思路的认识比较客观理性。其中，56.32%的受访者持中立态度，认为农村民俗文化与商业联系"既有好的一面，也有不好的一面"；26.44%的受访者"赞成将民俗文化融入现代商业"，认为这将"促进民俗文化发展"；9.20%的受访者则明确反对，认为"商业会侵蚀民俗文化"；另有 9.20% "没什么看法"。调查结果表明，人们对农村民俗文化的商业化途径仍怀有疑虑，倘若在市场商业开发中不能很好保护农村民俗文化和观照农民切身利益，以更好调动农民的积极性，商业开发便很难取得成功。

附录三　黄花涝民俗文化调查访谈提纲

第一部分　黄花涝历史遗存与文化地标

（一）古渡口

建于何时（同时查阅文献）？原来的功能是什么，现在的主要功能发生了什么变化？历史图片（同时查阅文献）、现在图片。

（二）古民居

现存有哪些古旧民居？分别建于何时？建筑风格、保护现状、历史图片、现在图片。

（三）古石坡

建于何时（同时查阅文献）？原来的功能是什么，现在的主要功能发生了什么变化？历史图片（同时查阅文献）、现在图片。

（四）古石街

建于何时（同时查阅文献）？主要建筑材料是什么？与原来相比其功能发生了什么变化？历史图片（同时查阅文献）、现在图片。

（五）铁佛寺

历史兴废、建筑风格、现状，历史图片（同时查阅文献）、现在图片。

（六）地名文化

有哪些街巷？何时命名？命名有什么依据？有哪些地名相关传说故事？

（七）文博馆

建设时间？馆藏情况，代表性藏品有哪些？是否公开对外开放，开放时间？

（八）老水塔

建于何时？与过去相比，现在的基本功能有什么变化？现在的运行情况？

（九）三清书院

成立时间、馆藏情况、开放时间、代表性藏品。

（十）其他历史文化遗存

传说的三国古墓、郭王庙遗址是否属实？现在的保护情况如何？亚元居古墙壁有什么故事？天主教堂建于何时？现在的保护情况怎么样？

第二部分 物质生活民俗

（一）物质生产民俗及其变迁

1. 农业生产民俗

全村耕地面积多少？农业生产习俗（春播仪式、收获庆祝等）？主要种植哪些作物、蔬菜？

2. 渔业生产民俗

渔业生产情况，造船、打鱼的习俗禁忌、仪式，渔具形式、生产方式有哪些重要变迁？

3. 养殖生产民俗

养殖习惯（猪、羊、鸡、鸭、鹅、牛等），主要饲料，养殖生产方式（散养、圈养），习俗禁忌，如猪圈门口贴春联等，奶牛、黄牛、水牛？

4. 其他生产民俗

有没有其他养殖习惯？

（二）消费生活民俗及其变迁

1. 农村居民服饰

原来着装服饰，现在着装服饰，一年做多少服饰？常服、礼服分别是什么，穿着鞋类（布鞋、棉鞋、皮鞋、运动鞋、鞋垫等），服饰鞋帽自己做还是市场购买，到商场买还是网上购买？到盘龙城买还是到汉口买？

2. 农村居民饮食

饮食习惯及结构（一日几餐、干饭还是稀饭，几个菜，蔬菜肉菜？鱼，米饭、面食及其比例），过早在家还是上市场购买，来客在家还是餐馆就餐，吃饭时间？本地特色菜品是什么？虾子鲊的制作技艺（会不会做？）农村腌制菜品有哪些（豇豆、扁豆、辣椒、黄瓜、洋姜、生姜、萝卜、雪里蕻等）？

3. 农村民居样式

传统民居、现代民居，外观，内部格局、装饰、陈设等，平房、楼房（两层？三层？），装修风格？自建（请泥瓦匠在家做，主人招待吃喝，吃喝有哪些讲究？菜品、酒水、派烟、工钱结算）？或者包活（承包给别人做，直接结算），在城镇买商品房的多不多？年轻人愿不愿意回村里建房？

4. 交通联络方式

出行方式：坐船走水路？走陆路？火车？原来怎么联络？写信，固定电话，移动电话？村民的主要交通工具有哪些变化？

（三）工商贸易民俗及其变迁

1. 手工业通行习俗

有哪些手工行当（木工、泥瓦工、竹篾匠、油漆匠等）？学徒拜师有哪些仪式，如何才算学满出师？现在还有没有这些仪式和行当？揽活方式？走村串户还是进城揽活更多？

2. 商贸业通行习俗

新店开张有哪些仪式？店铺选址有什么讲究？雇工工资结算形式？是否供奉财神？过去黄花涝有哪些商业门类？有没有商会组织？

第三部分　社会生活民俗

（一）家族、亲族礼俗及其变迁

1. 家族民俗

哪些亲戚最为看重？是否修族谱、拜宗祠？家族如何称谓？相比以前有什么变化？家庭规模一般多大？父辈和子辈的关系发生了什么变化？

2. 人情往来风俗

有哪些事情（诞生、婚嫁、寿辰、升学、起屋、老人）要"赶礼"，礼金一般多少？送礼形式（实物、现金、微信红包）？村民如何看待人情往来？

（二）人生礼俗及其变迁

1. 诞生礼仪

生孩子的地点（家里还是医院?）庆生的时间节点（"做九天"还是"做满月"、"做百天"）? 新生儿庆生有哪些程式? 娘家"送祝米"的时间（九天还是满月），形式和内容分别是什么? 生孩子、坐月子有哪些禁忌（如不能串门、不见生人、不见冷水、不吹空调、不洗澡洗头等）? 与过去相比有没有什么变化?

2. 婚嫁礼仪

婚嫁有哪些程式? 现在和原来有什么变化，嫁妆有什么变化? 闹洞房有哪些花样? 回门时间? 办酒（一起办还是分开办? 中午还是晚上? 酒店还是家里?）姑娘出嫁有哪些程式? 新夫妻拜年有哪些习俗?

3. 生辰礼仪

小孩周岁礼仪（抓周，庆祝地点），小孩过十岁还是十二岁生日? 成人如何庆生（五十、六十、七十、八十）? 整寿庆生时间是否需要提前一年或两年?

4. 丧葬礼仪

丧葬礼仪，变化，葬式，土葬还是火葬? 家族墓地还是公墓? 头七、五七、满七有哪些纪念仪式? 周年祭? 是否纪念冥诞、忌日? 与过去相比有什么变化?

（三）岁时节日民俗及其变迁

1. 传统节日

村民在欢庆春节、元宵、清明、端午、中元、中秋、重阳、冬至、元旦、除夕等传统节日时有什么习俗? 近些年这些节庆习俗有没有什么变化?

2. 政治性节日

村民如何庆祝五一劳动节、十一国庆节?

3. 地域性节庆

有没有黄花涝地方特色的节庆活动? 如何庆祝的?

4. 外来节日

村民过不过西方节日，如情人节、圣诞节、感恩节、复活节、万圣节、父亲节、母亲节等？

第四部分　精神生活民俗

（一）信仰民俗及其变迁

1. 民间信仰

是否祭孔，祭关帝，崇拜伟人、祈求平安，室内、车内、起屋是否悬挂伟人像？祭祀祖先有哪些仪式？什么时候祭祀？

是否供奉民间神祇（如：土地庙、财神庙、门神、灶神）？

是否有自然现象崇拜（如：崇拜古树、集会朝山，朝哪些山）？

2. 民间禁忌

生产劳动、婚嫁、节庆、祭祖中有哪些禁忌？日常生活中有哪些禁忌？

3. 宗教信仰

村民信不信教？信仰哪种宗教？有没有经常举办宗教活动？

（二）游艺民俗及其变迁

1. 民间口头文学

古镇有哪些流传比较广泛的民间传说、民间故事、革命逸事、民间歌谣、民间谚语、民间彩词、民间谜语等？

2. 民间娱乐活动

蚌精舞、采莲船、踩高跷、虾子灯、舞狮子的情况，有没有僵狮子？年轻人参加是否踊跃，有哪些技艺传承，有没有农村业余戏班子？唱大戏（剧种，什么时候请唱，唱什么剧目，唱几天，如何付给酬劳，戏金平摊还是集体承担）？村里有没有文化社团（如舞狮队、戏班子等）？村里妇女喜不喜欢跳广场舞？

3. 民间游戏竞技

黄花涝赛龙舟很有名，是什么时候兴起的这一习俗？最近一次举办活动是在哪一年？除了赛龙舟，过去还有哪些比较流行的民间游戏竞技活动形式？现在传统民间游戏竞技活动还有哪些？

附录四　黄花涝民俗文化调查访谈记录

——访谈 1

访谈时间：2015 年 4 月至 2018 年 2 月①

访谈对象：王三清，曾任黄花涝村党支部书记，60 多岁

访谈方式：入户访谈或通过微信、电话访谈

问：黄花涝村的历史沿革有哪些故事？

答：黄花涝古名石阳县，后来湮灭，直到明初时江西筷子巷王氏兄弟迁居到此才又重新繁华起来。这里的故事传说很多，比如村子旁边的府河，又叫拦驾河，传说皇帝梦中看见仙女向自己招手，追之又不可得，皇上茶饭不思，近臣出主意讨好说，要往孝感方向为皇上寻找仙女，船行至金潭、银潭，忽然狂风大作，船在金潭靠岸，梦未实现，皇帝生气，于是追责黄花涝当地官员。村里有銮驾巷街，传说就是接銮驾的地方。

问：黄花涝的虾鲊很有名，这里面有没有什么故事？

答：这里有个传说。说的是明太祖朱元璋原来讨饭时，到了黄花涝的铁佛寺，他把讨来的剩饭、剩鱼放在一起杂煮，却不小心把罐子打破了，结果"捣破罐头城、跑了汤元帅、留了豆将军"，剩下的就是很美味的虾鲊。登上皇位的朱元璋后来还为铁佛寺题了字，虾鲊也成为黄陂十大名菜。

问：黄花涝有几个自然湾？村里的经济支柱是什么？

答：现在的黄花涝是个渔村，就一个村子，下设 7 个村民小组。渔业历

---

① 由于王三清曾长期担任黄花涝村党支部书记，熟悉和热心黄花涝历史文化，对黄花涝文化建设很有心得，所以笔者在 2015 年 4 月至 2018 年 2 月间曾十多次对其进行访谈，比较集中的访谈包括 2015 年 4 月 15 日，2016 年 5 月 5 日，2017 年 1 月 23 日、10 月 10 日、10 月 31 日、11 月 2 日，2018 年 1 月 24 日、2 月 7 日和 2 月 26 日，其中除数次在黄花涝三清书画院入户访谈外，其他多次均通过微信、电话沟通方式进行访谈，附录中的访谈记录已经过简单整理。

来是村里的经济支柱，村民主要靠打鱼为生，现在全村有 150 艘渔船，村民每天渔业收入达到近 10 万元。历史上黄花涝是黄孝居民进入汉口的水路交通要道，有渡口，非常繁华，有"小汉口"的称呼，那时候商业很发达，水码头商业也曾是重要支柱产业。

问：节庆方面有哪些娱乐活动？

答：这方面蛮多，比如正月的采莲船、唱戏（唱楚剧），端午节的划龙舟，等等。原来唱戏都在村里的古槐树下面搭台子唱，现在古槐树砍了，就另外找空地搭台子。村里还有楚剧团。

问：人际交往方面有哪些特点？

答：重情重礼，平辈不骂上人，平辈不开玩笑，上下辈可相互骂、开玩笑，正月初一到初三不能骂人不开玩笑。其他方面也有很多习俗，比如女婿上门必醉。

问：有些人家的门楣上贴写有"红堂"的红纸表示什么意思？

答：按我们武汉民俗，是指有人去世后办丧事，影响邻居家时，由主人在别人大门前贴"红堂"以示礼性。

问：汉口城区也有这种情况，不过是上下近邻门楣贴红纸，不写字，估计是简化了。

答：可能，但在农村必须写"红堂"二字，不然参加丧事的亲戚朋友去邻居家闲聊就是犯大忌！有些丧主家里的亲戚朋友，也可能认识同村的人家，但不能到没有贴"红堂"红纸的人家去，贴了就可以去了。原来还有一些丧主人家要借用邻居的场地办酒席，也需要贴"红堂"。主人家直系亲属三天内更是严禁进出邻居家，必须复山后方可。

问：请问黄花涝有没有玩龙灯、舞狮子的习俗？

答：黄花涝节日有玩虾子灯、舞狮子、蚌蚌精、踩高跷、划彩莲船的习俗。

问：放河灯是在正月十五吗？好像"鬼节"也要放河灯吧？

答：每年有两次，具体时间我再问问。

问：黄花涝有没有亮子会？

答：好像没有。

问：你们团年饭是早上吃还是晚上吃，菜品有什么讲究没有？

答：大多数人家坚持老习俗，晚上吃年饭，由于现在独子户和工作原因，提前吃年饭的也有。

问：读《黄陂通史》，说黄陂吃团年饭是在早上，而且越早越好，是这样吗？

答：我们水乡习俗是年三十晚吃年饭迎年，没有初一早上吃的习惯。

问：给小孩的压岁钱是初一给还是年饭时给？

答：吃年饭给。

问：鄂东的风俗，正月初一早上会到家族墓地给先人拜年。你们黄花涝是不是也有这样的习俗？

答：黄花涝初一拜新香（指亲戚朋友家有人去世，第一年初一必拜），不去墓地。初二才出去拜年，走亲戚。

问：我看村里有状元亭和迎佛亭，这是原址重建还是完全新建？历史上有没有状元亭和迎佛亭？

答：传说有，所以我整理文字了。当时还请王士毅老师写了一篇《状元亭记》的文章。

问：黄花涝有一条街巷叫稼林巷，又看到您题写的《王稼林老宅》一诗提到金燕子，不知道王稼林与金燕子是什么关系？

答：金燕子是王稼林的武功艺名，他们是同一个人，学名叫王金强，生于明末，自幼习武，有"神童武功"之称，江湖上号为"南燕（金燕子）"，有湖北第一武术奇才盛名。

问：黄花涝街巷中也有关于文家院的墙头诗，还有振兴屋的传说，这两座老宅还存在吗？

答：文家院和振兴屋都在"文革"中拆除了，但是我年少时对它们还有点印象，特别是对文家院印象深刻，离我家不过几十米远，记得当时文家院里面是一个非常大的古房子，外墙是世界名著和中国四大名著的雕刻，每天从那儿经过都会去看看，几乎每天都有人来参观，还有专人讲解，我还经常去旁听，久而久之，也受到文化的熏陶。

问：黄花涝正月十五是玩醒狮子还是僵狮子？

答：不玩僵狮子，而是沿门跳狮，也在公众场合上演。

问：黄花涝南边的教堂保护情况怎么样了？现在还有传教活动吗？

答：教堂曾经作为中学校址，中学搬走后就处于空置状态，现在还残存两间房子和一片空地，杂草丛生，20世纪50年代意大利神父回国后就一直没有传教活动。

问：土地庙是农村民间信仰的一种重要载体和表现形式，请问村里有没有土地庙？

答：原来有土地庙，"破四旧"运动中就拆除了！。现在村里没有土地庙。

问：你们那里结婚彩礼有些什么习俗？

答：与武汉差不多，送聘礼根据双方家庭条件而定，报日子须给亲戚送喜饼及烟酒。

问：彩礼大约是多少？有没有具体数目？

答：这个不等，一般根据各家条件而定，3、6、9万都有。

问：黄陂其他地方有"六月六，吃臭肉"的习俗。还有些地方这天要晒衣服，去霉气。请问你们那里过不过六月六，有些什么习俗活动？

答：有六月六的说法，不过习俗有些不同。黄花涝有"六月六，晒被褥，到傍晚，吃虾球，喝两盅，邀朋友"的习俗！这个时节鱼虾大量上市，亲朋好友之间经常邀约聚餐。

——访谈2

访谈时间：2015年4月15日中午

访谈对象：王志超，原黄花涝渔场场长，83岁

访谈地点：黄花涝三清书画院

问：生产方面有什么特点和习俗？

答：我们村主要是渔业生产，特点是靠天靠地靠水，讲究"三敬"，即敬神敬天敬地，具体讲就是敬祖敬佛敬河神。渔业生产工具主要有24人大网（围网）、梁网、下钩、滚钩、鱼叉，一般穿满裆裤，裤腰大，保暖，劳动方便，脚穿黄牛皮制作的油靴，鞋底有铁钉，便于抓地、防滑。解放以前

妇女不能上船，上船不能站船头，"文革"以后就可以了。渔业生产实行共餐制，大家搭伙吃饭，作业时"无计量餐"，吃四餐、五餐，晚上还要吃夜宵，为防寒必喝酒，而且是人人喝酒，首次作业时必醉。

问：村里是不是有渔业方面的手工业生产行业？

答：是的，村里原来有造船厂，生产渔船，现在还有个体经营造船的，原来多是木船，现在也有铁壳船，造船速度更快。造船是大事，所以请人造船必请客，船"上蜡"时还有仪式，是很庄重的事情。

问：节日娱乐有没有什么与渔业生产相关的活动？

答：有，我们这里以前端阳节一定要划龙舟，很热闹。我们最敬白龙、金龙、黄龙，白龙代表河神，寓意平平安安，金龙代表月亮、星星，黄龙代表五谷丰登。端午划龙舟也是祈请祖先保佑，龙舟赛中白龙赢则寓意鱼虾满舱。

问：龙舟赛有没有什么仪式？

答：有很多程序，比如上庙、祭祖、烧香、磕头、念词等，队伍前面有乐队开道，还有踩高跷、划采莲船、玩蚌蚌精的，划船者抬龙头，从祠堂起步（现在祠堂不存，改从学校起步），一直到河码头。龙头经过自己家门口，开始放鞭炮，鞭炮要一直放到龙头到达第二家家门口的时候。龙舟赛完成以后要办酒会，所有人都要参加宴席。

问：龙舟赛是年年举行吗？现在还在坚持搞吗？

答：原来是年年办，1997 年还搞了一次，近几年没有搞了，因为所有人都要吃饭，规模大，耗资大，治安压力也大，存在安全问题，需要上级部门审批。还有一个原因是人手不够，原来是身强力壮、能打渔者入选，能入选者都感觉很荣耀，现在很多年轻人外出务工，找不到那么多人。

——访谈 3

访谈时间：2017 年 1 月 23 日上午

访谈对象：小王，黄花涝村村干部，30 多岁

访谈地点：黄花涝村委会

问：黄花涝古渡口建于何时？

答：建于明朝洪武年间，至今五百多年了。至今还在发挥作用。

问：村里还有没有古民居？

答：现存最老的古民居有四百年了，有的古民居还在住人。

问：铁佛寺最早建于何时？现存建筑是什么时候重建的？

答：最初建于元末明初，后来被毁。现存建筑建于 2011 年，是民间投资建设的。

问：我看到村里命名了很多街道，比如车站路街、志芳公街等，这是古地名还是新地名？

答：这些都是现代命名的。

问：黄花涝文博馆建于何时？

答：2011 年开始建设，2012 年建成开放，现在实行预约开放，是民间博物馆。

问：村里的水塔建于何时？

答：好像是 20 世纪 70、80 年代建的，主要承载供水功能，包括甲塆、院子塆。现在村里通了自来水，所以水塔的这个功能已经没有了，处于闲置状态。

问：现在村里有没有耕地，主要生产方式是什么？

答：我们是个渔村，基本没有耕地，只有一些村民用于种菜的自留地。全村水面有 1 万多亩，精养鱼池 2000 亩，在家村民主要依靠养鱼、打渔生活，主要养殖青鱼、草鱼、胖头鱼，以及种植莲藕。近些年，还有一些做生意的，比如开杂货铺、餐馆、电焊店等，在黄花涝旅游旺季生意会好一些，有时候都供不应求。

问：村民家庭副业一般有哪些？

答：主要是家庭养殖，原来养猪养鸡，现在只养鸡，有很多人家鸡也没养了。

问：村里的手工业主要有哪些？

答：村里的手工业主要跟渔业有关，如制作渔船、织补渔网，基本上是在家里接受委托生产。

问：村里生小孩有哪些庆祝仪式？

答：一般是做"九朝"（小孩出生九天后）或"满月"，家里举行庆生仪式，小孩的外婆家要"送祝米"，一般送红蛋、摇篮、红糖等，现在简单多了，一般都送钱，小孩生活用品，如奶粉、米粉、衣服等。

问：村里结婚有些什么礼仪？闹洞房有哪些形式？

答：原来程序比较多，现在大大简化，但是有些还是坚持下来，如结婚三天后要"回门"（回娘家），不管是不是在酒店里办酒，家里一定要摆酒宴客。闹洞房只是象征性地"闹"一下，成为点缀，比较文明。

问：生辰礼仪有哪些？

答：小孩的周岁一定要摆酒请客，还要"抓周"，一般到了十岁还要"做十岁"。老年人要做六十大寿、八十大寿，七十岁一般不庆生。①

问：丧葬方面有哪些礼仪？

答：去世的人下葬，我们叫"老人上山"，黄花涝是先喝酒再上山。"满七"很隆重，在日期上不能"撞七"，就是"满七"那天正好是农历初七、十七、二十七，碰到这种情况，就要"讨解术"。现在都实行火葬，有的葬在自留地，现在多葬在村公墓。

问：是否修过族谱、宗祠？

答：原来村里有宗祠，后来不存，近年来也修过族谱，还有其他地方如汉川的王氏，一起联络修谱。

问：人情往来方面有哪些风俗？

答：我们这里奉行"多情多礼"，生小孩、婚嫁、寿辰、升学、起屋、老人都要"赶礼"，礼金多少根据亲疏远近而定，现在一般是 300 元起步，亲戚中最为看重的舅舅、姑妈，送的多些，一般送 3000 到 5000 元，其他重要的亲戚送 1000 到 2000 元。

问：岁时节日方面有哪些民俗？和过去比有哪些变化？

答：传统节日里春节、中秋、端午、除夕最为隆重，五一节、国庆节也

---

① "老年人做八十大寿，七十岁一般不庆生"这一说法与黄陂民俗不符，笔者就此专门咨询村中多位耆老，均称黄花涝"做七不做八，做八如刀杀"，故正文中采"不做八"之说。为保持访谈之真实完整，此说仍然保留。

是重要节日，元宵节和冬至日也比较重要，还比较重视正月初九、"七月半"（俗称"鬼节"）。有些节日有娱乐活动或特定的庆祝仪式。我们这里从 2017 年元月 1 日开始实行放禁鞭炮，没有原来节日时热闹，但是有些节日娱乐活动还存在，如，元宵节唱戏，一般唱楚剧，划采莲船，村里戏剧爱好者义务投劳；端午划龙舟，很热闹，临近村子的人都来围观；冬至日吃饺子；正月初九到铁佛寺烧香；"七月半"到河里放河灯、看河灯。

问：外来节日有哪些？

答：村里一般不过，出外务工的年轻人可能入乡随俗，会参加一些洋节活动。村里抵制邪教，没有发现有参与邪教活动的村民。

问：村里有没有文化类的社团？

答：有村民自发组织的社团，如戏迷协会、梦心飞跃舞蹈队，常常举办一些活动，如节日唱戏，一般唱三天，舞蹈队则经常早晚活动。

——访谈 4①.

访谈时间：2017 年 10 月 10 日上午

访谈对象：万婆婆，黄花涝村居民，女，85 岁（1933 年生）。

访谈地点：祖屋前

问：您老高寿？家里有几口人？

答：85 岁了，癸酉年的，有三儿三女，都已成家，小儿子在村里住，其他都出去了，有的在佳海工业园，有的在滠口，都还过得去。

问：您的身体还好吧？生活怎么样？

答：身体还好，政府给办了"五七工"，有退休工资，还有高龄补贴。老伴 1982 年去世的时候，过得很苦，把几个小孩拉扯大，现在生活不错，有自来水，一年水费 100 多块钱，洗衣服有洗衣机，蛮方便，就是感觉有点孤独。

问：您这老房子很有特点，中间还都是木板间隔，有多少年头了？

---

① 访谈对象万婆婆虽然年岁已高，但精神甚好，唯耳朵略背，非常热情，访谈过程中几次要给笔者倒水，谈话结束时还要留笔者吃午饭，令人感动。

答：60 多年了，1952 年建的，政府给分的，当时重新改建了。

问：您早上一般吃什么？自己做还是去买？村里还有养猪养鸡的吗？

答：原来穷，挣工分，一个月 20 来斤米，不够吃，经常喝稀饭，现在生活好了，都是干饭，早上也是干饭，都是自己做。村里原来很多养猪养鸡的，现在基本不养了，蛮臭，有污染，经济上也不划算，不如到城里打工挣钱快。

问：您这边什么节比较隆重？

答：阳历年（元旦）、阴历年（春节）都蛮热闹，五一、国庆也很热闹，原来过节没啥吃的，现在很多。

问：您这边过节有没有什么娱乐活动？也玩"僵狮子"吗？

答：我们和北乡不一样，一直不玩"僵狮子"，不过端阳节要划龙舟。今年黄花涝还搞了龙舟赛，蛮多人来看，你住的太远了，要不也可以来玩。

问：您信不信教？

答：我不信，原来因为要管小孩，要维持生活，没有时间，信教要参加很多活动，耽误很多时间。不过有人信教。

参考文献

习近平：《决胜全面建成小康社会夺取新时代中国特色社会主义伟大胜利》，人民出版社，2017 年。

乌丙安：《中国民俗学》，辽宁大学出版社，1985 年。

费孝通：《乡土中国生育制度》，北京大学出版社，1998 年。

钟敬文：《民俗文化学：梗概与兴起》，中华书局，1996 年。

陈矜、李忠州：《黄陂通史》，湖北人民出版社，2009。

胡礼兴：《黄陂古今谈》，长江出版社，2011 年。

乐全运：《黄陂史话》，武汉出版社，2004 年。

刘建新：《黄陂习俗》，长江出版社，2016 年。

明德运，余德意：《中国民间彩词》，西苑出版社，2004 年。

李文浩：《黄陂民间歌谣》，中国文联出版社，2014 年。

黄陂县文化馆、黄陂县民间文学集成办公室：《中国民间谚语集成·黄陂县卷》，1989 年。

［美］保罗·康纳顿：《社会如何记忆》，纳日碧力戈译，上海人民出版社，2000 年。

《中共中央办公厅、国务院办公厅印发〈关于实施中华优秀传统文化传承发展工程的意见〉》，《人民日报》2017 年 1 月 26 日。

《中共中央国务院关于实施乡村振兴战略的意见》，《人民日报》2018 年 2 月 5 日。

左亚文：《中国民间信仰及其内在逻辑》，《中国乡村发现》2012 年第 18 期。

贺雪峰：《转型期中国农村社会的性质散论》，《云南师范大学学报（哲学社会科学版）》2013 年第 3 期。

黄海德：《中外学术界关于"中国民间信仰"概念的认知与检讨——附带论及中国社会中宗教与社会的联系与互动关系》，黄海德文为会议论文集《中外关系史论丛第 19 辑——多元宗教文化视野下的中外关系史》，第 134–146 页。

［日］樱井龙彦：《人口稀疏化乡村的民俗文化传承危机及其对策》，甘靖超译，《民俗研究》2012 年第 5 期。

徐双敏、宋元武：《当前农村公共文化服务供需契合状况实证研究》，《学习与实践》2015 年第 5 期。

麻杰、胡中秋、梁海涛：《武汉市民间信仰活动调查报告》，《民族大家庭》2007 年第 2 期。

邓先海：《黄花涝，一个渐行渐远的千年古镇》，《武汉春秋》第 94 期，2012 年 4 月。

陶维兵：《新时代乡村民俗文化变迁、传承与创新路径》，《学习与实践》2018 年第 1 期。

潘莉：《记得住乡愁——城镇化进程中的民俗保护和传承》，《前沿》2014 年 Z5 期。

艾莲：《乡土文化：内涵与价值——传统文化在乡村论略》，《中华文化论坛》2010 年第 3 期。

吴存浩：《城市民俗文化与农村民俗文化差异论》，《民俗研究》2004 年第 4 期。

吉国秀、李丽媛：《作为生存策略的农村民俗：变迁、回应与中国社会转型》，《民俗研究》2011 年第 2 期。

李磊、俞宁：《人口流动、代际生态与乡村民俗文化变迁——农村新生代影响乡村民俗文化变迁的逻辑路径》，《山东社会科学》2015 年第 11 期。

闵庆文：《农业文化遗产保护的关键机制》，《光明日报》2016 年 8 月 19 日。

任国才、韦佳：《古镇古村的三代旅游开发模式》，《中国旅游报》2015 年 1 月 28 日。

肖宏宇：《英国乡村文化的发展与保护》，《学习时报》2013 年 4 月 22 日。

黎昕：《论城镇化进程中传统文化的保护与传承——以英国和意大利为参照》，《东南学术》2016 年第 1 期。

李明烨、王红扬：《论不同类型法国乡村的复兴路径与策略》，《乡村规划建设》2017 年第 1 期。

吴唯佳、唐燕、唐婧娴：《德国乡村发展和特色保护传承的经验借鉴与启示》，《乡村规划建设》2016 年第 1 期。

顾小玲：《农村生态建筑与自然环境的保护与利用——以日本岐阜县白川乡合掌村的景观开发为例》，《建筑与文化》2013 年第 3 期。

马驰：《文化遗产的保护与历史文脉的传承———对韩国文化遗产保护经验的思考》，《广西师范大学学报（哲学社会科学版）》2009 年第 1 期。

赵玉洁：《乡村公共文化空间的多元化实践》，《中华建筑报》2013 年 1 月 15 日。

任国才：《古村落开发难在哪》，《中国文化报》2015 年 4 月 11 日。

刘鑫：《非物质文化遗产的经济价值及其合理利用模式》，《学习与实践》2017 年第 1 期。

马永强：《重建乡村公共文化空间的意义与实现途径》，《甘肃社会科学》2011 年第 3 期。

张娜、高小康：《后工业时代手工艺的价值重估》，《学习与实践》2017 年第 1 期。

章丽华：《以农村文化礼堂的建设促进农村公共文化空间的重构——以富阳市农村文化礼堂建设为例》，《中国集体经济》2014 年第 16 期。

李小云、孙丽：《公共空间对农民社会资本的影响——以江西省黄溪村为例》，《中国农业大学学报（社会科学版)》2007 年第 1 期。

王军：《如何实现乡村文化兴盛》，求是网，http：//www. qstheory. cn/wp/2018 – 01/23/c_ 1122303376. htm；

赵世瑜：《"鄙词俚语"，文化之根》，《文化学刊》2015 年第 9 期。

黄陂区文化体育广电局：《民俗文化》，黄陂区人民政府网站，http：//www. huangpi. gov. cn/zjhp/lyhp/mswh/；

黄陂热线，http：//www. hprx. com/thread – 173522 – 1 – 1. html。

后 记

　　时在乙未，院里明确由我承担"黄陂农村民俗文化调查研究"任务，其时，我是很惶恐的，既害怕自己力有不逮，难以达成目标，又担心不能跳出已有的研究成果，进而形成关于农村民俗文化传承与创新的新见解。岁月如梭，倏忽之间寒暑三载，终于完成了这本研究报告。至于昔日的惶恐是否已经冰消，我仍然心里没底，最有资格评判的当然还是读者诸君。

　　正值戊戌孟春，江城春意渐浓。回想乙未年确定以黄花涝村作为调查对象之时，正是草长莺飞的阳春三月。而今思之，无论是农村民俗文化这个选题，还是黄花涝村这个选点，都是十分恰切而有远见的。黄花涝古镇地接汉口中心区，具有乡村与城镇的双重属性，是研究乡村民俗与城市风尚相互影响的理想样本。改革开放以来，中国乡村物质生活民俗、社会生活民俗和精神生活民俗的内容和形式，在急剧的政治、经济、文化、社会发展中发生着一系列巨大变迁，经历着建构、解构与重构的历史过程。在中国特色社会主义进入新时代的宏大背景下，乡村文化复兴已经成为乡村振兴战略的重要目标，乡村民俗文化则日益成为优化乡村治理的重要手段，同时又必然成为乡村治理的重要内容。因此，在文化治理与治理文化的二元分析框架下，研究、思考和推进乡村民俗文化传承与创新，以实现乡村文化秩序重建和价值重生，已成为新时代的重要课题。

　　三年多的艰苦调研和学术磨砺，既要感谢自己的默默坚持，更要感恩领导同事亲人朋友的关怀和帮助。感谢武汉市社会科学院为本书出版提供经费资助。本书写作离不开李立华、湛红好、吴永保、刘海虹等院领导的大力支持与热情鼓励，受益于院科研处汪涛、易迎青等诸位同志的辛勤付出和周到服务。特别是院党组书记、院长李立华对本书选题、研究提纲、调查问卷及具体写作进行悉心指导，并亲自作序和审读书稿，副院长刘海虹多次鞭策鼓励，在此一并致谢。此外，也要感谢家人的理解与支持，妻子徐晶和女儿陶紫依承担了调查问卷的统计、录入工作，给本书完成以实际的帮助。

特别需要指出的是，在驻点黄花涝村开展民俗文化调研的三年中，得到了黄陂区委统战部、黄陂区文化局、盘龙城开发区管委会和黄花涝村两委班子的大力支持以及村党支部原书记、黄花涝三清书画院院长王三清的无私帮助，借此机会一并表示感谢。

在本书写作过程中，参考了大量相关研究著述，凡引用图文书中均已尽可能注明。然而，诚恐挂一漏万，特此说明，并致谢忱。

"十里不同风，百里不同俗。"乡村民俗文化风情百态，因地而异，近些年又发生着较大变迁，往往难于准确把握。因此，虽尽了极大努力，但囿于水平功力，书中仍可能存在一些不足或错漏之处，敬请方家不吝批评指正！

武汉市社科院　陶维兵

戊戌年孟春于汉口